论语今读

曹书文 编注

·北京·

图书在版编目（CIP）数据

论语仑读/曹书文编注．

北京：中国经济出版社，2017.12（2023.8 重印）

ISBN 978-7-5136-4770-0

Ⅰ.①论… Ⅱ.①曹… Ⅲ.①儒家 ②《论语》—研究 Ⅳ.①B222.25

中国版本图书馆 CIP 数据核字（2017）第 164508 号

封面题字	骆承烈
责任编辑	丁　楠
责任印制	马小宾
封面设计	任燕飞工作室

出版发行	中国经济出版社
印 刷 者	三河市同力彩印有限公司
经 销 者	各地新华书店
开　　本	710mm×1000mm　1/16
印　　张	20.5
字　　数	327 千字
版　　次	2017 年 12 月第 1 版
印　　次	2023 年 8 月第 3 次
定　　价	68.00 元

广告经营许可证　京西工商广字第 8179 号

中国经济出版社　网址 www.economyph.com　社址 北京市东城区安定门外大街 58 号　邮编 100011
本版图书如存在印装质量问题，请与本社销售中心联系调换（联系电话：010-57512564）

版权所有　盗版必究（举报电话：010-57512600）
国家版权局反盗版举报中心（举报电话：12390）　　服务热线：010-57512564

序

高伯羽*

《论语》之于华夏族群，一如《圣经》之于西人，其为族群之标识，文化之渊薮，维系世道人心之襟带，恐无出其右者。唯《论语》自孔门弟子撰集成书，即屡遭兵燹批驳，命运多舛；然足以告慰者，研磨《论语》，代有传人，历久弥新，此则为《圣经》所无可比拟者。

《论语》成书于战国初期，乃孔子逝后，弟子及再传弟子辑录孔子言行，传之后世，是为《论语》。最初传于各地之版本不一，乃有《鲁论》、《齐论》和《古论》之别。后遭"秦火"焚毁，凭籍伏生等秦博士私藏口授，得以幸存。西汉"独尊儒术"，儒学大兴。安昌候张禹"本授《鲁论》，晚讲《齐论》，后遂合而考之，删其烦惑……从鲁论二十篇为定，号《张候论》"（《隋书·经籍志》），乃有《论语》定本行世，是为今之《论语》。

《论语》自行世以来，即不乏为其作"传"、"记"、"注"、"疏"、"说"、"解"、"训"、"笺"者。围绕《论语》一书，历代学人著书立说，作品林立。其有迹可寻、流传至今者，凡3000余部，几成一门显赫之"论语学"。其最具价值且著名者，应为三国·魏·何晏之《论语注疏》、南宋·朱熹之《论语集注》、清·刘宝楠之《论语正义》、民国·杨树达之《论语疏证》及近人杨伯峻之《论语译注》。余尝谓此五家注疏《论语》，家法最严，肆力最勤，阐明义理最为得体，庶几可谓存遗泽垂不朽云耳。今人熟读此五家《论语》羽翼，足以使《论语》是书烂熟于口、了然于心，不假外求可也。

鉴于《论语》作为一部"经"书（古之"诗、书、礼、易、乐、春秋"六经之后，汉唐有"七经"、"九经"之说，均以《论语》入经，乃中国最早之经书），于中国人心目中之特殊地位，余一向奉之如圭臬，不敢稍加穿凿。于日常课徒授业、纵横议论之际，恪守"无一字无来历，无一字无出处"之

---

* 高伯羽：河北省国学学会副会长、张家口市国学研究会会长。

古训，褒贬合义，笔削谨严，未尝越雷池一步。故而对当今一切之《论语》"别裁"、"心得"、"漫议"者流，持异常严苛之审慎态度。尝告诫诸徒曰：宋初宰臣赵普有"半部论语治天下"之憨语，遂为后世解读《论语》之锁钥。视之为治国之宝典可，视之为修身之尺衡可，视之为陶冶性情之艺文亦无不可。如此美轮美奂、不可移易之"经"书，宜焚香沐浴而展玩之，岂可轻慢？历代说《论语》者，上述五家言已可窥全豹，何遑赘述？且吾国经学发展到清乾嘉以降，已达登峰造极、无与伦比之境界。即以《论语》为例，清儒述《论语》者，如刘端临之《论语骈枝》、俞曲园之《续骈枝》、章炳麟之《广骈枝》，解读辞章、述说义理，已入化境。吾人如欲置喙《论语》，可不慎乎？

缘于此，当曹君书文先生展其新作《论语仑读》，并嘱我作序时，我以为又乃"心得"、"别裁"之流，颇为踌躇。及至询问根蒂，展阅全书，乃一部《论语》之"新裁"，无一字之增减，实有裨于后学也，为之三击节、三太息而已矣！

《论语仑读》深思熟虑，肆力殊为精审。其爬梳《论语》，立足于实用而非稽古钩沉。故全书忠实于《论语》原著20章，512篇，无一章一节一字之增减，此其精审信义处；将《论语》全书按"论仁"、"论修身"、"论为政"、"论教育"……分为9章26节，条分缕析，重新编排，以裨读者论说引用，此其新颖独创处；注释、译文采取杨伯峻先生之《论语译注》，个别处补之以钱穆先生之《论语新解》等，此其权威信达处；附录"《论语》中的孔门弟子"及"《史记仲尼弟子列传》中的孔门弟子"，乃撷取《论语》中所涉及之孔门弟子，按其在《论语》中出现之先后顺序，旁征博引，逐一加以介绍、叙说与评价，此其助益读者、宅心仁厚处。《论语仑读》具此四大特点，实乃苦曹君书文先生一人之心力，利天下万众引用经典之便捷，其为文牍案头之工具作用，岂浅少哉？

曹书文先生早年毕业于师范院校中文专业，长期从事企业党政管理工作。亲历经济大潮与喧嚣尘世，终不改书生本色，实乃一读书种子耳！余曩岁曾得其馈赠自编自印《论语诵读二百句》一函，览读之余，深感其选裁之良苦用心，遂结为亦师亦友之良伴。其后，余与书文先生共同执教于张垣公益国学大讲堂，愈相投契。今读《论语仑读》，心有灵犀，深知此作不蹈陈说，另辟蹊径，非好学深思如书文者，孰能作之耶？承蒙书文先生看重，嘱余为是书作序，心有戚戚耶！故率尔操觚，勉以报命，以余小子之颛蒙，读者诸君得毋哂其谫陋乎？

2017年1月7日子夜张垣寓所

前言

这是一部完整而系统的《论语》。

《论语》是中华传统文化的经典,是儒家思想的奠基著作,对后世历代的政治生活和中华民族的性格塑造都产生了深远的影响,以至传播影响到海外,成为全人类的共同文化遗产,没有任何一部儒家著作能与之比肩,享有独尊地位,其永恒思想永远与日月一起光耀大地。

然而,其篇章结构的零散无序又给后人阅读带来诸多不便。林语堂《孔子的智慧》说:"《四书》是一部未经编辑杂乱无章的孔子语录。《论语》这部书是由数人动手写的,并未经一人编定。每一章中各种含义不同的语句,都未按层次种类分别编定。"杨伯峻《论语译注》说:"《论语》又是若干断片的篇章集合体。这些篇章的排列不一定有什么道理;就是前后两章间,也不一定有什么关联。而且这些断片的篇章绝不是一个人的手笔。"其他注家也常有"与某某章参读"的语句。很多人读《论语》,忽略了它语录体的结构,往往拘泥于一章一句进行分析解读,没有纵观其他篇章的记载,以至出现释义不符原意、甚至背离的现象就不足为怪了。

鉴于此,本人尝试按照逻辑关系将《论语》全文进行重新梳理整合,归纳主题,分类谋篇,便于读者更加系统条理地阅读。"仑:条理;伦次。"(《现代汉语词典》)是为《论语仑读》。这样编排有两点好处:一是避免对只言片语进行孤立的理解,而是把它放在整体论述中去把握,相互联系贯通,这样阅读可能会更近地理解原意;二是为引经据典者提供检索查找之方便。

各版本《论语》章节划分不尽相同,本书以杨伯峻先生《论语译注》为蓝本,将论语20篇512章全部编录,不重不漏,是一部完整而系统的论语。全书分论仁、论修身、论为政、论教与学、论人、论天命、论鬼神、论孔子印象、论评人等九篇,多篇下设若干分项。

每篇各章排列顺序以《论语》篇章先后为序,并注明其原书的所在篇章。各章包括原文、注释、译文三部分。原文在字体、字号上与注释、译文有所区别，以示突出。

对《论语》中自古存在的甚多异义、歧解，本书选取了一些，分别列出，供读者根据自己的理解去品鉴研究。

附录有五：《论语》原文、《论语》中的孔门弟子、《史记·仲尼弟子列传》中的孔门弟子、《孔子年表》、《主要参考书目》。

本书适读群体：党政机关干部，企事业单位中高级管理者，大学、中学师生，文化教育工作者，国学爱好者。

有幸得到张家口教育学院教授、张家口市国学研究会顾问佟健华先生的鼓励和教诲，先生无私慷慨地将多年搜集的资料拷贝给我，并为我推荐阅读参考书籍；在编排体例上提出很好的意见；还反复斟酌推敲书名。有幸得到河北省国学学会副会长、张家口市国学研究会会长高伯羽教授的热情帮助，在书稿结构、篇章分类上给予了具体指导，增加了《论天命》、《论鬼神》和《孔子年表》。先生欣然受邀作序，给晚生莫大鼓舞。在此向两位先生致敬致谢。

这种编法仅是尝试与探索，章节归类可能不够科学合理，再加学识所限，一定有不少错误和缺点，请方家和读者批评指正。

曹书文
2016 年 11 月 30 日

《论语》和孔子

一、《论语》其书

《论语》是一部记载孔子及其若干学生言语和行事的语录体著作。

班固的《汉书·艺文志》说：

"《论语》者，孔子应答弟子、时人及弟子相与言而接闻于夫子之语也。当时弟子各有所记，夫子既卒，门人相与辑而论纂，故谓之《论语》。"

《文选·辩命论》注引《傅子》也说：

"昔仲尼既殁，仲弓之徒追论夫子之言，谓之《论语》。"

由此可知，《论语》的"论"是"论纂"的意思，"语"是"语言"的意思，《论语》就是把"接闻于夫子之语""论纂"起来的意思。《论语》的名字是当时就有的，不是后来别人给它的。

《论语》的作者和成书准确时间已不可考。《论语》是若干断片的篇章集合体。这些篇章的排列不一定有什么道理；就是前后两章间，也不一定有什么关联。由此可推断，它不是一人一时所作，而是由孔子的弟子和再传弟子，以至三传弟子，经过一个相当长的时间编成的。自唐人柳宗元以来，很多学者都认为是由曾参的学生最后编定的。《论语》的着笔当开始于春秋末期，而编辑成书则在战国初期。

《论语》自西汉以来，为中国识字人一部人人必读书。西汉时，流传于世的《论语》有三种本子。皇侃《论语义疏》引汉刘向："鲁人所学，谓之《鲁论》；齐人所学，谓之《齐论》；孔壁所得，谓之《古论》。"所谓"孔壁"，是指秦始皇焚书，有心人把古籍隐藏起来，汉景帝时由鲁恭王刘余在孔子旧宅壁中发现的，当时并没有传授。据《汉书·艺文志》，三种本子的差别是：《鲁论》20篇；《齐论》22篇，较《鲁论》多出《问王》和《知道》两篇；出于孔壁的《古论》21篇，没有《问王》和《知道》两篇，但是把《尧曰》篇的"子张问"另分为一篇，于是有了两个《子张》篇。篇次也和《齐论》、《鲁论》不一样，文字不同的计四百多字。这几种版本都已经亡失。西汉末，安昌侯张禹以《鲁论》为基础，吸收《齐论》、《古论》部分内容合编为一本，称为《张侯论》。张禹是汉成帝的师傅，其时极为尊贵，所以他的这一个本子便为当时一般儒生所尊奉，也已佚失。直到东汉末年，大学者郑玄以《张侯论》为依据，参照《齐论》、《古论》，作了《论语注》，成为后代流传本的基础。（《钱逊讲〈论语〉》如此说。杨伯峻《论语译注》说："我们今天所用的《论语》本子，基本上就是《张侯论》"。）读《论语》必兼读注。历代诸儒注释不绝，据日本学者林泰辅《论语年谱》著录的就有3000种之多，其中较重要的有魏何晏的《论语集解》、宋朱熹的《论语集注》和清刘宝楠的《论语正义》，分别代表了不同年代、不同思潮研究论语的成就。当代学者的主要注本有杨伯峻的《论语译注》和钱穆的《论语新解》。近几年来，蔡尚思的《论语》导读、李泽厚的《论语今读》代表了对《论语》的不同理解和评价。

《论语》对于中华民族的历史、文化发展有着极其重要的影响。在两千多年的发展中，儒学成为中华文化的主干，《论语》的思想成为中国人的生活准则，安身立命的精神支柱，是民族精神最重要的思想基础。《论语》在汉文帝时已置博士，在太学讲授，属于"传记博士"，约在三国时期被列为经书。宋代理学家重视《论语》，把《论语》与《大学》、《中庸》、《孟子》放在一起，并称《四书》，朱熹作《四书集注》，竭尽毕生精力，前后历时四十余年。以后《四书》更被定为科举考试的必读材料，《论语》也就成为人人必读之书。直到近代，《论语》仍是国学入门的必读之书。"文革"期间，《论语》曾被视为"毒草"而遭到批判、否定。这一时期有代表性的注本是《论语批注》。20世纪80年代以来，《论语》作为中国古代文化的重要典籍重新受到重视，注本和著作有大量出版。

《论语》对东亚地区以至人类文明的发展，也曾产生了重要而深远的影响。在两千多年的历史中，《论语》逐步传播到海外。最早是在朝鲜。朝鲜的三国时代（中国晋武帝太康六年，公元285年之前），《论语》随着汉字传入朝鲜，朝鲜把它作为国家遴选人才的必考科目，将儒教思想定为统治理念。公元285年，王仁把《论语》带入日本，向太子教授《论语》等儒家经典，以儒学为政治指导原则，相继制定了"冠位制"、《十七条宪法》。在东亚地区，形成了"东亚文化圈"。日本近代企业家之父运用《论语》使经营获得了成功。他认为，道德与经济，如鸟之双翼，车之双轮，缺一不可，《论语》与经济并不对立。主张右手拿《论语》讲之，左手把算盘计之，做到《论语》与算盘的统一，以《论语》救实业界。十六世纪以后，欧洲传教士将《论语》传入欧洲，在意大利、法国、德国、俄国均有《论语》翻译出版。欧洲启蒙运动时期的思想家伏尔泰、罗伯斯庇尔都曾引用《论语》"己所不欲，勿施于人"的格言。1936年阿拉伯文《论语》出版，传到阿拉伯世界。

《论语》作为宝贵的文化典籍，不仅属于中华，而且属于人类。

二、孔子其人

孔子名丘，字仲尼，生于鲁襄公二十二年，即公元前551年；死于鲁哀公十六年，即公元前479年。终年实72岁。

孔子自己说"而丘也，殷人也。"（《礼记·檀弓上》）即先祖是殷商的苗裔。周武王灭掉殷商以后，把殷商的微子启分封到宋。孔子的先祖孔父嘉是宋国宗室，无辜被华父督杀害（见《左传》桓公元年和二年）。到了孔子曾祖父孔防叔的时候，宋国动乱，因畏惧华氏的逼迫而离宋奔鲁。这时，他们便成为鲁国人，但已失去贵族身份，成为平民。防叔生伯夏，伯夏生叔梁纥，叔梁纥生孔子。

孔子的父亲叔梁纥，是鲁国陬邑（今山东泗水）一位职位不高的武官，有名的勇士，曾双手拉住城楼闸门，解救关在里面的士兵。叔梁纥娶施氏，生九女。一个小妾生了个儿子，叫孟皮，是残疾。后来，叔梁纥休施氏，娶颜征在，生下孔子。叔梁纥与颜征在曾在尼丘山求子，孔子出生后首上圩顶，所以就给孔子取名为丘，字仲尼。仲是排行老二的意思。

孔子3岁时父亲去世，葬于防山。17岁前母亲去世。孔子将母亲临时葬在五父衢，得知父亲葬处后将母亲与父亲合葬于防山。

孔子出生在鲁国的陬邑，父亲死后，移居阙里，家境贫寒。幼年时，经常摆弄一些盘盘碗碗，模仿祭祀行礼，作为游戏。15岁时，立志于学。19岁娶妻亓官氏，次年生子。鲁昭公送鲤鱼祝贺，故给儿子取名鲤，字伯鱼。孔子做过"委吏"，仓库管理得井井有条，也做过"乘田"，牛羊养得膘肥体壮。他自己说："吾少也贱，故多能鄙事。"30岁的时候，孔子学有所成，授徒设教，开办私学。这是中国历史上最早的私学，标志着民间教育的兴起，开辟了中国教育发展史上的一个新时代。孔子不仅是伟大的思想家，而且是伟大的教育家。他主张"有教无类"，此前学校都是官府办的公学，只招收贵族子弟，孔子办学使得平民子弟也有机会接受教育。孔子提出了"三人行，必有我师焉"、"学而不思则罔，思而不学则殆"、"不愤不启，不悱不发"、"温故而知新，可以为师矣"等教育思想、教学方法。

鲁国政权在孔子生前就实际掌控在季、叔、孟孙三家之手，其中季氏权势最大。当时天下无道，礼崩乐坏，孔子对此极其不满，他赞颂周礼的完备丰富，谴责时人的僭越行为。

孔子35岁时，鲁昭公欲借季平子、郈昭伯斗鸡事除掉季平子，遂率师攻击平子。平子与叔孙、孟孙三家联手共攻昭公。昭公败，奔于齐，鲁国内乱。孔子也离开鲁国到了齐国，为高昭子家臣，以便借着昭子的关系能见到景公。

在齐闻《韶》乐，学之，三月不知肉味。齐人称之。齐景公向他请教治国之道，孔子说，君君，臣臣，父父，子子。齐景公很高兴。他日，又问政于孔子，孔子说，政在节财。齐景公打算重用孔子，晏婴进言反对。齐景公改变了想法，对孔子说，我老了，不能用你了。这时有人欲加害孔子。孔子无奈，36 岁时离开齐国，回到鲁国。

孔子 42 岁时，鲁昭公卒在乾侯，定公继位。定公即位后第五年的夏天，季平子死了，桓子继位做上卿。季桓子僭越礼制，声势排场都超过了鲁国公室，一个上卿的家臣（指阳虎）就执掌了国家的政权，因此鲁国从大夫以下都不守礼分，违背常道。所以孔子不愿出任鲁国的官职，退闲在家，专心研究整理《诗》、《书》、礼、乐这些典籍，学生越来越多，不论多远，都有来向他求学的。

孔子 51 岁时，定公任孔子为中都宰，就是中都这个地方的长官。一年后，四方皆学习效法。52 岁时升为司空，管理工程，然后又升为大司寇，掌管司法。

孔子在任期间主要做了两件大事：

其一，夹谷会。鲁定公与齐景公在夹谷（在齐国，今山东莱芜境内）举行会谈，由孔子辅相。当时齐晋争霸，齐国想迫使鲁国服从齐国，共同抗晋。孔子建议，武事要有文备，文事要有武备，请求带两将军同去。齐国认为，孔子有礼而无勇，用武力挟持鲁君，就能使鲁国屈服。会谈中，齐国借歌舞表演名义，拿着武器拥到台前。孔子见势不妙，快步冲到台前，怒斥说，夷狄的野蛮乐舞怎么能拿到国君会谈的场合上来？齐国国君只好命令他们退下。过了一会儿，齐国演奏宫廷音乐，上来一群侏儒小丑乱叫乱闹。孔子说，匹夫戏弄诸侯，罪当诛。齐景公无奈下令砍掉了这些人的手足。齐国外交失礼，为表道歉，归还了原先占领的鲁国三地。夹谷之会，鲁国在外交上取得了重大胜利。

其二，堕三都。季孙、叔孙、孟孙三家大夫建有自己的城邑，拥有自己的武装，削弱和威胁了国君的地位、权力，破坏了社会秩序的稳定。孔子建议定公毁掉他们的城邑，去掉他们的根据地。季孙、叔孙两家的城邑被先后拆毁，孟孙家顽固抵抗。堕三都事受到挫折。

夹谷之会后，孔子威信提高，深受国君信任，以大司寇的职位兼摄相事。鲁国大夫少正卯扰乱国政，孔子把他杀了。孔子参政才三个月，商贩便不敢哄抬物价，行人男女都分开走路，路上见到别人掉落的东西也不敢捡回归己，四方旅客来到鲁国的，不必向官吏求情行贿，都会给予照顾。鲁国社会秩序稳定，出现繁荣景象。

齐国怕鲁国在孔子治理下强大起来，设法离间孔子与定公、季孙的关系。他们送来80位美女、120匹骏马。季氏和定公背着孔子偷偷去看，不理政事。子路跟孔子说，老师，该走了。孔子不忍心离开祖国，说，再等等，过两天就该祭天了，如果能分给我祭肉，说明还是尊重我的，我就留下来。可是几天过后，孔子并未分到祭肉，孔子非常失望地离开鲁国。当晚在屯（在鲁城南）过夜，乐师前来送行，孔子以歌回应。季桓子听后长叹说，夫子是为了那群女乐的事怪罪我了。从此，孔子开始了长达14年的周游列国生活。这一年，孔子55岁。

孔子到了卫国，寄住在子路的大舅子颜浊邹家里。卫灵公给他六万粟的俸禄。不久，有人在卫灵公面前诋毁孔子，灵公派兵监视孔子的出入，孔子担心获罪，住了十个月，离开了卫国。

孔子打算到陈国去，路过匡地。在匡地被拘禁。孔子长相似阳虎，阳虎曾残害过匡人，匡人误把孔子当成阳虎拘禁起来。被困五天后脱险。

从匡出来又回到卫国，寄住在蘧伯玉家。见卫灵公夫人南子。过了个把月，卫灵公和夫人同坐一辆车，宫官雍渠陪侍在右，让孔子坐第二辆车子跟着，大摇大摆从市上走过。孔子感到厌恶失望，离开卫国去往曹国。是年，鲁定公卒。

经曹国来到宋国。一天，孔子与弟子正在大树下演习礼仪，宋国司马桓魋想要加害孔子，派人砍掉大树，孔子赶忙逃离宋国。

孔子到了郑国，与弟子走失，独自在城东门张望等候。郑人说他疲惫倒霉的样子像个丧家狗。孔子笑曰，然哉！然哉！

孔子来到陈国住了三年，遇上晋、楚争强，一再来打陈国，直到吴国攻打陈为止，陈国常常受到侵犯，国内不安定，于是又离开陈国。

去往卫国路过蒲地，刚好遇上公叔氏占据了蒲而背叛卫国，蒲人就留住了孔子。弟子公良孺跟蒲人激烈地拼斗起来，蒲人害怕了，就放了孔子。卫灵公听说孔子来，亲自出城迎接。卫灵公年纪老了，政务废弛，也不用孔子。孔子只好离开。

孔子既然不被卫国所用，打算往西去见晋国赵简子。走到黄河边，听说窦鸣犊、舜华两位有贤德的大夫被杀，哀叹命运又回到了卫国，住蘧伯玉家。卫灵公与孔子谈话只顾抬头仰望群雁，神色间并不在意孔子。孔子离开卫又去陈国。

同年秋天，季桓子病重。感慨地说，以前这个国家几乎是可以强盛起来的，只因为我得罪了孔子，没有好好用他，所以才没兴盛啊！随即对康子说，我死了，你必然接掌鲁国政权，掌权以后，一定得请孔子回来。

孔子到了蔡国，居蔡三年，遇吴国进攻陈国，楚国来救陈国。楚人听说孔子在陈蔡之间，派人来聘请。陈、蔡认为，如果孔子到了楚国，我们就危险了。于是，把孔子围困在荒野，以至断粮，随行弟子饿病了，都打不起精神来。他还是一如平常，教弟子学习，弹琴唱歌。子路不高兴地说，君子也会有这样的困境吗？孔子说，会有的，只不过君子遇到困境时能把持自己，但是小人遇到困境，就会作乱了。孔子派子贡去楚国搬来救兵迎护，才免于灾祸。

孔子到了楚国，楚昭王想把有户籍登记的七百里土地封给孔子，楚国令尹子西劝阻说，对楚国并不是好事，昭王打消了念头。

齐鲁交战，冉有为季氏率军打败了齐军。季康子问，你对军事作战的本事，是学来的，还是天生就懂得呢？冉有说，是向孔子学的。季康子备妥了周到的礼节来迎接孔子，孔子回到了鲁国。这一年，孔子68岁。

孔子返回祖国，开始了其晚年期的教育生活，直到去世。

孔子是一位承前启后的人。他总结继承了他前面2500年的文化成果，因此孟子称他是集大成者，又影响了他以后2500年的中国文化发展。孔子整理了《尚书》，编订了《诗经》，删修了《春秋》，晚年学习《周易》。

创立儒学，开办私学，是孔子一生完成的两件大事。在总结古代文化成果的过程中，逐渐形成了自己的思想理论，又通过办学授徒得以传播。战国时期，儒学就已经成为显学。

孔子一生很不得志，鲁国不用他，他就周游列国推行以"仁"为核心的政治主张，他明知在当时社会条件下行不通，但仍然坚韧不拔地努力。孔子到郑国时与弟子走散了，一个人在城门口等候，有个相面的人说他上身像圣人，下半身却不行，没精打采地像只丧家狗。孔子说，相貌不重要，不过说我是丧家狗，很对很对。这是孔子当时的境遇。执政者的不信任，世人的不理解，隐士的冷嘲热讽都未能使他放弃自己的理想。

孔子的人生观是积极的。正如他自述"发愤忘食，乐以忘忧，不知老之将至。""饭疏食饮水，曲肱而枕之，乐亦在其中矣。"在与弟子相处中，经常听到他开玩笑的话，即使在困境中或在世人的讥讽中也以自嘲了之。生活上随遇而安，他能够过穷苦生活，而对于不义的富贵，视同浮云，这些地方还不失其平民本色。同时又很挑剔吃穿，显示出殷商苗裔的贵族血统。

目 录

序 ··· 高伯羽 / 1
前言 ·· 曹书文 / 1
《论语》和孔子 ··· / 1

一、论仁 ··· 1
    (一) 知仁 ·· 1
    (二) 守礼 ··· 12
    (三) 孝悌 ··· 18
    (四) 忠恕 ··· 28

二、论修身 ··· 33
    (一) 修德 ··· 33
    (二) 君子 ··· 50
    (三) 言行 ··· 58
    (四) 义利 ··· 60

三、论为政 ··· 65
    (一) 德治 ··· 65
    (二) 侍君 ··· 73
    (三) 民生 ··· 78
    (四) 正己 ··· 84

四、论教与学 ··· 88
    (一) 教育 ··· 88

（二）教学 ··· 97
　　（三）学习 ··· 102
五、论人 ··· 117
　　（一）识人 ··· 117
　　（二）用人 ··· 120
　　（三）交人 ··· 125
六、论天命 ··· 132
七、论鬼神 ··· 142
八、论孔子印象 ·· 149
　　（一）衣食住行 ·· 149
　　（二）说话神态 ·· 154
　　（三）处世态度 ·· 158
　　　　1. 政事 ·· 158
　　　　2. 生活 ·· 176
　　（四）评述 ··· 183
　　　　1. 自述 ·· 183
　　　　2. 他述 ·· 189
九、论评人 ··· 200
　　（一）圣贤 ··· 200
　　（二）先人 ··· 206
　　（三）时人 ··· 216
　　（四）弟子 ··· 227
　　　　1. 颜渊 ·· 227
　　　　2. 闵子骞 ··· 233
　　　　3. 冉伯牛 ··· 234
　　　　4. 仲弓 ·· 234
　　　　5. 宰我 ·· 235
　　　　6. 子贡 ·· 238

7. 冉有 ······ 239
8. 子路 ······ 241
9. 子游 ······ 245
10. 子夏 ······ 246
11. 其他 ······ 247

附录一 《论语》原文 ······ 262
附录二 《论语》中的孔门弟子 ······ 296
附录三 《史记·仲尼弟子列传》中的孔门弟子 ······ 303
附录四 《孔子年表》 ······ 306
附录五 主要参考书目 ······ 308

后记 ······ 309

一、论 仁

(一) 知仁

子曰:"巧言①令色,鲜矣仁②。"(《学而·3》)

-- 注释 --

①巧言:花言巧语;令色:伪善的面貌。朱熹《注》曰:"好其言,善其色,致饰于外,务以说人,则人欲肆而本心之德亡矣。"巧和令都是美好的意思,但此处应释为装出和颜悦色的样子。此章言简意赅,却是修身做人之借鉴,识人用人所必知。

②鲜矣仁:为"仁鲜矣"的倒装句,谓语提前。鲜,少的意思。

-- 译文 --

孔子说:"花言巧语,面目伪善,这种人的仁德一定是很少的。"

子曰:"人而不仁①,如礼何②?人而不仁,如乐何?"(《八佾·3》)

-- 注释 --

①人而不仁:而,不能当"如果"讲。"人而不仁"者,表示"人"字要作一读。古书多有这种句法,译文似能表达其意。参见《为政·22》"人而无信,不知其可也。"仁乃人与人间之真情厚意。由此而求表达,于是有礼乐。孔子言礼必兼言乐,礼主敬,乐主和。礼不兼乐,偏近于拘束。乐不兼礼,偏近于流放。二者兼融,乃可表达人心到一恰好处。礼乐之器,表现于外;人心之仁,则蕴蓄在内。若无内心之仁,礼乐都将失其意义。

②如礼何:春秋时代重视"礼",把礼提到最高地位,"礼"包括礼仪、礼制、礼器等,却很少讲"仁"。孔子批判地继承春秋时代的思想学说,不以"礼"为核心,而以"仁"为核心,而且认为没有仁,也就谈不上礼。所以说:"人而不仁,如礼何?"

-- 译文 --

孔子说:"作为一个人却不仁,怎么来对待礼仪制度呢?作为一个人却不仁，怎么来对待音乐呢？"

子曰："里仁为美①。择不处仁②，焉③得知④？"（《里仁·1》）

-- 注释 --

①里仁为美：里，《说文》："里，居也。"从田从土，意为街巷、里弄。在此借作动词用，居住的意思。住在有仁者的地方才好。

②择不处仁：处，音 chǔ，居住。择，从上文看是指选择住处，也可解释为选择职业、选择朋友等。《孟子·公孙丑上》引本章，就是指择业。

③焉：怎么，哪里。

④知：音 zhì，同"智"。论语中的"智"都写作"知"。

-- 译文 --

孔子说："要住在有仁者的地方才好。如果选择没有仁者的地方居住，怎么算得上聪明呢？"

子曰："不仁者不可以久处约①，不可以长处乐。仁者安仁②，知③者利仁。"（《里仁·2》）

-- 注释 --

①约、乐：约，穷困。久约则为非，长乐必骄溢矣。

②安仁、利仁：安仁是安于仁道；利仁，认为仁有利自己才去行仁。

③知：同"智"。

-- 译文 --

孔子说："没有仁德的人不能长久地处在穷困中，也不能长久地处在安乐中。仁人安于仁（实行仁德便心安，不实行仁德心便不安），智者利用仁（他认识到仁德对他有长远而巨大的利益而实行仁）。"

子曰："唯仁者能好①人，能恶②人。"（《里仁·3》）

-- 注释 --

①好：音 hào，喜爱的意思，作动词。

②恶：音 wù，憎恶、讨厌。作动词。好人恶人，人孰不能？但不仁之人，心多私欲，因多谋求顾虑，遂使心之所好，不能真好。心之所恶，亦不能真恶。君子的好恶，皆出于仁道，由此才能真正做到爱人、恶人。

── 译文 ──

孔子说:"只有那些有仁德的人才能真心地喜好人,才能真心地厌恶人。"

子曰:"苟①志于仁矣,无恶②也。"(《里仁·4》)

── 注释 ──

①苟:如果。
②恶:音è,恶行,名词。

── 译文 ──

孔子说:"如果立志实行仁德,就不会做坏事了。"

子曰:"我未见好①仁者,恶②不仁者。好仁者,无以尚③之;恶不仁者,其为仁矣④,不使不仁者加乎其身。有能一日用其力于仁矣乎?我未见力不足者。盖⑤有之矣,我未之见⑥也。"(《里仁·6》)

── 注释 ──

①好:音hào,爱好,喜爱。
②恶:音wù,厌恶,憎恶。
③尚:同"上",动词,超过之意。
④矣:用法同"也",表示停顿。
⑤盖:发语词,有"大概"的意思。
⑥未之见:"未见之"的倒装。孔子不欲轻言仁道易能,仍是婉言深叹人之未肯用力。

── 译文 ──

孔子说:"我没有见过爱好仁德的人和憎恶不仁的人。爱好仁德的人,是不能再好的了;厌恶不仁的人,在实行仁德的时候,只是不让不仁德的东西加在自己身上。有人能把他一天的力量都用在实行仁德上吗?我没见过力量不够的。大概力量不够的人还是有的,只是我没见过罢了。"

子曰:"人之过也,各于①其党②。观过③,斯知仁矣。"(《里仁·7》)

── 注释 ──

①于:同"与"。
②党:同类。

③观过，斯知仁矣：斯，就，则。仁：同"人"。《后汉书·吴祐传》引此文正作"人"。旧注说，赞同仁道的有三种人：仁者是实行仁道才心安，智者是以实行仁道对自己有利而赞同仁道，畏罪者是勉强按仁道去做。赞同仁道的表现相同，但本质不同。因此从仁道上不足以判断他是否是仁人，从一个人的错误中最能看出他的内心真情。所以说，观过，斯知仁矣。

-- 译文 --

孔子说："一个人的过失，总是与和他同类的人相同的。所以，观察他的过失，就知道他是什么样的人了。"

子曰："知者乐水，仁者乐山①。知者动，仁者静。知者乐，仁者寿。"（《雍也·23》）

-- 注释 --

①知者乐水，仁者乐山：知，音 zhì，同"智"；乐，古音 yào，今通读 lè，喜爱的意思。《论语集解》："知者乐运其才知以治世，如水流而不知已；仁者乐如山之安固，自然不动而万物生焉。"性与物合，故乐，蕴含古人所倡天人合一的深刻意义。仁、智均属德性，仅凭言辞难以说明，故借山水作喻，即所谓能近取譬。

-- 译文 --

孔子说："聪明人喜爱水，仁德者喜爱山；聪明人活动，仁德者沉静。聪明人快乐，仁德者长寿。"

子贡曰："如有博施于民而能济众①，何如？可谓仁乎？"子曰："何事于仁②！必也圣乎！尧舜③其犹病诸④！夫⑤仁者，己欲立⑥而立人⑦，己欲达⑧而达人⑨。能近取譬⑩，可谓仁之方⑪也已。"（《雍也·30》）

-- 注释 --

①博施于民而能济众：施，旧读 shì，动词，给与。济众，救助众人。广泛地给与民众实惠，紧急时又能救济大众。孔子认为，"圣"是儒家思想人格修养的最高境界，只有尧、舜、禹、汤、文王、武王、周公等古圣贤才可称为"圣"者。"仁"是孔门道德修养中的核心标准，其最大特点就是"己所不欲，勿施于人"、"己欲立而立人，己欲达而达人。"

②何事于仁：哪里只是达到仁。事于，做到。

4

③尧舜：传说中上古时代的两位帝王，是孔子推崇的圣人。

④病诸：病，心有所不足。诸，"之于"的合音。尧舜，有德有位，但博施济众，事无限量，即便是尧舜亦感其力之不足。

⑤夫：音 fú，句首发语词。

⑥己欲立：自己想要在社会上立足。立，站得住，指能在社会上独立生存。

⑦立人：使别人立足于社会。立，使……立足。

⑧己欲达：自己要想在社会上行得通。达，通达。

⑨达人：使别人在社会上行得通。达，使……通达。孔子好学不厌，是欲立欲达；诲人不倦，是立人达人。

⑩能近取譬：能够就自身打比方，即推己及人的意思。譬，比喻。

⑪仁之方：实现仁德的方法。子贡务求之高远，故失仁之方。

-- 译文 --

子贡说："假若有一个人，他能给老百姓很多好处又能周济大众，怎么样？可以算是仁人了吗？"孔子说："岂止是仁人，一定是圣人了！就连尧、舜尚且难以做到呢！所谓仁者，就是自己要想站得住，也要使别人一同站得住；自己要想事事行得通，也要使别人事事行得通。凡事能就近以自己的心作比而推及别人，可以说就是实现仁德的方法了。"

子曰："志①于道，据②于德，依③于仁，游于艺④。"（《述而·6》）

-- 注释 --

①志：立志，专心向往。

②据：据守。

③依：依倚，依靠。

④游于艺：游，同"游"，游玩，游憩。艺，人生所需。孔子时所教授学生的礼、乐、射、御、书、数等六艺。《礼记·学记》曾说："不兴其艺，不能乐学。故君子之于学也，藏焉，修焉，息焉，游焉。夫然，故安其学而亲其师，乐其友而信其道，是以虽离师辅而不反也。"可以阐明这里的"游于艺"。

-- 译文 --

孔子说："目标在道，根据在德，依靠在仁，而游憩于礼、乐、射、御、书、数六艺之中。"

子曰:"仁①远乎哉?我欲仁,斯仁至②矣。"(《述而·30》)

-- 注释 --

①仁:仁道出于人心,故反诸己而即得。

②至:此处"至"字,即日月至焉之至。孔子极言仁之易求,又极言仁之难达。

-- 译文 --

孔子说:"仁难道离我们很远吗?我想要仁,仁就来了。"

曾子曰:"士不可以不弘毅①,任重而道远。仁以为己任②,不亦重乎?死而后已③,不亦远乎?"(《泰伯·7》)

-- 注释 --

①弘毅:弘,弘大。毅,强毅。非弘大强毅之德,不足以担重任,行远道。

②仁以为己任:即以人道自任,人要"弘道"。仁.人道。

③死而后已:一息尚存,此志不懈,而任务仍无完成之日,故曰死而后已。

-- 译文 --

曾子说:"读书人不可以不弘大刚毅,因为他负担沉重,道路遥远。以实现仁为己任,不也沉重吗?到死方休,不也遥远吗?"

颜渊问仁。子曰:"克己复礼①为仁。一日克己复礼,天下归仁②焉。为仁由己,而由人乎哉?"

颜渊问:"请问其目③。"子曰:"非礼勿视,非礼勿听,非礼勿言,非礼勿动。"

颜渊曰:"回虽不敏,请事④斯语矣。"(《颜渊·1》)

-- 注释 --

①克己复礼:克,犹剋。有约束、抑制的意思。克己,约束己身。复礼,使自己的言行符合于礼的要求。《左传》昭公十二年说:"仲尼曰:'古也有志:克己复礼,仁也。'"那么,"克己复礼为仁"是孔子用前人的话赋予新的含义。

②归仁:"称仁"的意思,说见毛奇龄《论语稽求篇》。朱熹《集注》谓

"归犹与也",也是此意。

③目:具体的条目。目和纲相对。

④事:从事,照着去做。

― 译文 ―

颜渊问仁德。孔子说:"克制自己,使言行符合于礼就是仁。一旦这样做了,天下的人都会称许你是仁人。实行仁德,完全凭自己,还凭别人吗?"

颜渊说:"请问实行仁的条目。"孔子说:"不合于礼的不要看,不合于礼的不要听,不合于礼的不要说,不合于礼的不要做。"

颜渊说:"我虽然不聪明,让我按照您的这些话去做吧。"

仲弓问仁。子曰:"出门如见大宾①,使民如承大祭。己所不欲,勿施于人。在邦无怨②,在家无怨。"仲弓曰:"雍虽不敏,请事③斯语矣。"(《颜渊·2》)

― 注释 ―

①出门如见大宾,使民如承大祭:这句话是说,出门办事和役使百姓,都要像迎接贵宾和承当大祭那样恭敬严肃。大宾,贵宾。刘宝楠《论语正义》:"宾位尊于己,故曰大也。"承,承当,承办。

②在邦无怨,在家无怨:邦,诸侯统治的国家。家,卿大夫统治的封地。刘宝楠《论语正义》说:"在邦谓仕于诸侯之邦,在家谓仕于卿大夫之家也。"怨,怨恨。非人不怨己,乃己不怨人。

③事:从事,照着去做。

― 译文 ―

仲弓问仁德。孔子说:"平时出门(工作)如同去接待贵宾,上位者使唤百姓如同去承当重大的祭祀(都要认真严肃,小心谨慎)。自己不愿意要的,不要强加于别人。做到在诸侯的朝廷上无所怨恨,在卿大夫的封地里也无所怨恨。"仲弓说:"我虽然不聪明,让我照您的话去做吧。"

司马牛①问仁。子曰:"仁者,其言也讱。"曰:"其言也讱②,斯③谓之仁已乎?"子曰:"为之难,言之得无讱乎?"(《颜渊·3》)

― 注释 ―

①司马牛:《史记·仲尼弟子列传》云:"司马耕,字子牛。牛多言而躁,

问仁于孔子。孔子曰：'仁者其言也讱。"根据司马迁的这一说法，孔子的答语是针对问者"多言而躁"的缺点而说的。

②讱：音 rèn，迟钝。
③斯：就。

-- 译文 --

司马牛问仁德。孔子说："仁者说话常迟钝。"司马牛说："说话迟钝，这就叫作仁了吗？"孔子说："因为知道做起来不容易，说话能不迟钝吗？"

樊迟问仁。子曰："爱人。"问知①。子曰："知人。"
樊迟未达。子曰："举直错诸枉②，能使枉者直。"
樊迟退，见子夏曰："乡③也吾见于夫子而问知，子曰，'举直错诸枉，能使枉者直'，何谓也？"
子夏曰："富④哉言乎！舜有天下，选于众，举皋陶⑤，不仁者远⑥矣。汤⑦有天下，选于众，举伊尹⑧，不仁者远矣。"（《颜渊·22》）

-- 注释 --

①知：第一个知，同"智"。第二个知，知道，了解。
②举直错诸枉：错，同"措"，放置。诸，这是"之于"二字的合音。枉，邪恶，指邪恶的人。意为选拔直者，罢黜枉者。
③乡：音 xiàng，同"向"，从前，这里指刚才。
④富：丰富。
⑤皋陶：gāo yáo，舜时掌握刑法的大臣。
⑥远：本是动词"离开""遁逃"之意，但不仁者是可以转变为仁者的，即所谓能使枉者直，何必非逃离不可。译文用"难以存在"来表达，比之拘泥字面可能更符合子夏的本意。
⑦汤：商朝的第一个君主，名履。
⑧伊尹：汤的宰相，曾辅助汤灭夏兴商。

-- 译文 --

樊迟问什么是仁。孔子说："爱人。"樊迟问什么是智，孔子说："了解人。"
樊迟还不明白。孔子说："选拔正直的人，罢黜邪恶的人，这样就能使邪者归正。"
樊迟退出来，见到子夏说："刚才我见到老师，问他什么是智，他说'选拔正直的人，罢黜邪恶的人，这样就能使邪者归正'，这是什么意思？"

子夏说："这句话的内涵是多么丰富呀！舜有天下，在众人中挑选人才，把皋陶选拔出来，坏人就难以存在了。汤有了天下，在众人中挑选人才，把伊尹选拔出来，坏人也就难以存在了。"

樊迟问仁。子曰："居处①恭，执事②敬，与人忠。虽之③夷狄，不可弃④也。"（《子路·19》）

— 注释 —

①居处：一人独居。
②执事：犹言行事。
③之：动词，到也。
④弃：谓不可弃去不行。

— 译文 —

樊迟问怎样才是仁。孔子说："平常独居容貌态度端正庄严，办事严肃认真，待人忠心诚意。这几种品德，即使到了夷狄之地，也是不能废弃的。"

子曰："刚①、毅②、木③、讷④近仁。"（《子路·27》）

— 注释 —

①刚：强志不屈不挠。
②毅：果敢。
③木：质朴，朴实。
④讷：语言迟钝，不善于讲话。孔子又曰："巧言令色鲜矣仁。"刚毅者决不有令色，木讷者决不有巧言。

— 译文 —

孔子说："刚强、果敢、朴实、言语迟钝，有这四种品德的人接近于仁德。"

子曰："君子①而不仁者有矣夫，未有小人而仁者也。"（《宪问·6》）

— 注释 —

①君子、小人：这里含义不大清楚。"君子""小人"若指有德者、无德者而言，则第二句可以不说；看来，这里似乎是指在位者和老百姓而言。

— 译文 —

孔子说:"君子中没有仁德的人是有的,但没有一个小人是有仁德的。"

子曰:"志士仁人,无求生①以害仁②,有杀身以成仁。"(《卫灵公·9》)

— 注释 —

①生:孔门论学所重在如何生。知有不该求生时,自知有不避杀身时。杀身成仁,亦不惜死枉生,所重仍在如何生。

②仁:孔子的生死观以"仁"为最高原则。生命固然宝贵,但在孔子看来,"仁"比生命更宝贵,为了成就"仁",可以为"仁"而献出生命。

— 译文 —

孔子说:"一个志士仁人,没有为求得生命安全而损害仁德的,只有宁愿牺牲自己来成全仁德的。"

子贡问为仁。子曰:"工欲善其事,必先利其器。居是邦也,事其大夫之贤者,友其士①之仁者。"(《卫灵公·10》)

— 注释 —

①士:论语中的"士",有时指有一定修养的人,如"士志于道"的"士";有时指有一定社会地位的人,如"使于四方,不辱君命,可谓士矣"的"士"。此处和"大夫"并言,指的是有一定社会地位的人,即已做官而位置下于大夫的人。器不自利,必经磨砺,亦如人之才德,必事贤友仁,然后得所切磋熏陶而后能成也。

— 译文 —

子贡问怎样实行仁德。孔子说:"做工的人想把活儿做好,必须首先使他的工具锋利。住在这个国家,就要事奉大夫中的那些贤者,与士人中的仁者交朋友。"

子曰:"民之于仁也,甚于水火①。水火,吾见蹈而死者矣,未见蹈仁而死者也。"(《卫灵公·35》)

— 注释 —

①甚于水火:《孟子尽心上》说:"民非水火不生活",译文摘取此意,故加"需要"两字。

-- 译文 --

孔子说:"老百姓对于仁(的需要),比水火(的需要)更迫切。我见过跳到水火中而死的,却没有见过实行仁而死的。"

子曰:"当仁①,不让②于师。"(《卫灵公·36》)

-- 注释 --

①当仁:遇到一些仁德的事情。当,即值,遇到,面对。
②让:谦让。

-- 译文 --

孔子说:"面对着仁德,就是老师,也不同他谦让。"

子张问仁于孔子。孔子曰:"能行五者于天下为仁矣。"
"请问之。"曰:"恭,宽,信,敏,惠。恭则不侮①,宽则得众,信则人任焉,敏则有功②,惠则足以使人。"(《阳货·6》)

-- 注释 --

①不侮:侮,侮慢。不为人所侮慢。
②敏则有功:敏,疾速。应事疾速,易有成绩。

-- 译文 --

子张向孔子问仁。孔子说:"能够处处实行五种品德就是仁人了。"
子张说:"请问哪五种。"孔子说:"庄重、宽厚、诚实、勤敏、慈惠。庄重就不致遭受侮辱,宽厚就会得到众人的拥护,诚信就能得到别人的任用,勤敏就会工作效率高、贡献大,慈惠就能够使唤人。"

子夏曰:"博学而笃志①,切问②而近思③,仁在其中矣。"(《子张·6》)

-- 注释 --

①笃志:坚定志向。
②切问:问自己还未领悟之事。
③近思:切近实际地思考问题。

-- 译文 --

子夏说:"广泛学习,坚守志向,有不明白的要向别人询问,然后再切近实际地考虑看能否实行,如果这样做了,仁德就在里面了。"

(二) 守礼

有子曰:"礼①之用,和②为贵。先王之道③,斯④为美;小大由之⑤。有所不行,知和而和⑥,不以礼节⑦之,亦不可行也。"(《学而·12》)

-- 注释 --

①礼:在春秋时代,"礼"泛指奴隶社会的典章制度和道德规范。《论语》"礼"字出现74次,其中不见孔子对"礼"下任何较有概括性的定义。

②和:《礼记·中庸》:"喜怒哀乐之未发谓之中,发而皆中节谓之和。"杨遇夫先生《论语疏证》说:"事之中节者皆谓之和,不独喜怒哀乐之发一事也。《说文》云:'龢,调也。''盉,调味也。'乐调谓之龢,味调谓之盉,事之调适者谓之和,其义一也。和今言适合,言恰当,言恰到好处。"

③先王之道:指尧、舜、禹、汤、文、武、周公等古代帝王的治世方法。

④斯:指礼,亦指和。先王之道,以礼为美。和在礼中,亦即以和为美。有说指"和为贵",不取。

⑤由之:事无大小,皆按礼、和的原则行事。

⑥知和而和:知道"和"的可贵而无原则地一味求"和"。

⑦节:节制。如竹节,虽一气相通,而上下有别。父子夫妇,至为亲密,然双方亦必有别,有节限,始得相与成和。

-- 译文 --

有子说:"礼的作用,以遇事都做得恰当为可贵。古代君主的治国方法,可宝贵的地方就在这里;不论小事大事都遵循了这样的原则。但是,如有行不通的地方,便为恰当而求恰当,不用一定的规矩制度来加以节制,也是不可行的。"

子张问:"十世①可知也②?"子曰:"殷因③于夏礼,所损益④,可知也;周因于殷礼,所损益,可知也。其或继周者,虽百世,可知也。"(《为政·23》)

-- 注释 --

①世:一世为一代,古称三十年为一世,十世当三百年。也有的把世解释为朝代。子张问的是今后十代的礼仪制度可否预知。

②也:同"耶",疑问语气词。

③因:因袭,继承。

④损益：减少和增加，变动的意思。

-- 译文 --

子张问："十世以后（的礼仪制度）可以预先知道吗？"孔子回答说："殷朝继承了夏朝的礼仪制度，所废除的和所增加的是可以知道的；周朝又继承殷朝的礼仪制度，所废除的和所增加的也是可以知道的。将来如有继承周朝的，就是一百世之久，也是可以预先知道的。"

林放①问礼②之本。子曰："大哉问！礼，与其奢也，宁俭；丧，与其易③也，宁戚④。"（《八佾·4》）

-- 注释 --

①林放：鲁国人，有的说是孔子弟子。从《论语》直呼其名看，其社会地位应该不高。

②礼，与其奢也，宁俭：礼本于人心之仁，而求所以表达之，始有礼。奢则外有余而内不足，俭则内有余而外不足，同嫌于非礼。外不足，其本尚在。内不足，其本将失。故与其奢宁俭。

③易：《礼记·檀弓上》说："子路曰，'吾闻诸夫子：丧礼，与其哀不足而礼有余也，不若礼不足而哀有余也。'"可以看作"与其易也，宁戚"的最早的解释。"易"有把事情办妥的意思，如《孟子·尽心上》"易其田畴"。衣衾棺椁等一切治办周到而哀情不足，是亦不足观也。

④戚：心中悲哀的意思。

-- 译文 --

林放问礼的本质。孔子说："你问的问题意义重大呀！礼仪，与其奢侈，不如节俭；丧祭之礼，与其仪式周到，宁可内心真正悲哀。"

子曰："君子无所争。必也射①乎！揖②让而升，下而饮。其争也君子③。"（《八佾·7》）

-- 注释 --

①射：此处指古代的射礼。古射礼有四，一是大射，二是宾射，三是燕射，四是乡射，此章指大射。大射礼规定两人一组，相互作揖然后登堂，射完再相互作揖退下。各组射后计算靶数，中靶少的被罚饮酒。

②揖：拱手行礼，表示尊敬。

③其争也君子：射必争胜，然揖让对饮，以礼化争，故其争亦不失为君子之争。

－－ 译文 －－

孔子说："君子没有什么可与别人争的事情。如果有的话，那就是射箭比赛了。比赛时，先相互作揖谦让，然后登堂。射完后，走下堂来，然后（作揖）喝酒。这种竞争真是君子之争啊！"

子曰："周监①于二代②，郁郁③乎文④哉！吾从⑤周。"（《八佾·14》）

－－ 注释 －－

①监：音 jiàn，同"鉴"，借鉴的意思。
②二代：指夏、商二朝。
③郁郁：丰富，繁盛。
④文：指礼乐制度。
⑤从：顺从，服从。

－－ 译文 －－

孔子说："周朝的礼仪制度是借鉴于夏、商二个朝代建立起来的，多么丰富多彩啊！我遵从周朝的。"

子曰："射①不主皮②，为③力不同科④，古之道也⑤。"（《八佾·16》）

－－ 注释 －－

①射：这里指演习礼乐的射，不是军中的武射。
②皮：用兽皮做成的箭靶子，当中画着各种猛兽或者别的东西，最中心的位置叫作"正"或者"鹄"。孔子认为演习礼乐的射以中不中为主，不以是否穿破皮侯为主。《仪礼·乡射礼》说："礼射不主皮"。
③为：音 wèi，因为。
④科：等级，类别。
⑤古之道也：《乐记》载，武王克商，散军郊射，而贯革之射息。此谓自武王克商，示天下已平，不复尚多力能杀人，故息贯革之射。

－－ 译文 －－

孔子说："比赛射箭，不在于穿透靶子，因为各人的力气大小不同。这是古时的规矩。"

子贡欲去①告朔②之饩羊③。子曰："赐也！尔爱其羊，我爱④其礼。"（《八佾·17》）

--- 注释 ---

①去：去掉，除去。

②告朔：告，旧读 gù。朔，农历每月初一为朔日。告朔，古代制度，每年秋冬之际，周天子把第二年历书颁给诸侯，内容包括有无闰月，每年朔日是哪一天等，称为"颁告朔"。诸侯接受历书后，藏于祖庙。每逢初一，要杀一只羊，祭于祖庙，称"告朔"，然后回朝听政，称"视朔"或"听朔"。到子贡的时候，鲁国国君每月初一不但不亲临祖庙，而且也不听政，只是杀一只活羊做个样子。所以子贡认为不必走这个过场，主张不杀活羊。但孔子却认为尽管这是残存的形式，但也比什么都不保留要好一些。

③饩羊：饩，音 xì。饩羊，祭祀用的活羊。杀而未烹曰饩，烹而熟之曰飨。

④爱：可惜的意思。《春秋》载，殆在哀公时废此礼，而有司犹供此羊。子贡惜其无实枉杀，故欲去之。孔子则认为礼虽不行，但羊还照杀。若因惜羊而忘礼，岂不更可惜。

--- 译文 ---

子贡要去掉每月初一告祭祖庙用的活羊。孔子说："赐呀！你可惜那只羊，我可惜那种礼。"

定公①问："君使臣，臣事君②，如之何？"孔子对曰："君使臣以礼，臣事君以忠③。"（《八佾·19》）

--- 注释 ---

①定公：鲁国国君，姓姬名宋，昭公之弟，继昭公而立，哀公之父。"定"是谥号。在位十五年（公元前509～前495年）。

②君使臣，臣事君：君于臣称使，臣对君称事。定公此问，显抱君臣不平等观念。

③君使臣以礼，臣事君以忠：礼虽有上下之分，然双方各有节限，同须遵守，君能以礼待臣，臣亦自能尽忠遇君。汉儒解释为君要按礼的要求对待臣，臣也就能忠于君，比较侧重于对君的要求；宋儒则说两方面都是"理所当然"，君臣双方应各自尽心，即使君无礼，臣也应尽忠。以此可见儒家思想的发展。

愈后，对君的要求愈少而对臣的要求愈苛，直至发展到不问是非的愚忠。汉儒的解释更接近于孔子原意。近年发现的马王堆帛书和郭店楚简，所反映的儒家思想与我们平常了解的颇有不同，认为君臣是朋友关系，值得研究者重视。

-- 译文 --

鲁定公问："君使唤臣，臣事奉君，应该怎么办？"孔子回答说："君能按礼的要求去使唤臣，臣自会尽忠来事奉君。"

子曰："恭而无礼[1]则劳[2]，慎而无礼则葸[3]，勇而无礼则乱[4]，直而无礼则绞[5]。君子[6]笃[7]于亲，则民兴于仁；故旧[8]不遗，则民不偷[9]。"（《泰伯·2》）

-- 注释 --

[1]礼：这里指的是礼的本质。
[2]劳：劳扰不安。
[3]葸：音 xǐ，胆怯，害怕。
[4]乱：犯上。
[5]绞：说话尖刻，出口伤人。恭慎勇直皆美行，然无礼以为之节文，则仅见其失。
[6]君子：指为政者。
[7]笃：厚待、真诚。
[8]故旧：故交，老朋友。
[9]偷：淡薄，这里指人与人的感情而言。

-- 译文 --

孔子说："恭敬而不知礼就会劳扰不安，谨慎而不知礼就会懦弱，勇猛而不知礼就会犯上作乱，直率而不知礼就会尖刻伤人。在上位的人如果能厚待自己的亲属，老百姓当中就会兴起仁的风气；在上位的人如果能不遗弃老朋友，老百姓就不会人情淡薄。"

颜渊死，颜路[1]请子之车以为之椁[2]。子曰："才不才，亦各言其子也。鲤[3]也死，有棺而无椁。吾不徒行以为之椁。以吾从大夫之后[4]，不可徒行也。"（《先进·8》）

-- 注释 --

[1]颜路：颜无繇（yóu），字路，颜渊的父亲，小孔子六岁，也是孔子的

学生，生于公元前545年。

②为之椁：之，用法同"其"，他的。椁，也作"槨"，音 guǒ。古代大官棺木至少用两重，里面的一重叫棺，外面的一重叫椁，平常我们说"内棺外椁"就是这个意思。

③鲤：孔子的儿子，字伯鱼，死时50岁，孔子70岁。

④从大夫之后：跟随在大夫们的后面。孔子在鲁国曾任司寇，是大夫一级的官员。不过此时孔子已去位多年，他不说"我曾为大夫"，而说"吾从大夫之后"（在大夫行列之后随行的意思），谦逊之词。

译文

颜渊死了，（他的父亲）颜路请求孔子卖掉车子，给颜渊买个外椁。孔子说："（虽然颜渊和鲤）不管有才能还是没有才能，但各自都是自己的儿子。孔鲤死的时候，也是有棺无椁。我没有卖掉自己的车子步行而给他买椁。因为我也曾做过大夫，是不可以步行的。"

颜渊死，门人欲厚葬①之。子曰："不可。"

门人厚葬之。子曰："回也视予犹父也，予不得视犹子也②。非我也，夫③二三子也。"（《先进·11》）

注释

①厚葬：隆重地安葬。根据《檀弓》记载孔子的话，丧葬应该"称家之有亡。有，毋过礼。苟亡矣，敛手足形，还葬，悬棺而封。"颜回家中本穷，而用厚葬，在孔子看来是不应该的。

②予不得视犹子也：我不能把他当亲生儿子一样看待。

③夫：彼，指门人，他们。

译文

颜渊死了，孔子的学生们想要隆重地安葬他。孔子说："不能这样做。"

学生们仍然隆重地安葬了他。孔子说："颜回把我当父亲一样看待，我却不能把他当亲生儿子一样看待。这不是我的主意，是那些学生们干的呀。"

邦君①之妻，君称之曰夫人，夫人自称曰小童②；邦人称之曰君夫人，称诸异邦曰寡小君；异邦人称之亦曰君夫人③。（《季氏·14》）

—— 注释 ——

①邦君：诸侯国的国君。

②小童、寡小君：皆谦辞。

③这章可能也是孔子所言，却遗落了"子曰"两字。有人疑心这是后人见竹简有空白处，任意附记的。殊不知书写《论语》的竹简不过八寸，短者每章一简，长者一章数简，断断没有多大空白能书写这四十多字。而且这一章既见于《古论》，又见于《鲁论》（《鲁论》作"固君之妻"），尤其可见各种古本都有之，绝非后人所搀入。

—— 译文 ——

国君的妻子，国君称她为夫人，她自称为小童；国内的人称她为君夫人，但对外国人便称她为寡小君；外国人称她也为君夫人。

（三）孝悌

有子①曰："其为人也孝弟②，而好犯上③者，鲜④矣；不好犯上而好作乱者，未之有也⑤。君子务本⑥，本立而道⑦生。孝弟也者，其为仁之本⑧与⑨！"（《学而·2》）

—— 注释 ——

①有子：孔子的学生，姓有，名若，比孔子小三十三岁。《论语》里对孔子的学生一般都称字，独曾参和有若称"子"（另外，冉有和闵子骞偶一称子，又当别论），因此很多人推断《论语》是由他们两人的学生所纂述的。但是有若称子，可能是由于他在孔子死后曾一度为孔门弟子所尊重的缘故（史实可参阅《礼记·檀弓上》、《孟子·滕文公上》和《史记·仲尼弟子列传》）。至于《左传》哀公八年说有若是一个"国士"，则未必使之足以称"子"。

②孝弟：孝，奴隶社会时期所认为的子女对待父母的正确态度；弟，同"悌"，音tì，即弟弟对待兄长的正确态度。古注：善事父母曰孝，善事兄长曰弟。孝弟是孔子和儒家特别提倡的两个基本道德规范，也是封建时代维护社会制度、社会秩序的一种基本道德力量。

③犯上：犯，抵触、违反、冒犯。上，指在上位的人。

④鲜：音xiǎn，少的意思。《论语》中的"鲜"字，都是如此用法。

⑤未之有也：此为"未有之也"的倒装句型。古汉语的句法有一条规律：否定句的宾语若为代词，一般置于动词之前。

⑥务本：务，专心、致力于。本，根本。

⑦道：本意是道路。在中国古代思想里，道有多种含义，这里指孔子提倡的仁道，即以"仁"为核心的整个道德思想体系及其在实际生活中的体现。

⑧为仁之本："仁"是孔子的最高道德范畴。为仁之本，是说孝悌是仁的根本。另一种解释说：为仁，行仁的意思。前者是从仁的内容讲，后者是从仁的实行上讲。也有人解释（宋人陈善的《扪虱新语》开始如此说，后人赞同者很多），"仁"字就是"人"字，"为仁之本"就是"做人的根本"。这一说虽然也讲得通，但不能和"本立而道生"一句相呼应，未必符合有子的原意。

⑨与：同"欤"，语气助词，表示疑问。论语中的"欤"字都写作"与"。

-- 译文 --

有子说："他的为人，孝顺父母，顺从兄长，却喜好触犯上级，这样的人是很少见的。不喜好触犯上级，却喜好造反，这种人从来没有过。君子专心致力于事情的根本处，根本建立起来了，仁道就产生了。孝顺父母、敬爱兄长，这就是仁道的根本吧！"

子曰："弟子①，入则孝，出②则悌③，谨④而信，汎⑤爱众，而亲仁⑥。行有余力⑦，则以学文⑧。"（《学而·6》）

-- 注释 --

①弟子：一般有两种含义：一、年纪幼小的人；二、学生。这里指前者。

②入、出：《礼记·内则》："由命士以上，父子皆异宫"，则知这里的"弟子"是指"命士"以上的人物而言。"入"是"入父宫"，"出"是"出己宫"。

③悌：敬爱兄长。

④谨：寡言叫作谨。详见杨遇夫先生的《积微居小学金石论丛》卷一。

⑤汎：音 fàn，同"泛"，广泛的意思。于众当泛爱，但当特别亲近众之仁者。

⑥仁："仁"即"仁人"，有仁德之人，和"井有仁焉"（《雍也·26》）的"仁"一样。古代的词汇经常运用这样一种规律：用某一具体人和事物的性质、特征甚至原料来代表那一具体的人和事物。

⑦余力：指有多余的精力。

⑧文：古代文献。主要有《诗》、《书》、礼、乐等文化知识。从这一章

可以看出，弟子为学，当重德行。但若专重德行，不学于文，则心胸不开，志趣不高，无以达深大之境。

── 译文 ──

孔子说："后生小子，在父母跟前，就孝敬父母；离开自己的房子，要敬爱兄长；寡言少语，诚实可信，对人应博爱，而亲近其有仁德的人。这样躬行实践之后，还有多余的精力，就再去学习文献。"

子曰："父在，观其①志；父没②，观其行③；三年④无改于父之道⑤，可谓孝矣。"（《学而·11》）

── 注释 ──

①其：指儿子，不是指父亲。观察这个人的行为来判断是否孝。本章就父子言，则其道其事，皆家事也，似不专指为君者。

②没：死亡。

③行：音 xìng，指行为举止等。

④三年：对于这种数字有时不要看得太机械，它经常只表示一种很长的期间。

⑤道：作为一般意义的名词，无论好坏、善恶都可以叫作道。但更多时候是积极意义的名词，表示善的、好的东西。这里以"合理部分"译之。

── 译文 ──

孔子说："当他父亲在世的时候，（因为他无权独立行动）要观察他的志向；在他父亲死后，要考察他的行为；若是对他父亲的合理部分长期不加改变，可以说是做到孝了。"

孟懿子①问孝。子曰："无违②。"
樊迟③御④，子告之曰："孟孙⑤问孝于我，我对曰，无违。"樊迟曰："何谓也？"子曰："生，事之以礼⑥；死，葬之以礼，祭之以礼。"（《为政·5》）

── 注释 ──

①孟懿子：鲁国的大夫，三家之一，姓仲孙，名何忌，"懿"是谥号。其父孟僖子仲孙玃。《左传》昭公七年说，孟僖子将死，遗嘱要他向孔子学礼，乃孔子早年期学生。后孔子为鲁司寇，主堕（huī）三家之都，何忌首抗命。故后人不列何忌为孔门之弟子。

②无违：《左传》说，古人凡背礼者谓之违。僖子贤而好礼，懿子殆不能谨守其父之教，故孔子教以无违。后汉时，"违礼"的含义已不甚清楚，王充《论衡·问孔篇》曾质问孔子，为什么不讲"无违礼"，而故意省略讲为"无违"，难道不怕人误会为"毋违志"吗？

③樊迟：姓樊名须，字子迟。孔子弟子，比孔子小四十六岁。《史记·仲尼弟子列传》说比孔子小三十六岁，《孔子家语》说比孔子小四十六岁。若从《左传》哀公十一年所记载的樊迟的事考之，可能《史记》的"三"系"三"（古四字）之误。

④御：驾驭马车。

⑤孟孙：指孟懿子。

⑥礼：古代的礼仪有一定的差等，天子、诸侯、大夫、士、庶人各不相同。鲁国的三家是大夫，不但有时用鲁公（诸侯）之礼，甚至有时还用天子之礼。这种行为当时叫作"僭"，是孔子所最痛心的。孔子这几句答语，或者是针对这一现象发出的。

— 译文 —

孟懿子向孔子问孝道。孔子说："不要违背礼制。"

不久，樊迟给孔子驾车，孔子告诉他："孟孙向我问什么是孝道，我回答他说，不要违背礼制。"樊迟说："这是什么意思呢？"孔子说："父母活着，依规定的礼节侍奉他们；死了，依规定的礼节埋葬他们、祭祀他们。"

孟武伯①问孝。子曰："父母唯其疾之忧②。"（《为政·6》）

— 注释 —

①孟武伯：孟懿子的儿子，名彘。"武"是他的谥号。

②父母唯其疾之忧："父母唯忧其疾"的倒装。其，代词，相当于"他的"、"他们的"。"其"有两说：一、指父母。断句应为"父母，唯其疾之忧。"意思是对于父母，孝子最担心的是他们的病痛。王充《论衡·问孔篇》说："武伯善忧父母，故曰，唯其疾之忧。"《淮南子·说林训》说："忧父之疾者子，治之者医。"高诱《注》云："父母唯其疾之忧，故曰忧之者子。"二、指孝子。意思是父母最担心子女的病痛，子女因此知道父母对自己的关怀，由此应知孝敬父母。马融说："言孝子不妄为非，唯疾病然后使父母忧。"两说都通，译文取马融说。

-- 译文 --

孟武伯向孔子请教孝道。孔子说:"做爹娘的只是为孝子的疾病发愁。"

子游①问孝。子曰:"今之孝者,是谓能养②。至于③犬马,皆能有养④;不敬,何以别乎⑤?"(《为政·7》)

-- 注释 --

①子游:孔子晚年的弟子,姓言名偃,字子游,吴人,比孔子小四十五岁。

②是谓能养:世俗皆以能养为孝。

③至于:和《孟子·告子上》的"惟耳亦然。至于声,天下期于师旷,是天下之耳相似也。惟目亦然。至于子都,天下莫不知其姣也。"的"至于"用法相似。都可用"谈到"、"讲到"来译它。不译也可。

④至于犬马,皆能有养:有两种解释:一、狗守门、马拉车驮物,也能侍奉人,也就是犬马也能养人。东汉包咸持此说。二、狗马也能得到人的饲养。孟子持此说,从此。养:从前人都读去声,音yàng。

⑤不敬,何以别乎:如果只知道养而不懂得敬,与养犬马没有区别,何孝之可言?

-- 译文 --

子游问孝道。孔子说:"现在的所谓孝,只是说能赡养父母就行了。就是狗马都能得到饲养;如果对父母不敬,赡养父母和饲养狗马又有什么区别呢?"

子夏问孝。子曰:"色难①。有事,弟子②服其劳③;有酒食④,先生馔⑤,曾⑥是以为孝乎?"(《为政·8》)

-- 注释 --

①色难:孝子奉侍父母,以能和颜悦色为难。《礼记·祭义》:"孝子之有深爱者,必有和气;有和气者,必有愉色;有愉色者,必有婉容。"可以做这两个字的注脚。人之面色,即其内心之真情流露,色难仍是心难。色,脸色,在此指悦色、婉容。难,不容易的意思。

②弟子、先生:刘台拱《论语骈枝》云:"《论语》言'弟子'者七,其二皆年幼者,其五谓门人。言'先生'者二,皆谓年长者。"马融说:"先生谓父兄也。"亦通。

③服其劳：服，操执。
④食：旧读去声，音 sì，食物。不过现在仍如字读 shí，如"主食"、"副食"、"面食"。
⑤馔：音 zhuàn，吃喝。《鲁论》作"馂"。馂，音 jùn，食余也。那么这句就该如此句读："有酒，食先生馂。"译为："有酒，幼辈吃其剩余。"
⑥曾：音 céng，副词，竟，竟然，难道。

-- 译文 --

子夏问孝道。孔子说："子女在父母面前经常有愉悦的容色，是件难事。只是有事情子女去做，有酒饭给父兄吃，难道这样就可算是孝了吗？"

子曰："居上不宽①，为礼不敬②，临③丧不哀，吾何以观之哉？"（《八佾·26》）

-- 注释 --

①居上不宽：居上，在上位。宽，宽容，大度。居上以宽为本。
②为礼不敬：为，行。行礼以敬为本。
③临：参加，面对。

-- 译文 --

孔子说："居于当政的地位不宽厚，行礼的时候不恭敬，参加丧礼的时候不悲哀，这种样子我怎么看得下去呢？"

子曰："事父母几谏①，见志不从，又敬不违②，劳③而不怨。"（《里仁·18》）

-- 注释 --

①几谏：婉转地劝谏，所谓下气怡色柔声以谏，仅微见己志而已，不务竭言。几，音 jī，轻微、婉转的意思。谏，劝谏。孔子讲孝时，没有说"顺"，孔子认为父母有不对的地方，子女就要婉言劝谏。在孔子看来，愚孝不是真孝。《论语》中，"孝"常和"敬"并提，《为政·7》："今之孝者，是谓能养。至于犬马，皆能有养；不敬，何以别乎？"
②违：违背，触犯，冒犯。
③劳：忧愁，忧虑。说见王引之《经义述闻》。如《诗经》："实劳我心"、"劳心忉忉"、"劳心怛怛"。

── **译文** ──

孔子说："事奉父母，（如果父母有不对的地方）要委婉地劝说。看见自己的心意没有被听从，仍要照常恭敬而不触犯他们，虽然心忧但不怨恨。"

子曰："父母在，不远游①，游必有方②。"（《里仁·19》）

── **注释** ──

①游：指游学、游宦。

②方：地方，地域，去处。古时交通不便，音讯难达。若父母急切有故，召之不得，将遗父母终天之恨。孝子顾虑及此，故不远游。今虽天涯若比邻，然远游者亦必音讯常通，使家人思念常知其处。可见，古今人情，亦不相远。

── **译文** ──

孔子说："父母在世，不出远门；如果不得已要出远门，也必须有一定的去处。"

子曰："三年无改于父之道，可谓孝矣。"①（《里仁·20》）

── **注释** ──

①本章内容见于《学而·11》，这里是重出，较前略。当是弟子各记孔子之言，而详略不同。或说《学而·11》重在说观人之法，此章重在说孝子之行，故重出。

── **译文** ──

孔子说："数年不改变父亲留下的合理部分，可以说是孝了。"

子曰："父母之年，不可不知①也。一则以喜②，一则以惧。"（《里仁·21》）

── **注释** ──

①知：犹识也，常记在心之义。

②喜、惧：喜者，喜其寿。惧者，惧其来日之无多。

── **译文** ──

孔子说："父母的年纪不可不常记在心。一方面为他们的长寿而高兴，一方面又为他们的衰老而恐惧。"

曾子有疾①，召门弟子曰："启②予足！启予手！《诗》云③：'战战兢兢④，如临深渊，如履薄冰⑤。'而今而后，吾知免⑥夫！小子⑦！"（《泰伯·3》）

-- 注释 --

①疾：重病。
②启：同"啓"，《说文》云："视也。"王念孙《广雅疏证》（《释诂》）说，《论语》的这"启"字就是说文的"啓"字。
③诗云：以下三句引自《诗经·小雅·小旻》。意思是做人要小心谨慎才能避免祸害。
④战战兢兢：战战，恐惧貌。兢兢，戒谨貌。
⑤如临深渊，如履薄冰：临渊恐坠，履冰恐陷。履，《易·履卦》爻辞："眇能视，跛能履。"履，步行也。
⑥免：指身体免于损伤。
⑦小子：对弟子的称呼。

-- 译文 --

曾子得了重病，召集学生们到他身边，说："看看我的脚！看看我的手（有没有损伤）！《诗经》上说：'小心谨慎呀，好像站在深渊旁边，好像走在薄冰上面。'从今以后，我知道可以免于祸害了！学生们！"

子张曰："《书》①云：'高宗②谅阴③，三年不言。'何谓也？"子曰："何必高宗，古之人皆然。君薨④，百官总己⑤以听于冢宰⑥三年。"（《宪问·40》）

-- 注释 --

①《书》云：见《尚书·无逸》篇。
②高宗：商王武丁的庙号。
③谅阴：历来有多种解释。一说是天子服丧之称；一说是信任冢宰，默而不言；一说是天子居丧之所，即"凶庐"，取此意。
④薨：音 hōng，周代时诸侯死称此。
⑤总己：统摄己职。
⑥冢宰：官名。冢，有高的意思。宰，有主宰的意思。据《周礼》，冢宰是辅佐天子行政的最高行政长官，相当于后世的宰相。

-- 译文 --

子张说："《尚书》上说，'殷高宗守孝，住在凶庐，三年不谈政事。'这是什么意思?"孔子说:"不仅是高宗,古人都是这样。国君死了,朝廷百官都各管自己的职事以听命于宰相三年。"

宰我①问:"三年之丧,期②已久矣。君子三年不为礼,礼必坏③;三年不为乐,乐必崩。旧谷既没,新谷既升,钻燧改火④,期可已矣。"

子曰:"食夫稻⑤,衣夫锦⑥,于女安乎?"

曰:"安。"

"女安,则为之!夫君子之居丧,食旨⑦不甘,闻乐不乐,居处不安⑧,故不为也。今女安,则为之!"

宰我出。子曰:"予之不仁也!子生三年,然后免于父母之怀。夫三年之丧,天下之通丧也。予也有三年之爱于其父母乎!"(《阳货·21》)

---- 注释 ----

①宰我:名予,下文的"予之不仁也"的"予"即宰我。

②期:第一个"期",日期,时间。第二个"期",同"朞",音jī,周年。

③礼必坏、乐必崩:坏,败坏。崩,坠失。礼乐行于君子,君子居丧三年,不习礼乐,礼乐将崩坏。

④钻燧改火:古代用的是钻木取火的方法,被钻的木,四季不同,所谓"春取榆柳之火,夏取枣杏之火,季夏取桑柘之火,秋取柞楢之火,冬取槐檀之火"(马融引《周书·月令篇》文),一年一轮回,叫改火。

⑤食夫稻:古代北方以稷(小米)为主要粮食,水稻和粱(精细的小米)是珍品,居丧者不食之。

⑥衣夫锦:锦乃有文彩之衣,以帛为之。居丧衣素用布,无彩饰。

⑦旨:甜美,指吃好的食物。

⑧居处不安:古代孝子要"居倚庐,寝苫枕块",就是住临时用草料木料搭成的凶庐,睡在用草编成的藁垫上,用土块做枕头。这里的"居处"是指平日的居住生活而言。

---- 译文 ----

宰我问:"父母死了,守孝三年,为期也太久了。君子有三年不去习礼仪,礼仪一定会废弃掉;三年不去奏音乐,音乐一定会失传。陈谷既已吃完了,新谷又已登场;打火用的燧木又经过了一个轮回,一年也就可以了。"

孔子说:"(还不到三年)吃那大米饭,穿那锦缎衣,你心安吗?"

宰我说："心安。"

孔子说："你心安，你就去做吧！君子守丧，吃美味不觉得香甜，听音乐不觉得快乐，住在家里不觉得舒适，所以不那样做。如今你既然觉得心安，就去做好了！"

宰我退了出来。孔子说："宰予真是不仁啊！小孩生下来，到三岁时才能离开父母的怀抱。服丧三年，这是天下通行的丧礼。宰予难道就没有从他父母那里得到过三年怀抱的爱护吗？"

子游曰："丧①致②乎哀③而止④。"（《子张·14》）

— 注释 —

①丧：居丧。
②致：达到。
③哀：悲戚。
④止：停止，有足够的意思。丧礼若过而至于毁身灭性，亦君子所戒。

— 译文 —

子游说："居丧，达到悲戚的程度也就够了。"

曾子曰："吾闻诸①夫子：人未有自致②者也，必也亲丧乎！"（《子张·17》）

— 注释 —

①诸：之于。
②自致：自动地达到极点。

— 译文 —

曾子说："我听老师说过，人的感情在平时是不会自动地发挥到极致的，（如果有）一定是在其父母去世的时候吧！"

曾子曰："吾闻诸夫子：孟庄子①之孝也，其他可能也；其不改父之臣与父之政，是难能也。"（《子张·18》）

— 注释 —

①孟庄子：鲁国大夫仲孙速，其父孟献子，名蔑，有贤德。其父死于鲁襄公十九年，本人死于二十三年，相距仅四年。这一章可以和"三年无改于父之道可谓孝矣"（《学而·11》）结合来看。

── **译文** ──

曾子说:"我听老师说过,孟庄子的孝,别的都容易做到;但他不更换父亲的旧臣,不改变父亲的施政纲领,这是别人难以做到的。"

(四) 忠恕

子夏①曰:"贤贤易色②;事父母,能竭其力;事君,能致其身③;与朋友交,言而有信。虽曰未学,吾必谓之学矣。"(《学而·7》)

── **注释** ──

①子夏:姓卜,名商,字子夏,孔子晚年弟子,比孔子小四十四岁,生于公元前507年。孔子死后,他在魏国宣传孔子的思想主张。

②贤贤易色:第一个"贤"作动词用,尊重的意思。第二个"贤"为名词,贤德。易,有交换、改变的意思,也有轻视、简慢的意思,《汉书》卷七十五《李寻传》把"易色"解为"不重容貌",即轻视女色。陈祖范的《经咫》、宋翔凤的《朴学斋札记》等书说,以下三句,事父母、事君、交朋友,各指一定的人事关系;那么,"贤贤易色"也应该是指某一种人事关系而言,不能是一般的泛指。奴隶社会和封建社会把夫妻间关系看得极重,认为是"人伦之始"和"王化之基",这里开始便谈到它,是不足为奇的。因此,"贤贤易色"是指夫妻关系,谓为夫者能敬妻之贤德而略其色貌。四句分言夫妇、父子、君臣、朋友四伦。

③致其身:致,意为"委弃"、"献纳",这里是说把生命奉献给君主。

── **译文** ──

子夏说:"对妻子,重品德不重容貌;侍奉父母,能够竭尽全力;服侍君主,能豁出性命;同朋友交往,说话诚实守信。这样的人,虽然自谦说没有学习过,我一定说他已经学习过了。"

子曰:"参乎①!吾道一以贯之②。"曾子曰:"唯③。"

子出,门人问曰:"何谓也④?"曾子曰:"夫子之道,忠恕⑤而已矣。"(《里仁·15》)

── **注释** ──

①参乎:参,曾子名。呼其名,欲有所告。

②吾道一以贯之:贯,贯穿,贯通,统贯。如以绳穿物。孔子主张"仁",究竟"仁"的内涵是什么呢?《论语》有许多解释,或者说"克己复

礼为仁"，或者说"仁者先难而后获"，或者说"能行五者（恭、宽、信、敏、惠）于天下为仁"，或者说"爱人"就是"仁"。从"吾道一以贯之"可以推知"仁"的真谛。"吾道"就是孔子自己的整个思想体系，而贯穿这个思想体系的"一"，必然是它的核心——"仁"，分别讲是"忠恕"。

③唯：是的，答应的话。曾子自谓已明孔子之意，不再问。

④也：通"邪"，疑问词。

⑤忠恕：孔子自己曾给"恕"下了定义，《卫灵公·24》："子曰：'其恕乎！己所不欲，勿施于人。'"《中庸》也有类似记载："忠恕违道不远，施诸己而不愿，亦勿施于人。"朱熹《中庸章句》注解："尽己之心为忠，推己及人为恕。""忠"则是"恕"的积极一面："己欲立而立人，己欲达而达人。""忠恕"是孔子思想的精髓。

—— 译文 ——

孔子说："参啊！我的学说可以用一个根本的原则贯通起来。"曾子说："是。"

孔子出去之后，同学问曾子："这是什么意思？"曾子说："老师的学说，就是忠恕罢了。"

定公①问："一言而可以兴邦，有诸②？"

孔子对曰："言不可以若是其几③也。人之言曰：'为君难，为臣不易。'如知为君之难也，不几乎一言而兴邦乎？"

曰："一言而丧邦，有诸？"

孔子对曰："言不可以若是其几也。人之言曰：'予无乐乎为君，唯其言而莫予违④也。'如其善而莫之违也，不亦善乎？如不善而莫之违也，不几乎一言而丧邦乎？"（《子路·15》）

—— 注释 ——

①定公：名宋，鲁国的国君。

②诸："之于"的合音。

③几：据程树德考证认为应解释为"近"。

④莫予违："莫违予"的倒装，宾语前置。

—— 译文 ——

鲁定公问："一句话就可以使国家兴盛，有这样的话吗？"

孔子答道："说话不可以这么绝对，但有近乎于这样的话。有人说：'做君难，做臣不易。'如果知道了做君的难，这不近乎于一句话可以使国家兴盛吗？"

鲁定公又问："一句话可以亡国，有这样的话吗？"

孔子回答说："说话不可以这么绝对，但有近乎于这样的话。有人说过：'我做君主并没有什么可高兴的，我所高兴的只在于我所说的话没有人敢于违抗。'如果说得对而没有人违抗，不也好吗？如果说得不对而没有人违抗，那不就近乎于一句话可以亡国吗？"

子曰："爱之，能勿劳乎①？忠焉，能勿诲乎？"（《宪问·7》）

-- 注释 --

①能勿劳乎：《国语·鲁语》下说："夫民劳则思，思则善心生；逸则淫，淫则忘善，忘善则恶心生。"可以为"能勿劳乎"的注脚。另，钱穆《论语新解》：劳谓勉其勤劳。爱其人，则必勉策其于勤劳，始是真爱。诲者，教诲使趋于正。忠于其人，则必以正道规诲之，始是忠之大。

-- 译文 --

孔子说："爱他，能不教他勤劳吗？忠于他，能不以正道教诲他（执政者）吗？"

或曰："以德报怨①，何如？"子曰："何以报德？以直报怨，以德报德。"（《宪问·34》）

-- 注释 --

①以德报怨：老子也说："大小多少，报怨以德。"可能当时流行此语。

-- 译文 --

有人说："用恩德来报答怨恨，怎么样？"孔子说："用什么来报答恩德呢？不如有怨恨用正直来报答，有恩德用恩德来报答。"

子路问君子①。子曰："修己以敬②。"

曰："如斯而已乎？"曰："修己以安人③。"

曰："如斯而已乎？"曰："修己以安百姓④。修己以安百姓，尧舜其犹病⑤诸？"（《宪问·42》）

── 注释 ──

①君子：指在上位者。

②修己以敬：即修己以礼也。礼在外，敬其内心。以，用。

③人：此处指狭义的"人"，意同《学而·5》"节用而爱人，使民以时"的"人"，没有把"百姓"包括在内。

④修己以安百姓：《雍也·30》说："博施于民……尧舜其犹病诸。"这里说："修己以安百姓，尧舜其犹病诸。"可见这里的"修己以安百姓"就是"博施于民"，使老百姓安乐。

⑤病：苦其不足。

── 译文 ──

子路问什么样的人才是合格的执政者。孔子说："用严肃恭敬来修养自己。"

子路说："像这样就够了吗？"孔子说："修养自己，使上层人物安乐。"

子路说："像这样就够了吗？"孔子说："修养自己，使所有百姓都安乐。修养自己使所有百姓都安乐，尧舜还担心自己做不到呢！"

子曰："躬自厚①而薄责于人，则远怨矣。"（《卫灵公·15》）

── 注释 ──

①躬自厚：本当作"躬自厚责"，"责"字探下文"薄责"之"责"而省略。"躬自"是一双音节的副词，和《诗经·卫风·氓》的"静言思之，躬自悼矣"的"躬自"用法一样。躬自，自身。躬，《说文》："身也。"

── 译文 ──

孔子说："多责备自己而少责备别人，就可以避免别人的怨恨了。"

子贡问曰："有一言①而可以终身行之者乎？"子曰："其恕②乎！己所不欲，勿施于人。"（《卫灵公·24》）

── 注释 ──

①一言：一字。《易》曰："伏羲作十言之教，曰：坤、乾、震、巽、坎、离、艮、兑、消、息。"古诗中有五言七言，其"言"都与"字"意同。

②恕："忠"（己欲立而立人，己欲达而达人）是有积极意义的道德，未必每个人都有条件来实行。"恕"只是"己所不欲，勿施于人"，则谁都可以

这样做，所以孔子在这里言"恕"不言"忠"。《礼记·大学》篇的"絜矩之道"就是"恕"道。可是在阶级社会里，也只能是幻想，孔子却认为可以"终身行之"，而且这是"仁"的一个方面。

-- 译文 --

子贡问道："有没有一个字可以终身奉行呢?"孔子回答说："那就是'恕'吧！自己不愿意的，不要强加给别人。"

二、论修身

（一）修德

曾子①曰："吾日三省②吾身：为人谋而不忠③乎？与朋友交而不信④乎？传不习⑤乎？"（《学而·4》）

-- 注释 --

①曾子：姓曾名参（音 shēn）字子舆，南武城（故城在今山东平邑县附近）人，孔子晚年的得意弟子，比孔子小四十六岁（公元前 505—435），鲁国人，是被鲁国灭亡了的鄫国贵族的后代，以孝子出名。据说《孝经》就是他撰写的。

②三省："三"字有读去声的，其实不破读也可以。"省"，音 xǐng，自我检查，反省，内省。"三省"的"三"表示多次的意思。古代在有动作性的动词前加数字，一般表示动作频率，而"三""九"等字，又一般表示次数的多，不要着实地去看待。这里所反省的是三件事，和"三省"的"三"只是巧合。如果这"三"字是指以下三件事而言，依《论语》的句法便应该这样说："吾日省者三。"和《宪问·28》"君子道者三"一样。

③忠：古注：尽己之谓忠。对人尽心竭力的意思。

④信：古注：以实之谓信。诚实的意思。

⑤传不习：传，受之于师谓之传，即老师传授给自己的。习，与"学而时习之"的"习"一样，包括温习、实习、演习，这里概括地译为"复习"。

-- 译文 --

曾子说："我每天多次反省自己：替别人办事是否尽心竭力了呢？同朋友交往是否诚实呢？老师传授给我的学业是否复习了呢？"

子曰："君子①不重②，则不威③；学则不固④。主忠信⑤。无⑥友⑦不如己⑧者。过⑨，则勿惮⑩改。"（《学而·8》）

-- 注释 --

①君子：这个词一直贯穿到末尾，因此翻译时将这两个字作一停顿。

②重：庄重、自持。
③威：威严。
④学则不固：固有两种解释：一是作"坚固"解，与上句相连，不庄重就没有威严，所学也不坚固；二是作"固陋"解，喻人见闻少，学了就可以不固陋。
⑤主忠信：以忠信为主。主：以……为主。《颜渊·10》也说，"主忠信，徙义，崇德也"，可见"忠信"是道德。
⑥无：通"毋"，不要的意思。
⑦友：动词，交友。
⑧不如己：古今人对这一句发生不少怀疑，因而有一些不同的解释。一、不如自己。与不如己者为友，无益有损。或说：人若各求胜己者为友，则胜于我者亦将不与我为友，是不然。师友皆所以辅仁进德，故择友如择师，必择其胜我者。能具此心，自知见贤思齐，择善固执，虚己向学，谦恭自守，贤者亦必乐与我友矣。孔子之教，多直指人心。苟我心常能见人之胜己而友之，既易得友，又能获友道之益。人有喜与不如己者为友之心，此则大可戒。二、把"如"解释为"类似"。"不如己者：不类乎己，所谓'道不同不相为谋'也。"今不取。
⑨过：过错，过失。
⑩惮：音dàn，害怕，畏惧。

-- 译文 --

孔子说："君子，不庄重就没有威严；即使读书，所学的也不会坚固。要以忠和信两种道德为主。不要跟不如自己的人交朋友。有了过错，就不要怕改正。"

有子曰："信①近②于义③，言可复④也。恭近于礼，远⑤耻辱也。因⑥不失其亲，亦可宗⑦也。"（《学而·13》）

-- 注释 --

①信：信约，约言。
②近：接近、符合。
③义：义理，做事适宜。义是儒家的伦理范畴，是指思想和行为符合一定的标准。
④复：朱熹《集注》云："复，践言也。"《左传》僖公九年荀息说："吾

与先君言矣，不可以贰，能欲复言而爱身乎？"又哀公十六年叶公说："吾闻胜也好复言，……复言非信也。"这"复言"都是实践诺言之义。《论语》此义当同于此。

⑤远：音 yuàn，动词，使动用法，使之远离的意思，此处也可以译为避免。

⑥因：依靠，凭藉。一说是"姻"字，那"因不失其亲"便可译为"所与婚姻的人都是可亲的"，恐未必如此。

⑦宗：主，可靠。一般解释为"尊敬"，不妥。本章言与人交际，当慎始，而后可以善终。信与恭皆美德，当当近义合礼。有所因依亦不可非，然必择其可亲。

—— 译文 ——

有子说："所守的约言符合义，说的话就能兑现。态度恭敬而近于礼，就可以远离耻辱。依靠关系深的人，也就可靠了。"

子贡曰："贫而无谄①，富而无骄②，何如③？"子曰："可也；未若贫而乐，富而好礼④者也。"

子贡曰："《诗》云：'如切如磋，如琢如磨⑤'，其⑥斯⑦之谓与？"子曰："赐⑧也，始可与言《诗》已矣⑨，告诸往而知来者⑩。"（《学而·15》）

—— 注释 ——

①谄：音 chǎn，意为巴结、奉承。贫多求，故易谄。

②骄：傲慢，夸耀自己。富有恃，故易骄。

③何如：《论语》中的"何如"，都可译为"怎么样"。

④未若贫而乐，富而好礼：黄侃本"乐"下有"道"字。郑玄《注》云："乐谓志于道，不以贫为忧苦。"所以，译文增"于道"两字。贫能无谄，富能不骄，谓知自守，然犹未忘乎贫富。乐道则忘其贫矣。好礼则安于处善，忘其富矣。故尤可贵。

⑤如切如磋，如琢如磨：此二句见《诗经·卫风·淇奥》。有两种解释：一、切磋琢磨分别指对骨、象牙、玉、石四种不同材料的加工，否则不能成器，盖言学问之功。二、加工象牙和骨，切了还要磋，使益平滑。加工玉石，琢了还要磨，使益细腻。有精益求精的意思。后来浓缩为成语"切磋琢磨"，含有探求、研讨、求精之意。

⑥其：大概。

⑦斯：这。

⑧赐：子贡名，孔子对学生都称其名。
⑨已矣：复合语气助词，用于句末，与"矣"同义，只是语气有所加重。
⑩告诸往而知来者："诸"，在这里用法同"之"一样。"往"，过去的事，这里譬为已知的事；"来者"，未来的事，这里譬为未知的事。译文用意译法。孔子赞美子贡能运用《诗经》作譬，表示学问道德都要提高一步看。

-- 译文 --

子贡说："贫穷而不巴结奉承，有钱却不骄傲自大，怎么样？"孔子说："可以了；但是还不如虽贫穷却乐于道，虽有钱却谦虚好礼之人。"

子贡说："《诗经》上说：'要像对待骨、角、象牙、玉石一样，先开料，再糙锉，细刻，然后磨光。'那就是讲的这个意思吧？"孔子说："赐呀，现在可以同你谈论《诗经》了，告诉你一件，你能有所发挥，举一反三了。"

子曰："不患①人②之不己知③，患不知人也。"（《学而·16》）

-- 注释 --

①患：忧虑，担忧。
②人：指有教养、有知识的人，而非民。
③己知：即"知己"的倒装，宾语前置。了解自己。君子求的是道德学问，故不患人之不己知。

-- 译文 --

孔子说："不忧虑别人不了解自己，只怕自己不了解别人。"

子曰："人而①无信②，不知其可③也。大车无輗④，小车无軏⑤，其何以行之哉？"（《为政·22》）

-- 注释 --

①而：不能当"如果"讲。不说"人无信"，而说"人而无信"者，表示"人"字要做一停顿。古书多有这种句法，译文似能表达其意。
②信：信誉，信用。
③其可：其，代"人"。可，可以。
④大车无輗：大车，载物的牛车。輗，音 ní，古代牛车车辕前面横木上

的木销。牛车没有木销，则横木不能连接，就无法套牛行进。

⑤小车无軏：小车，载人的马车。軏，音 yuè，古代马车车辕前面横木上的木销。马车没有木销，则横木不能连接，就无法套马行进。

-- 译文 --

孔子说："一个人不讲信用，不知他怎么可以。就好像牛车没有輗、马车没有軏一样，它靠什么行走呢？"

子曰："士①志于道，而耻恶衣恶食②者，未足与议也。"（《里仁·9》）

-- 注释 --

①士：古时称士农工商为四民，"凡习学文武者为士"，士是四民中读书习武的人，其地位在庶民之上。在孔子时，士是由平民社会升入贵族阶层的一个过渡身份。来孔门求学者，孔子必先教其志于道，即是以道存心，而有人仍以恶衣恶食为耻，孔子认为，这种人未足与议矣。

②耻恶衣恶食：以穿破衣、吃粗粮为耻。耻，意动用法，以……为耻。恶，不好的。

-- 译文 --

孔子说："读书人有志于追求真理，但又以穿破旧衣服、吃粗劣食物为耻辱，这种人，是不值得与他商议的。"

子曰："不患无位①，患所以立②。不患莫己知③，求为可知也。"（《里仁·14》）

-- 注释 --

①位：职位。古人议事有朝会，有官守者，遇朝会时各立其位。己无才德，将何以立于其位？

②患所以立：患，担忧，忧虑。"立"和"位"古通用，"立"字就是"不患无位"的"位"字。《春秋》桓公二年"公即位"，石经作"公即立"可以为证。

③莫己知："莫知己"的倒装。

-- 译文 --

孔子说："不发愁没有职位，就发愁没有任职的本领。不怕没有人知道自己，去追求作为别人就能知道你了。"

二、论修身

子曰:"见贤思齐①焉,见不贤而内②自省③也。"(《里仁·17》)

—— 注释 ——

①齐:看齐。希望自己亦有此贤。

②内:方位名词作状语,在心里。

③省,音xǐng,反省。惧自己亦有此不贤。此章谓与人相处,无论其人贤与不贤,于己皆有益。若见贤而忌惮之,见不贤而讥轻之,则惟害己德而已。

—— 译文 ——

孔子说:"见到贤人,就想向他看齐;见到不贤的人,就在心里自我反省有没有类似的毛病。"

子曰:"以约①失之者鲜②矣。"(《里仁·23》)

—— 注释 ——

①约:《论语》的"约"字有两种意义:穷困,约束。这里指约束。凡谨言慎行皆是约。

②鲜:少。人能以约自守,所失自然少矣。

—— 译文 ——

孔子说:"因为约束自己而犯错误的是很少的。"

子曰:"德不孤①,必有邻②。"(《里仁·25》)

—— 注释 ——

①德不孤:德字有两种解释:一、修德。人不能独修成德,必求师友来辅。二、有德。有德之人纵处衰乱之世,亦不孤立,必有同声相应,同气相求之邻,如孔子之有七十二弟子。取后说。《易·系辞上》说:"方以类聚,物以群分。"可以作为"德不孤"的解释。

②必有邻:邻,亲近义。

—— 译文 ——

孔子说:"有道德的人不会孤单,一定会有志同道合的人来亲近他。"

子曰:"已矣乎,吾未见能见其过而内自讼①者也。"(《公冶长·27》)

——注释——

①自讼：自己责备自己。朱熹《论语集注》："内自讼者，口不言而心自咎也。人有过而能自知者鲜矣，知过而能内自讼者为尤鲜。能内自讼，则其悔悟深切而能改必矣。"

——译文——

孔子说："算了吧！我还没有看见过能够看到自己的错误而又能从内心责备自己的人。"

子曰："人之生也①直②，罔③之生也幸④而免。"（《雍也·19》）

——注释——

①也：语气词，表"人之生"是一词组作主语，这里无妨作一停顿，下文"直"是谓语。
②直：正直。儒家重要的道德规范，是人立身处世之本。
③罔：不正直的人，诬罔的人。
④幸：侥幸。《左传》："民之多幸，国之不幸。"

——译文——

孔子说："人的生存是靠正直，不正直的人的生存，那是他侥幸地免于祸害。"

子曰："中庸①之为德也，其至②矣乎！民③鲜④久矣。"（《雍也·29》）

——注释——

①中庸：孔子称之为至德，乃是最高道德标准。中，折中，谓之无过，也无不及。庸，平常。最高的道德标准其实就是折中的和平常的东西。后代的儒家又根据这两个字作了一篇题为《中庸》的文章，西汉人戴圣收入《礼记》，南宋人朱熹又取入《四书》。司马迁说是子思所作，未必可靠，从其文字和内容看，和孔子的"中庸"有相当距离，可能是战国至秦的作品。
②至：极，最高。
③民：不完全指老百姓，应理解为"大家"、"人们"。
④鲜：少。今之民鲜有此德久矣，此为孔子叹风俗之败坏。

——译文——

孔子说："中庸作为道德，该是最高的了吧！人们缺少这种道德已经很久了。"

曾子有疾，孟敬子①问②之。曾子言曰："鸟之将死，其鸣也哀；人之将死，其言也善。君子所贵乎道③者三：动容貌④，斯远暴慢⑤矣；正颜色⑥，斯近信矣；出辞气⑦，斯远鄙倍⑧矣。笾豆之事⑨，则有司存⑩。"（《泰伯·4》）

—— 注释 ——

①孟敬子：鲁国大夫仲孙捷，孟武伯之子。

②问：探望，探视。

③贵乎道：贵，重。道，指君子之道。

④动容貌：注重容貌之恭敬严肃。

⑤暴慢：暴是粗暴无礼，慢是懈怠不敬。

⑥正颜色：端正脸色。

⑦出辞气：辞，言语。气，语气，声调。指注意说话的言辞和口气。

⑧鄙倍：鄙，粗野鄙陋。倍，同"背"，背理，不合理，错误。

⑨笾豆之事：代表礼仪中的一切具体细节。笾，音biān，古代的一种竹器，高脚，上面圆口，有些像碗，祭祀时用以盛果实等食品。豆，也是古代一种像笾一般的器皿，木料做的，有盖，用以盛有汁的食物，祭祀时也用它。

⑩有司存：有司，主管其事的小吏。存，在。

—— 译文 ——

曾子有病，孟敬子去探望他。曾子对他说："鸟快死了，它的叫声是悲哀的；人快死了，他说的话是善意的。在上位的人所重视的道有三个方面：严肃自己的容貌，就可以避免别人的粗暴和懈怠；端正自己的脸色，就会接近于诚信；说话的时候多考虑言辞和声调，就会远离粗野和过失。至于礼仪的细节，自有主管其事的小吏在那里负责。"

子曰："如有周公之才之美①，使骄且吝②，其余不足观也已。"（《泰伯·11》）

—— 注释 ——

①周公之才之美：周公旦多才，其才又甚美。

②骄且吝：骄，恃才凌人。吝：吝啬。

── 译文 ──

孔子说:"(一个在上位的君主)如果有周公那样美好的才能,假使骄傲而吝啬,别的方面也就不值得一看了。"

子曰:"吾未见好德①如好色②者也。"(《子罕·18》)

── 注释 ──

①好德:喜欢贤德。
②好色:喜欢美貌。孔子叹时人之薄于德而厚于色。

── 译文 ──

孔子说:"我没见过喜欢贤德能像喜欢美色那样的人。"

子曰:"譬如为山,未成一篑①,止,吾止也。譬如平地,虽覆一篑,进,吾往也。"(《子罕·19》)

── 注释 ──

①篑:音 kuì,土筐。学者当自强不息,则积久而终成。其止其进,皆在己,不在人。

── 译文 ──

孔子说:"譬如用土堆山,只差一筐土就完成了,这时停下来,那是我自己要停下来的;譬如在平地上堆山,虽然只倒下一筐,这时继续前进,那是我自己要前进的。"

子曰:"三军①可夺帅也,匹夫②不可夺志也。"(《子罕·26》)

── 注释 ──

①三军:周朝的制度,诸侯中的大国可以拥有军队三军,因此便用"三军"作军队的通称。12500人为一军。
②匹夫:庶民,这里指男人。邢昺《论语注疏》:"大夫有妾媵,庶人贱,夫妻相匹配而已,故云匹夫。"

── 译文 ──

孔子说:"三军之众,可把它元帅夺了;男子汉的志向,谁也夺不成。"

子曰:"岁寒①,然后知松柏②之后彫③也。"(《子罕·28》)

-- 注释 --

①岁寒:指天冷之时,这里借喻为乱世。

②松柏:指松树和柏树,这里代指君子。

③彫:同"凋",凋零,凋落。凋在众木之后,曰后凋。春夏之交,众木茂盛,及至岁寒,尽归枯零。独有松柏,支持残局,重待阳和。所谓士穷见节义,世乱识忠臣。

-- 译文 --

孔子说:"到了寒冷的季节,才知道松柏是最后凋零的。"

子曰:"知①者不惑,仁者不忧②,勇者不惧③。"④(《子罕·29》)

-- 注释 --

①知:同"智",聪明。智者明道达义,故能不为事物所惑。

②忧:忧虑,忧愁。仁者悲天悯人,其心浑然与物同体,常能先天下之忧而忧,然其为忧,恻怛广大,无私虑私忧。

③惧:惧怕。勇者见义勇为,志道直前。

④知仁勇三德,知以明之,仁以守之,勇以行之,皆达德。

-- 译文 --

孔子说:"智者心无惑乱,仁者心无愁虑,勇者心无惧怕。"

子张问崇德①辨惑②。子曰:"主忠信,徙义③,崇德也。爱之欲其生,恶之欲其死。既欲其生,又欲其死,是惑也。'诚不以富,亦祗以异④。'"(《颜渊·10》)

-- 注释 --

①崇德:提高品德。

②辨惑:辨别疑惑。

③徙义:向义靠拢。徙,迁移。许慎《说文》:"徙,趋也。"根据《述而·3》中"闻义不能徙"的说法,徙义指听到道义之事就要照着去做。

④诚不以富,亦祗以异:祗,同"只"。出自《诗经·小雅·我行其野》。此诗表现了一个被遗弃的女子对其丈夫喜新厌旧的愤怒情绪。其本意是说,你之所以抛弃我,并不是因为她家比我家富,而是因为你变了心。程颐

认为此句为"错简"（别章的文句，因为书页次序错了，误在此处），应在《季氏·12》"齐景公有马千驷"之上，但古时人们喜欢赋诗言志，引诗往往断章取义，只采用诗句表面的意思。顾炎武在《九经误字》中引《诗笺》说："不以礼为室家成事，不足以得富也。"则联系本章似可解释为："不以事理明辨是非，而只靠感情用事明其好恶，这样做对自己没有好处，只会让别人感到奇怪。"

-- 译文 --

子张问怎样提高品德，明辨疑惑。孔子说："以忠诚信实为主，唯义是从，这就可以提高品德。爱一个人，就希望他活下去，厌恶起来就恨不得他立刻死去。既要他活，又要他死，这就是迷惑。这样，的确对自己毫无好处，只是使人奇怪罢了。"

樊迟①从游于舞雩②之下，曰："敢问崇德，修慝③，辨惑。"子曰："善哉问！先事后得④，非崇德与？攻⑤其恶，无攻人之恶，非修慝与？一朝之忿⑥，忘其身，以及⑦其亲，非惑与？"（《颜渊·21》）

-- 注释 --

①樊迟：孔子弟子。鲁国人，名须，字子迟，比孔子小四十六岁。
②舞雩：用跳舞的方式祈雨。雩，音 yú，是祈雨的祭祀。这里是指地名，舞雩台，祭天求雨的地方，在今山东曲阜市城南。
③修慝：这里是指改正邪恶的念头。修，改正。慝，音 tè，隐藏在心里的恶念。
④先事后得：先做事，把利禄放在后面。
⑤攻：批判。
⑥忿：同"愤"，愤怒，气愤。
⑦及：到，殃及，连累。

-- 译文 --

樊迟陪着孔子在舞雩台下游逛，说："请问怎样提高品德？怎样改正自己的邪念？怎样辨别迷惑？"孔子说："问得好！先努力做事，然后才有所收获，不就是提高品德了吗？批判自己的缺点而不去批判别人的缺点，不就可以消除邪念了吗？由于一时的愤怒，就忘记了自身的安危，以至于牵连自己的亲人，这不就是迷惑吗？"

叶公语孔子曰："吾党①有直躬者②，其父攘羊③，而子④证⑤之。"孔子曰："吾党之直者异于是：父为子隐，子为父隐。——直在其中⑥矣。"（《子路·18》）

-- 注释 --

①党：乡党，古代以五百户为一党。

②直躬者：其人姓名不传，因其行直，故称直躬。犹如一狂人行近孔子之舆，故称狂接舆。

③攘羊：偷羊。

④子：即直躬，其父盗人之羊，直躬证其父之行盗。

⑤证：《说文》云："证，告也。"正是此意。相当今日的"检举"、"揭发"。《韩非子·五蠹篇》述此事作"谒之吏"，《吕氏春秋·当务篇》述此事作"谒之上"，都可以帮助正是其子去告发他父亲。"证明"的"证"，古书一般用"征"字为之。

⑥直在其中：孔子伦理哲学的基础就在于"孝"和"慈"，隐恶扬善，亦人道之直。何况父为子隐，子为父隐，此乃人情，而理即寓焉，不求直而直在其中。

-- 译文 --

叶公告诉孔子说："我家乡有个正直的人，他的父亲偷了人家的羊，他告发了父亲。"孔子说："我家乡正直的人与此不同：父亲为儿子隐瞒，儿子为父亲隐瞒，正直就在其中了。"

子曰："南人①有言曰：'人而无恒，不可以作巫医②。'善夫！"
"不恒其德，或承之羞③。"子曰："不占④而已矣。"（《子路·22》）

-- 注释 --

①南人：南方的人，具体指谁不可考，应该是一位智者。

②巫医：巫医是一词，不应分为卜筮的巫和治病的医两种。古代常以祈祷之术替人治疗，这种人就叫巫医。巫医是一种比较低等的职业。

③不恒其德，或承之羞：引自《易经·恒卦·爻辞》，意思是如果不坚持自己的德行，有的免不了会遭受羞辱。

④占：占卜。

-- 译文 --

孔子说："南方人有句话说：'人如果没有恒心，连巫医都做不了。'这句话说得真好啊!"

《易经·恒卦》的爻辞说:"人不能长久地坚持自己的德行,有的免不了要遭受羞辱。"孔子又说:"(这句话是说,没有恒心的人)用不着去占卦了。"

子曰:"士而怀居①,不足以为士矣。"(《宪问·2》)

-- 注释 --

①怀居:怀,怀思,留恋。居,安居。指留恋居室居乡的安逸生活。《左传》僖公二十三年记载着晋文公的流亡故事,说他在齐国安居下来,有老婆,有家财,便不肯再移动了。他老婆姜氏便对他说:"行也!怀与安,实败名。"便和此意相近。

-- 译文 --

孔子说:"读书人如果留恋于居室居乡的安逸生活,就不配做读书人了。"

子曰:"有德者必有言①,有言者不必有德。仁者必有勇,勇者不必有仁。"(《宪问·4》)

-- 注释 --

①言:言论。有德者不贵言而自有之。仁者不贵勇而自有之。若徒务有言,岂必有德?徒务有勇,岂必能仁哉?

-- 译文 --

孔子说:"有道德的人一定有名言,但有名言的人不一定有道德。仁人一定有勇,但有勇的人不一定就是仁人。"

子曰:"贫而无怨难①,富而无骄易。"(《宪问·10》)

-- 注释 --

①难:难做到。

-- 译文 --

孔子说:"贫穷但没有怨恨是很难做到的,富贵却不骄傲是容易做到的。"

子路问成人①。子曰:"若臧武仲②之知,公绰③之不欲,卞庄子④之勇,冉求⑤之艺,文之以礼乐,亦可以为成人矣。"曰:"今之成人者何必然?见

利思义,见危授命,久要⑥不忘平生之言,亦可以为成人矣。"(《宪问·12》)

-- 注释 --

①成人:犹完人,谓人格完备之人。

②臧武仲:鲁国大夫臧孙纥,生活年代早于孔子。他很聪明,逃到齐国之后,能预见齐庄公的被杀而设法辞去庄公给他的田地。事见《左传》襄公二十三年。

③公绰:孟公绰,鲁国大夫。《史记·仲尼弟子列传》说他是孔子所尊敬的人。

④卞庄子:鲁国的勇士。《荀子·大略篇》和《韩诗外传》卷十都载有他的勇敢故事。

⑤冉求:孔子弟子,多才多艺,以政事出名。

⑥久要:"要"为"约"的借字,"约",穷困之意。说见杨遇夫先生的《积微居小学述林》。长久处于穷困中。

-- 译文 --

子路问成人的问题。孔子说:"像臧武仲的智慧,孟公绰的寡欲,卞庄子的勇敢,冉求的才艺,再用礼乐加以修饰,也就可以算是一个人格完备的人了。"孔子又说:"现在的成人何必这样呢?见到财利想到义的要求,遇到危险能献出生命,长久处于穷困还不忘平日的诺言,也就可以算是成人了。"

子曰:"不患人之不己知①,患其不能也。"②(《宪问·30》)

-- 注释 --

①不己知:即"不知己"的倒装句。

②《论语》中有两章文字全同者,当是一章重出。有文字小异而章义全同者,当是孔子屡言之,而闻者各自记之,如本章凡四见,文各有异,是必孔子之叮咛反复而屡言常道之也。

-- 译文 --

孔子说:"不要愁别人不知道自己,只愁自己没有能力。"

子曰:"骥①不称其力,称其德也。"(《宪问·33》)

-- 注释 --

①骥:千里马。古代称善跑的马为骥。

-- 译文 --

孔子说:"把千里马叫作骥,并不是称赞它的气力,而是赞美它的品质。"

子曰:"巧言乱德。小不忍①,则乱大谋。"(《卫灵公·27》)

-- 注释 --

①小不忍:不仅是不忍小愤怒,也包括不忍小仁小恩,也包括吝财不忍舍,以及见小利而贪。

-- 译文 --

孔子说:"花言巧语足以败坏道德。小事情不忍耐,就会败坏大事情。"

子曰:"人能弘①道②,非道弘人。"(《卫灵公·29》)

-- 注释 --

①弘:光大。
②道:指人道。道由人兴,亦由人行。

-- 译文 --

孔子说:"人能光大道,道不能光大人。"

子曰:"过而不改,是谓过矣①。"(《卫灵公·30》)

-- 注释 --

①是谓过矣:《韩诗外传》卷三曾引孔子的话说:"过而改之,是不过也。"

-- 译文 --

孔子说:"有错误而不改正,那个错误便真叫作错误了。"

子曰:"见善如不及,见不善如探汤①。吾见其人矣,吾闻其语矣。隐居以求其志,行义以达其道。吾闻其语矣,未见其人也。"(《季氏·11》)

-- 注释 --

①探汤:用手指探沸汤。不迅速抽出,就会烫伤其手。探,动词,伸。汤,热水。

― 译文 ―

孔子说:"看到善良的行为,努力追求,就像赶不上似的;看到不善良的行动,就好像把手伸到开水中怕烫伤赶快避开。我见过这样的人,也听过这样的话。以隐居避世求保全他的志向,依照义而贯彻他的主张。我听过这样的话,却没见过这样的人。"

子曰:"色厉而内荏①,譬诸小人,其犹穿窬②之盗也与?"(《阳货·12》)

― 注释 ―

①色厉内荏:厉,威严;荏,虚弱。外表严厉而内心虚弱。
②穿窬:挖洞。窬,音yú,墙洞。

― 译文 ―

孔子说:"外表严厉而内心虚弱,以小人做比喻,大概就像是挖墙洞的小偷吧?"

子曰:"乡愿①,德之贼也。"(《阳货·13》)

― 注释 ―

①乡愿:就是全乡人都视之为好人的人。这些人往往为获得好名声而不分是非,到处讨好,看似中庸,实际是混淆是非的老好人。愿,孟子作"原"。《孟子·尽心下》对"乡愿"有一段最具体的解释:"何以是嘐嘐也?言不顾行,行不顾言,则曰:'古之人,古之人,行何为踽踽凉凉?生斯世也,为斯世也,善斯可矣。'阉然媚于世也者,是乡原也。"又说:"非之无举也,刺之无刺也。同乎流俗,合乎污世。居之似忠信,行之似廉洁。众皆悦之,自以为是,而不可与入尧舜之道。故曰'德之贼'也。"

― 译文 ―

孔子说:"那种谁也不得罪的好好先生是败坏道德的人。"

子曰:"道听而涂①说,德之弃也。"(《阳货·14》)

― 注释 ―

①涂:道路。

── 译文 ──

孔子说:"在路上听到传言就到处传播,是对道德的背弃。"

子路曰:"君子尚①勇乎?"子曰:"君子义以为上,君子有勇而无义为乱,小人有勇而无义为盗。"(《阳货·23》)

── 注释 ──

①尚、上:"尚勇"的"尚"和"上"相同,只不过用作动词。

── 译文 ──

子路说:"君子尊贵勇敢吗?"孔子答道:"君子认为义是最为尊贵的,君子有勇无义就会作乱,小人有勇无义就会成为强盗。"

子曰:"年四十而见①恶焉,其终也已②。"(《阳货·26》)

── 注释 ──

①见:表示被动,相当于"被"。
②其终也已:"已"动词,停止,完了。和"末之也已"(《阳货·5》)"斯害也已"(《为政·16》)的"已"字相同,句法更和"斯害也已"一致。"其终也"为主语,"已"为谓语。阅读时如在"其终也"后作一停顿,文意便显豁了。

── 译文 ──

孔子说:"到了四十岁还被人厌恶,他这一生也就完了。"

子张曰:"士①见危致命②,见得思义,祭思敬,丧思哀,其可已矣。"(《子张·1》)

── 注释 ──

①士:对有一定社会地位或有修养的读书人的通称。
②致命:献出生命。

── 译文 ──

子张说:"读书人遇见危险时能献出生命,见利时考虑道义,祭祀时考虑恭敬,居丧时考虑哀伤,这样就可以了。"

子张曰:"执德不弘①,信道不笃②,焉能为有?焉能为亡③?"(《子张·2》)

— 注释 —

①弘：即今日之"强"字，说见章炳麟《广论语骈枝》。
②笃：忠实。
③焉能为有，焉能为亡：这两句疑是当日成语。何晏《论语集解》："言无所轻重"，如同今日俗语"有他不多，没他不少。"

— 译文 —

子张说："实行道德行为不坚强，信仰道义态度不忠实，（这种人）有他不多，没他不少。"

子夏曰："君子信①而后劳其民；未信，则以为厉②己也。信而后谏；未信，则以为谤己也。"（《子张·10》）

— 注释 —

①信：人信之。
②厉：折磨，虐害。

— 译文 —

子夏说："君子必须取得信任之后才去役使百姓，否则百姓就会以为是在折磨他们。必须得到信任以后才去进谏；否则，（君主）就会以为你在诽谤他。"

子夏曰："大德①不逾闲②，小德出入可也。"（《子张·11》）

— 注释 —

①大德、小德：朱熹《论语集注》："大德、小德，犹言大节、小节。"
②逾闲：逾，逾越。闲，阑，木栏，这里指界限。

— 译文 —

子夏说："大节上不能超越界限，小节上有些出入是可以的。"

（二）君子

子曰："君子周而不比①，小人②比而不周。"（《为政·14》）

— 注释 —

①周、比："周"是以当时所谓道义来团结人，"比"则是以暂时共同利

害互相勾结。比，旧读 bì。孔子把勾结看作是小人之举，提倡"周而不比"、"群而不党"，此思想在当今也有积极意义。

②小人：与"君子"相对。刘宝楠《论语正义》："经传言'小人有二义：一谓微贱之人，一谓无德之人。此文小人，则无德者也。"

-- 译文 --

孔子说："君子团结而不勾结，小人勾结而不团结。

子曰："君子怀①德，小人怀土②；君子怀刑③，小人怀惠④。"（《里仁·11》）

-- 注释 --

①怀：有两种解释：一、怀念，思念。二、安于。君子小人品格不同，故所思念亦不同。

②土：乡土。有的解为田土，亦通。

③刑：古代法律制度的"刑"写作"㓝"，刑罚的"刑"写作"刑"，从刀井，后来都写作"刑"了。此处的"刑"应解释为法度。君子常念及刑法，故谨于自守。

④惠：恩惠。小人常念及恩惠，故勇于求乞。

-- 译文 --

孔子说："君子怀念道德，小人怀念乡土；君子关心法度，小人关心恩惠。"

子曰："质①胜文②则野③，文胜质则史④。文质彬彬⑤，然后君子。"（《雍也·18》）

-- 注释 --

①质：朴实。

②文：文采。

③野：古时郊外称野。乡村农夫称野人。这里引申为鄙野，粗俗。《礼记》云："敬而不中礼谓之野"，是也。

④史：掌管法典和记事的官，这里有虚浮的意思。

⑤文质彬彬：此处形容人既文雅又朴实，后多用来指人文雅有礼貌。彬彬，指文与质的配合很恰当。朱熹《论语集注》："物相杂而适均之貌。"

-- 译文 --

孔子说："朴实多于文采，就未免粗俗；文采多于朴实，就未免虚浮。文采和朴实配合适当，这才是个君子。"

子曰："君子坦荡荡①，小人长戚戚②。"（《述而·37》）

-- 注释 --

①坦荡荡：坦，平坦；荡荡，宽广的样子。
②戚戚：忧愁的样子。

-- 译文 --

孔子说："君子心地平坦宽广，小人却经常局促忧愁。"

曾子曰："可以托六尺之孤①，可以寄百里之命②，临大节而不可夺③也。君子人与？君子人也。"（《泰伯·6》）

-- 注释 --

①托六尺之孤：托，同"托"。上古没有"托"字，宋代以后产生了"托"字。托付幼小的国君。孤：死去父亲的小孩叫孤。托孤，将即将继位的幼主托付给老臣，辅佐幼君。六尺：古代尺短，六尺约合今日一百三十八厘米，市尺四尺一寸四分。身长六尺的人还是小孩，一般指十五岁以下的人，古人以七尺指成年。
②寄百里之命：寄托一个国家的命脉，即摄理国政。寄，寄托，委托。百里，大国也。命，命脉。
③临大节而不可夺：节，节操。大节，能考验节操的重大时刻、重大事件，以此代指国家生死存亡的时刻。夺，放弃，丧失。

-- 译文 --

曾子说："可以把年幼的君主托付给他，可以把国家的政权托付给他，面临生死存亡的紧急关头而不动摇屈服。这样的人是君子吗？是君子啊！"

司马牛问君子。子曰："君子不忧不惧。"
曰："不忧不惧，斯谓之君子已乎？"子曰："内省不疚①，夫何忧何惧？"（《颜渊·4》）

-- 注释 --

①内省不疚：内心自我省察而不感到愧疚。省：音 xǐng，检查自己的思想行为。疚，愧疚。

—— 译文 ——

司马牛问怎样做一个君子。孔子说:"君子不忧愁,不恐惧。"

司马牛说:"不忧愁,不恐惧,这样就可以叫作君子了吗?"孔子说:"自己问心无愧,那还有什么忧愁和恐惧呢?"

棘子成①曰:"君子质②而已矣,何以文③为?"子贡曰:"惜乎,夫子之说君子也④!驷不及舌⑤。文犹质也,质犹文也。虎豹之鞟⑥犹犬羊之鞟。"(《颜渊·8》)

—— 注释 ——

①棘子成:卫国大夫。古代大夫都可以被尊称为夫子,所以子贡这样称呼他。

②质:本质。

③文:外部装饰。

④惜乎夫子之说君子也:"夫子之说君子也"为主语,"惜乎"为谓语,此为倒装句。子贡谓棘子成之论君子,失言可惜。

⑤驷不及舌:指话一说出口,就收不回来了。驷,拉一辆车的四匹马。

⑥鞟:音 kuò,去毛的兽皮。

—— 译文 ——

棘子成说:"君子只要具有好的品质就行了,要那些文彩(那些仪节、那些形式)干什么?"子贡说:"先生这样地谈论君子,可惜说错了。一言既出,驷马难追。本质就像文采,文采就像本质,都是同等重要的。去掉了毛的虎、豹皮,就如同去掉了毛的犬、羊皮一样。"

子曰:"君子成①人之美,不成人之恶。小人反是。"(《颜渊·16》)

—— 注释 ——

①成:成全。

—— 译文 ——

孔子说:"君子成全别人的好事,不促成别人的坏事。小人则与此相反。"

子曰:"君子和而不同①,小人同而不和。"(《子路·23》)

―― 注释 ――

①和、同："和"与"同"是春秋时代的两个常用术语，《左传》昭公二十年所载晏子对齐景公批评梁丘据的话，和《国语·郑语》所载史伯的话都解说得非常详细。"和"如五味的调和，八音的和谐，一定要有水、火、酱、醋各种不同的材料才能调和滋味，一定要有高下、长短、疾徐各种不同的声调才能使乐曲和谐。晏子说："君臣亦然。君所谓可，而有否焉，臣献其否以成其可；君所谓否，而有可焉，臣献其可以去其否。"因此史伯也说，"以他平他谓之和"。"同"就不如此，用晏子的话说："君所谓可，据亦曰可；君所谓否，据亦曰否；若以水济水，谁能食之？若琴瑟之专一，谁能听之？'同'之不可也如是。"此处这个"和"字与"礼之用和为贵"的"和"有相通之处。

―― 译文 ――

孔子说："君子能取长补短，协调各种不同的意见，但不盲从附和；小人盲从附和只求一致，不讲不同意见的协调。"

子曰："君子泰而不骄①，小人骄而不泰。"（《子路·26》）

―― 注释 ――

①泰、骄：皇侃《义疏》云："君子坦荡荡，心貌怡平，是泰而不为骄慢也；小人性好轻凌，而心恒戚戚，是骄而不泰也。"李塨《论语传注》云："君子无众寡，无小大，无敢慢，何其舒泰！小人矜己傲物，惟恐失尊，何其骄侈，而安得泰？"

―― 译文 ――

孔子说："君子安静坦然而不傲慢无礼，小人傲慢无礼而不安静坦然。"

子曰："君子上达，小人下达①。"（《宪问·23》）

―― 注释 ――

①上达下达：古今学人各有解释，其一，上达于仁义，下达于财利；其二，上达于道，下达于器，即农工商各业；其三，上达是日进乎高明，长进向上，下达是日究乎污下，沉沦向下。译文取黄侃《义疏》说法。

―― 译文 ――

孔子说："君子向上通达仁义，小人向下通达财利。"

子曰:"君子道者三①,我无能焉:仁者不忧,知②者不惑,勇者不惧。"子贡曰:"夫子自道也③。"(《宪问·28》)

-- 注释 --

①君子道者三:犹云君子之道三。
②知:同"智"。
③夫子自道也:在子贡看来,孔子三道尽备,故曰:"夫子自道。"

-- 译文 --

孔子说:"君子之道有三,我没能做到:仁德的人不忧愁,聪明的人不迷惑,勇敢的人不畏惧。"子贡说:"这正是老师称道他自己呀!"

在陈绝粮,从者病,莫能兴①。子路愠②见曰:"君子亦有穷乎?"子曰:"君子固穷③,小人穷斯滥④矣。"(《卫灵公·2》)

-- 注释 --

①兴:起也。
②愠:音yùn,怒,怨恨。
③固穷:固有两种解释:一、固然;二、固守,虽穷仍能固守其道。穷,穷困,穷于道。
④滥:如水放溢,四处横流,漫无轨道,小人滥则无守。君子虽穷,能不失其守。

-- 译文 --

(孔子一行)在陈国断了粮食,随从的人都饿病了,起不来。子路很不高兴地来见孔子,说道:"君子也有穷困的时候吗?"孔子说:"君子虽穷困仍能固守其道,小人遇到穷困就无所不为了。"

子曰:"君子病①无能焉,不病人之不己知也。"(《卫灵公·19》)

-- 注释 --

①病:动词,以……为病,意为以……为忧。

-- 译文 --

孔子说:"君子只忧虑自己无能,不忧虑别人不了解自己。"

子曰："君子疾①没世②而名不称③焉。"（《卫灵公·20》）

-- 注释 --

①疾：痛恨，遗恨。
②没世：死亡之后。
③称：被称颂。

-- 译文 --

孔子说："君子引以为恨的是死亡以后他的名字不为人们所称颂。"

子曰："君子求诸①己，小人求诸人。"（《卫灵公·21》）

-- 注释 --

①诸："之于"合音词。

-- 译文 --

孔子说："君子求之于自己，小人求之于别人。"

子曰："君子矜①而不争，群而不党②。"（《卫灵公·22》）

-- 注释 --

①矜：音 jīn，庄重矜持，然无乖戾之心，故不争。
②群而不党：可能包含着"周而不比"（《为政·14》）以及"和而不同"（《子路·23》）两个意思。党：结派，偏私。以道相处，以和相聚，故必有群，然无阿比之私，故不党。

-- 译文 --

孔子说："君子庄重而不与别人争执，合群而不结党营私。"

子曰："君子不以言举①人，不以人废②言。"（《卫灵公·23》）

-- 注释 --

①举：推举。有言不必有德，故不以言举人。
②废：废弃，鄙弃。不以其人之无德而废其善言，因无德亦可有言。

-- 译文 --

孔子说："君子不凭一个人说的话来举荐他，也不因为一个人不好而鄙弃他的好话。"

子曰:"君子贞①而不谅②。"(《卫灵公·37》)

-- 注释 --

①贞:《贾子道术篇》云:"言行抱一谓之贞。"故以"大信"译之。另有"正"的说法。
②谅:小信。如同《宪问·17》"岂若匹夫匹妇之为谅也"的"谅"字。

-- 译文 --

孔子说:"君子讲大信,而不拘泥于小信。"

孔子曰:"君子有三戒:少之时,血气未定,戒之在色;及其壮也,血气方刚,戒之在斗;及其老也,血气既衰,戒之在得①。"(《季氏·7》)

-- 注释 --

①得:贪得。所贪者可能包括名誉、地位、财货在内。《淮南子·诠言训》:"凡人之性,少则猖狂,壮则强暴,老则好利。"意本于此章,但以"好利"释得,可能涵义太狭。

-- 译文 --

孔子说:"君子当有三戒:少年的时候,血气还不成熟,当戒在好色上;等到壮年的时候,血气正旺盛,当戒在好斗上;等到老年,血气已经衰弱了,当戒在贪得上。"

子夏曰:"君子有三变:望之俨然①,即②之也温③,听其言也厉④。"(《子张·9》)

-- 注释 --

①俨然:庄严,庄重。
②即:靠近。
③温:温和。
④厉:严厉不苟。

-- 译文 --

子夏说:"君子有三变:远看他的样子庄严可怕,接近他又温和可亲,听他说话严厉不苟。"

子贡曰:"纣①之不善,不如是之甚也。是以君子恶②居下流,天下之恶皆归焉。"(《子张·20》)

-- 注释 --

①纣:殷商最后一个君主,名辛,纣是他的谥号,为周武王所伐,自焚而死。传说纣是一个暴君。

②恶:第一个读 wù,动词,讨厌、厌恶之意;第二个读 è,名词,恶名之意。

-- 译文 --

子贡说:"纣王的不善,不像现在传说的那样厉害。所以君子憎恨居于下流,一旦居于下流,天下的恶名都会归到他身上。"

子贡曰:"君子之过也,如日月之食①焉:过也,人皆见之;更②也,人皆仰③之。"(《子张·21》)

-- 注释 --

①日月之食:指日食和月食。后来写作"蚀"。君子有过,本出无心,亦不加文饰,故人皆见之。

②更:改正。

③仰:仰望,敬仰。如日月之蚀,人皆仰望,盼其即复光明,亦无害其本有之尊崇。

-- 译文 --

子贡说:"君子的过失好比日蚀月蚀一样:他犯过时,人们可见;他改过时,人们都仰望着他。"

(三)言行

子贡问君子。子曰:"先行其言而后从之。"①(《为政·13》)

-- 注释 --

①行在言先,言随行后,亦敏于行而讷于言之义。

-- 译文 --

子贡问怎样做一个君子。孔子说:"先实行你所要说的话,然后再照着做的去说。"

子曰:"古者言之不出,耻①躬之不逮②也。"(《里仁·22》)

-- 注释 --

①耻:动词的意动用法,以……为耻。

②逮:音 dài,及、赶上。躬行不及,徒自轻言,事属可耻。诫学者当讷于言而敏于行。举古人,所以警今人也。

-- 译文 --

孔子说:"古代人话说不轻易出口,是以自己的行为跟不上为可耻啊。"

子曰:"君子欲讷①于言而敏②于行。"(《里仁·24》)

-- 注释 --

①讷:音 nè,说话迟钝。《说文》:"讷,言难也。"《广雅·释诂》:"讷,迟也。"

②敏:敏捷、快速的意思。

-- 译文 --

孔子说:"君子说话要迟缓,而做事要敏捷。"

子曰:"其言之不怍①,则为之也难。"(《宪问·20》)

-- 注释 --

①怍:音 zuò,惭愧。

-- 译文 --

孔子说:"说话如果大言不惭,那么实现这些话就难。"

子曰:"君子耻其言而①过其行。"(《宪问·27》)

-- 注释 --

①而:用法同"之"。

-- 译文 --

孔子说:"君子以说得多做得少为耻。"

子张问行①。子曰:"言忠信,行笃敬,虽蛮貊②之邦,行矣。言不忠信,行不笃敬,虽州里③,行乎哉?立则见其参④于前也,在舆则见其倚于衡⑤也,夫然后行。"子张书诸绅⑥。(《卫灵公·6》)

-- 注释 --

①行:通达的意思。
②蛮貊:古人对少数民族的贬称,蛮在南方,貊,音 mò,在北方。
③州里:周代的居民编制。五党为州,每州二千五百户。五家为邻,五邻为里,每里二十五户。后泛指乡里或本土。
④参:列,显现。
⑤衡:车辕前面的横木。
⑥绅:贵族系在腰间的大带。

-- 译文 --

子张问如何才能使自己到处都能行得通。孔子说:"说话要忠诚守信,行事要庄重严肃,即使到了蛮貊地区,也可以行得通。说话不忠诚守信,行事不庄重严肃,就是在本乡本土,能行得通吗?站着,就仿佛看到忠信笃敬这几个字显现在面前;坐车,就好像看到这几个字刻在车辕前的横木上,这样才能使自己到处行得通。"子张把这些话写在腰间的大带上。

子夏曰:"虽小道①,必有可观者焉;致远恐泥②,是以君子不为也。"(《子张·4》)

-- 注释 --

①小道:小技艺,指各种农工商医卜之类的技能。
②泥:动词,阻滞,不通,妨碍。

-- 译文 --

子夏说:"即使小技艺,一定有可取的地方;但要干大事业,恐怕会有妨碍,所以君子不去从事它。"

(四) 义利

子曰:"富与贵,是人之所欲也;不以其道得之,不处也。贫与贱,是人之所恶也；不以其道得之①，不去也。君子去仁，恶乎②成名？君子无终食之间③违④仁，造次⑤必于是，颠沛⑥必于是⑦。"（《里仁·5》）

—— 注释 ——

①贫与贱……不以其道得之："富与贵"可以说"得之"，"贫与贱"却不是人人想"得之"的。这里也讲"不以其道得之"，"得之"应该改为"去之"。译文只就这一整段的精神加以诠释，这里为什么也讲"得之"，可能是古人的不经意处，我们不必再纠结。不以其道得之：不以合乎仁道的方式来得到它。得：达到，获得。

②恶乎：恶，音wū，疑问代词，哪里，怎么。恶乎，即"于哪里"，意译为"怎样"。

③终食之间：一顿饭的时间。

④违：离开，和《公冶长·19》的"弃而违之"的"违"同义。

⑤造次：仓促匆忙。

⑥颠沛：跌倒，用以形容人事困顿，社会动乱。

⑦是：两"是"字均指仁。

—— 译文 ——

孔子说："发财和做官是人人都想要的，但不用正当的方法得到它，就不去接受。贫穷和低贱是人人都厌恶的，但不用正当的方法摆脱它，就不去摆脱。君子如果离开了仁德，又怎样去成就美好的名声呢？君子哪怕一顿饭的时间也不离开仁德，就是在仓促匆忙的时候一定和仁德同在，就是在颠沛困顿的时候一定和仁德同在。"

子曰："君子之于天下也，无适①也，无莫②也，义③之与比④。"（《里仁·10》）

—— 注释 ——

①适：专主，依从。

②莫：不肯。无适无莫，就是无可无不可，指做事不固执。

③义：宜，适宜。在孔子看来，义与仁、礼是互相联系不可分的，凡符合于仁、礼要求的，就是义。

④比：音bǐ，挨着，靠拢，为邻。从孟子和以后的一些儒家看来，孔子"毋必毋固"（《子罕·4》），通权达变，"可以仕则仕，可以止则止，可以久则久，可以速则速"（《孟子·公孙丑上》），唯义是从，叫作"圣之时"，或

者可以做这章的解释。

-- 译文 --

孔子说:"君子对于天下的事情,没规定要怎样干,也没规定不要怎样干,怎样适宜就怎样干。"

子曰:"放①于利而行,多怨②。"(《里仁·12》)

-- 注释 --

①放:音 fǎng,有两解:一、依据。孔安国注:"放,依也。"谓行事皆依照利害计算。二、放纵。谓放纵自己在谋利上。取前解。旧说此章专对上位者而言,谓在上者专以谋利行事,则多招民众之怨。亦通于人事之其他方面。

②怨:有两解:一、别人的怨恨。二、自己心生怨恨。取前解。

-- 译文 --

孔子说:"依据个人利益而做,必然招致很多怨恨。"

子曰:"君子喻①于义,小人喻于利。"(《里仁·16》)

-- 注释 --

①喻:明白,懂得。君子于事必辨其是非,小人于事必计其利害。用心不同,故其所晓亦不同。董仲舒:"明明求仁义,常恐不能化民者,卿大夫之意也;明明求财利,常恐困乏者,庶人之事也。"此话只能看作汉代经师的注解,不必过信。宋儒陆象山于白鹿洞讲此章,曰:"人之所喻,由于所习,所习由于所志。"在喻字外特拈出习字志字,可谓探本之见。

-- 译文 --

孔子说:"君子懂得的在义,小人懂得的在利。"

子曰:"富而①可求也,虽执鞭之士②,吾亦为之。如不可求,从吾所好③。"(《述而·12》)

-- 注释 --

①而:用法同"如",假设连词,如果。

②执鞭之士:根据《周礼》,有两种人拿着皮鞭。一种是古代天子以及诸侯出入之时,有二至八人拿着皮鞭使行路之人让道。一种是市场的守门人,

手执皮鞭来维持秩序。这里讲的是求财，市场是财富所聚集之处，因此指"市场的守门卒"。

③所好：喜欢的事，此指道。

── 译文 ──

孔子说："财富如果可以求得的话，就是做市场的守门卒，我也干。如果不可求的话，还是干我想干的吧。"

子曰："饭疏食①饮水②，曲肱③而枕④之，乐亦在其中矣。不义而富且贵，于我如浮云。"（《述而·16》）

── 注释 ──

①饭疏食：饭，这里是"吃"的意思，作动词。疏食，有两解：一指粗粮，古代以稻粱为细粮，以稷为粗粮。见程瑶田《通艺录·九谷考》。一指糙米。

②水：冷水。古代以汤指热水，水指冷水。

③曲肱：肱，音gōng，胳膊。即弯着胳膊。

④枕：这里用作动词，旧读去声。

── 译文 ──

孔子说："吃粗粮，喝冷水，弯着胳膊当枕头，从中也能感受到乐趣。用不正当的手段得来的富贵，在我看来就像天上的浮云。"

子曰："君子义以为质①，礼以行之，孙②以出③之，信以成之。君子哉！"（《卫灵公·18》）

── 注释 ──

①质：本质。君子以义为其行事之实质。以下三个"之"字指义，也指事。

②孙：同"逊"，谦逊。

③出：出言。

── 译文 ──

孔子说："君子以义作为行事的本质，用礼节来实行它，用谦逊的语言来表达它，用忠诚的态度来完成它，这样才真是一个君子呀！"

孔子曰:"君子有九思:视思明,听思聪,色思温,貌思恭,言思忠,事思敬,疑思问,忿思难①,见得思义。"(《季氏·10》)

——注释——

①忿思难:忿,同"愤"。难,音 nàn,后患。一朝之愤忘其身,以及其亲,故思难也。

——译文——

孔子说:"君子有九种要思考的事:看的时候,要思考是否看明白了;听的时候,要思考是否听清楚了;自己的脸色,要思考是否温和;容貌要思考是否谦恭;言谈的时候,要思考是否忠诚;办事要思考是否谨慎严肃;遇到疑问,要思考怎样向别人询问;愤怒时,要思考是否有后患;获取财利时,要思考是否合乎义的准则。"

三、论为政

（一）德治

曾子曰：："慎终①追远②，民德归厚③矣。"（《学而·9》）

-- 注释 --

①慎终：终，指丧礼。郑玄的《注》："老死曰终。"可见这"终"字是指父母的死亡。慎终的内容，刘宝楠《论语正义》引《檀弓》曾子的话是指附身（装殓）、附棺（埋葬）的事必诚必信，不要有后悔。

②追远：远，指祭礼。具体地说是指"祭祀尽其敬"，追念死去的祖先。

③厚：淳朴，厚道。儒家不提倡宗教信仰，亦不主张死后有灵魂之存在，然极重葬祭之礼。与人相处，易掺杂功利计较心，唯有对死者，益见深情厚谊。故丧祭之礼能尽其哀与敬，是孝道的延续和表现，具有道德的意义，可以激发人心，使人道民德日趋于敦厚。

-- 译文 --

曾子说："谨慎地对待父母的去世，追念久远的祖先，百姓的道德风尚就会日趋忠厚了。"

子曰："为政以德①，譬如北辰②居其所③而众星共④之。"（《为政·1》）

-- 注释 --

①为政以德：以，介词，用。为政者当以自己的品德为本，所谓以人治人。孔门论学，最重人道。政治，人道中之大者。德者，虽蕴于一心，而实为一切人事之枢机，为政也不例外，直到今天也是这样。

②北辰：北极星。《朱子语类》说："以其居中不动而言，为天之枢轴。"

③所：处所，位置。居其所，犹云不出位，自做己事。

④共：同"拱"，环绕，拱卫。与《左传》僖公三十二年"尔墓之木拱矣"的"拱"意义相近。众星拱之，围绕北极而旋转运行。作为一个政治领

袖，能以自己的高尚道德为引领，那么，下属就会尊奉信仰，如同众星围绕心向北辰而随之运转。

-- 译文 --

孔子说："以道德教化来治理政事，自己就会像北极星那样，居于一定的方位，而群星都环绕着它。"

子曰："道之以政①，齐之以刑②，民免③而无耻④；道之以德⑤，齐之以礼⑥，有耻且格⑦。"（《为政·3》）

-- 注释 --

①道之以政：道，有两种解释：一为"导"，引导；二为如同"道千乘之国"的"道"一样，"治理"的意思。道和齐并提，解释为引导更通顺些。之：指下面的民字。以政事领导民众，仍是居上临下，法制禁令，其效不能深入人心。

②齐之以刑：齐，整齐，这里是统一人们行动的意思。导之而不从，以刑罚齐之，民有畏而其心无所感化。

③免：免罪，免刑，免祸。先秦古书若单用一个"免"字，一般都是"免罪"、"免刑"、"免祸"的意思。

④耻：羞耻之心。

⑤道之以德：德乃上者自己的人格与心地，以德引导，乃人与人、心与心之相感相通，非居上临下之可比。

⑥齐之以礼：礼亦有齐之效。然而礼之本在于双方之情意相通，由感召，不以畏惧。

⑦格：有多种解释，最早、最可信的解释见《礼记·缁衣篇》："夫民，教之以德，齐之以礼，则民有格心；教之以政，齐之以刑，则民有遁心。"此处"格心"与"遁心"相对成文，"遁"字，逃避的意思，逃避的反面应该是"亲近、归服、向往"的意思，所以译为"人心归服"。在上者以德化之，以礼齐之，在下者自知羞耻而心往正道。

-- 译文 --

孔子说："用政法来引导民众，用刑法来统一民众的行动，民众只是求得免于犯罪受惩，却没有羞耻之心；用道德教化引导民众，用礼制来统一民众的行动，民众不仅会有羞耻之心，而且人心归服。"

季康子①问："使民敬、忠以②劝③，如之何？"子曰："临之以庄④，则敬；孝慈⑤，则忠；举善而教不能⑥，则劝。"（《为政·20》）

-- 注释 --

①季康子：姓季孙名肥，"康"是他的谥号，鲁哀公时任正卿，是当时政治上最有权势的人。

②以：连词，与"和"同。

③劝：勉励。这里是自勉努力的意思。

④临之以庄：临，靠近，上对下曰"临"。庄，恭庄严肃。在上者能以恭庄严肃临下，在下者自知敬上，此乃人心之感应，美德之教化。

⑤孝慈：孝，孝其老；慈，慈其幼。有两解：一、当政者自己实行孝慈；二、当政者引导百姓孝慈。

⑥举善而教不能：善指德，能指才。按朱熹《论语集注》的说法，即"善者举之，而不能者教之。"

-- 译文 --

季康子问："要使百姓对当政者尊敬、尽忠而努力干活，该怎样去做呢？"孔子说："你用庄重的态度对待百姓，他们就会尊敬你；你对父母孝敬、对幼小慈祥，百姓就会尽忠于你；你提拔善良的人，又教育能力较弱的人，百姓就会互相勉励，加倍努力了。"

子曰："能以礼让①为国②乎？何有③？不能以礼让为国，如礼何④？"（《里仁·13》）

-- 注释 --

①礼让：按照礼的原则实行谦让。孔子说礼时常说到仁，此章强调一个让字。就是告诫在上者不要把礼误认为下尊上，还有互让的含义。

②为国：治国。《小尔雅》："为，治也。"

③何有：春秋时常用语，"有何困难"的意思。刘宝楠《论语正义》："何有，不难之词。"

④如礼何：奈礼何，拿礼怎么办。孔子认为，谦让是礼的本质，没有谦让，则上下不敬不和，其极相争。纵然有形式上的礼，这礼也是没有用的，更不要说治理国家了。

-- 译文 --

孔子说:"能用礼让来治国吗?这有什么困难呢?如果不能用礼让来治国,那怎么来对待礼呢?"

子贡问政。子曰:"足食,足兵①,民信之矣②。"

子贡曰:"必不得已而去,于斯三者何先?"曰:"去兵。"

子贡曰:"必不得已而去,于斯二者何先?"曰:"去食。自古皆有死,民无信不立。"(《颜渊·7》)

-- 注释 --

①兵:在《五经》和《论语》、《孟子》中,"兵"字多指兵器而言,但也偶有解释为兵士的。如《左传》隐公四年"诸侯之师败郑徒兵",襄公元年"败其徒兵于洧上"。此处解为军器为宜,故以军备译之。

②矣:是衍文(多余的字)。孔子举出为政该注意的事是三样:足食;足兵;民,信之。所以子贡说"于斯三者何先?"如果有这个"矣"字,那么,孔子的话就成了:足食,足兵:那么人民就信任了。足食、足兵的结果是"民信之",则孔子所举不过二事,子贡怎么说"于斯三者"?显然这个"矣"是多余的。不过,传世的《论语》在这个地方都有"矣"字,所以我们在经文上也只好保留,译文则不译出。(宋淑萍《中国人的圣书论语》第109页)

-- 译文 --

子贡问怎样治理政事。孔子说,"充足粮食,充足军备,赢得百姓的信任,如此而已。"

子贡说:"如果迫不得已必须有所舍弃,在三项中先去掉哪一项呢?"孔子说:"去掉军备。"

子贡说:"如果迫不得已必须有所舍弃,在剩下的两项中先去掉哪一项呢?"孔子说:"去掉粮食。(没有粮食,不过死亡,但)自古以来谁都免不了死亡。人总是要死的,如果百姓对政府缺乏信任,那么国家是站不起来的。"

齐景公①问政于孔子。孔子对曰:"君君,臣臣,父父,子子。"公曰:"善哉!信如②君不君,臣不臣,父不父,子不子,虽有粟③,吾得而食诸④?"(《颜渊·11》)

-- 注释 --

①齐景公:姓姜,名杵臼,音 chǔ jiù,春秋时齐国国君,公元前547年—

公元前490年在位。鲁昭公末年,孔子适齐,时齐大夫陈氏专政,而景公多内嬖,不立太子,故孔子答其问如此。

②信如:假如。

③粟:小米。泛指粮食。

④诸:疑问词。

-- 译文 --

齐景公向孔子问为政之事。孔子说:"君要像个君,臣要像个臣,父亲要像父亲,儿子要像儿子。"齐景公说:"讲得好呀!如果君不像君,臣不像臣,父不像父,子不像子,即使粮食再多,我能吃得着吗?"

子曰:"'善人为邦百年,亦可以胜残①去杀②矣③。'诚哉是言也!"(《子路·11》)

-- 注释 --

①胜残:胜,旧读平声。化残暴之人使之不为恶。

②去杀:去,旧读上声。不用刑罚战斗。

③善人……去杀矣:孔子引古语。

-- 译文 --

孔子说:"古语说过'善人治理国家,经过一百年之久,才可以化去残暴废除杀伐了。'这话真对呀!"

子曰:"如有王者,必世①而后仁。"(《子路·12》)

-- 注释 --

①世:三十年为一世。

-- 译文 --

孔子说:"如果有王者兴起,也一定要三十年的时间才能使仁道行于天下。"

叶公①问政。子曰:"近者说②,远者来。"(《子路·16》)

-- 注释 --

①叶(shè)公:春秋时期楚国的大夫,名沈诸梁,字子高,因封地在叶,故称叶公。

②说：同"悦"，高兴。近者悦其政泽，故远者闻风而来。

-- 译文 --

叶公问政事。孔子说："使近处的人高兴，使远处的人来归附。"

子夏为莒父①宰，问政。子曰："无②欲速，无见小利。欲速，则不达；见小利，则大事不成。"（《子路·17》）

-- 注释 --

①莒父：莒，音 jǔ。鲁国的一个城邑，现在已经不能确知其所在。《山东通志》认为在今山东高密县东南。

②无：同"毋"，戒止之词。

-- 译文 --

子夏做莒父的总管，问政事。孔子说："不要图快，不要贪求小利。图快反而达不到目的，贪求小利就做不成大事。"

子曰："上好礼，则民易使①也。"（《宪问·41》）

-- 注释 --

①使：役使。上者礼达，下者化之，故易使。

-- 译文 --

孔子说："在上位的人喜好礼制，那么百姓就容易指使了。"

颜渊问为邦。子曰："行夏之时①，乘殷之辂②，服周之冕③，乐则《韶》、《舞》④。放⑤郑声，远佞人⑥。郑声淫⑦，佞人殆⑧。"（《卫灵公·11》）

-- 注释 --

①行夏之时：据古史记载，夏朝用的自然历，以建寅之月（旧历正月）为每年的第一月，春、夏、秋、冬合乎自然现象。周朝则以建子之月（旧历十一月）为每年的第一月，而且以冬至日为元日。这个虽然在观测天象方面比以前进步，但实用起来却不及夏历方便于农业生产。就是在周朝，也有很多国家仍旧使用夏朝历法。

②乘殷之辂：辂，音 lù，天子所乘的车。殷朝的车是木制成，比较朴实。所以《左传》桓公二年也说："大辂、越席，昭其俭也。"

③服周之冕：冕，祭服所用之冠，样子后高前低，有俛俯之形，所以叫冕。周代的礼帽自然又比以前的华美，孔子是不反对礼服的华美的，赞美禹"致美乎黻冕"可见。

④《韶》、《舞》：《韶》是舜时的音乐，"舞"同"武"，周武王时的音乐。

⑤放：禁绝、排斥、抛弃的意思。

⑥远佞人：远，远离。佞人，巧言谄媚之人。

⑦郑声淫：声过于乐曰淫。乐之五声十二律长短高下皆当有节。郑声靡曼幻眇，失中正平和之气，使听者导欲增悲，沉溺而忘返，故曰淫。所以孔子认为，郑国的乐曲是淫声。

⑧殆：危险。

-- 译文 --

颜渊问怎样治理国家。孔子说："用夏朝的历法，乘殷朝的车子，戴周朝的礼帽，音乐就用《韶》和《武》。禁绝郑国的乐曲，疏远巧言谄媚的人。郑国的乐曲浮靡不正派，巧言谄媚的人太危险。"

子曰："知①及之②，仁不能守之；虽得之，必失之。知及之，仁能守之。不庄以莅③之，则民不敬。知及之，仁能守之，庄以莅之，动之不以礼，未善也。"（《卫灵公·33》）

-- 注释 --

①知：同"智"，聪明才智。

②之：本章共十一个"之"字，有两解：民、治民之道。"莅之"、"动之"，这三个"之"指民，另八个"之"指道。

③莅：音lì，同"莅"，临，到，引申为治理。

-- 译文 --

孔子说："一个人的聪明才智足以达到那治国之道，但他的仁德不能保持它；即使得到，也一定还会丧失。聪明才智达到了，仁德也足以保持它，但不用严肃的态度来治理百姓，那么百姓就不会认真（地生活和工作）。聪明才智达到了，仁德足以保持它，也能用严肃的态度来治理百姓，但动员百姓时不照礼的要求，那也是不够好的。"

子张问于孔子曰："何如斯①可以从政矣？"

子曰："尊五美，屏②四恶，斯可以从政矣。"

子张曰:"何谓五美?"

子曰:"君子惠而不费,劳而不怨,欲而不贪③,泰而不骄,威而不猛。"

子张曰:"何谓惠而不费?"

子曰:"因民之所利而利之,斯不亦惠而不费乎?择可劳而劳之,又谁怨?欲仁而得仁,又焉贪?君子无众寡,无小大,无敢慢,斯不亦泰而不骄乎?君子正其衣冠,尊其瞻视,俨然人望而畏之,斯不亦威而不猛乎?"

子张曰:"何谓四恶?"

子曰:"不教而杀谓之虐;不戒视成谓之暴;慢令致期谓之贼;犹之与人④也,出纳⑤之吝谓之有司⑥。"(《尧曰·2》)

-- 注释 --

①斯:就。

②屏:音 bǐng,除去,排除。

③欲而不贪:下文云:"欲仁而得仁,又焉贪?"可见此"欲"字是指欲仁欲义而言,因之皇侃《义疏》云:"欲仁义者为廉,欲财色者为贪。"

④犹之与人:犹之,同样的意思。与,给予。同样是给人。

⑤出纳:出和纳是两个意义相反的词,这里虽然在一起使用,却只有"出"的意义,没有"纳"的意义。说本俞樾《群经平议》。

⑥有司:古代负责具体事务的小官吏。这里是说,这样就不是在上位的人所应做,而只是有司的事。所以翻译为"有失身份"。

-- 译文 --

子张向孔子问道:"怎样才可以治理政事呢?"

孔子说:"尊重五种美德,排除四种恶政,这样就可以治理政事了。"

子张问:"五种美德是什么?"

孔子说:"君子要给百姓以恩惠而自己却无所耗费,劳役百姓而又不使他们怨恨,追求仁德而不贪图财利,庄重而不傲慢,威严而不凶猛。"

子张问:"怎样叫给百姓以恩惠而自己却无所耗费呢?"

孔子说:"让百姓去做对他们有利的事,这不就是对百姓有利而自己无所耗费吗?选择可以劳作的时间和事情让百姓去劳作,这又有谁会怨恨呢?自己追求仁德便得到了仁德,又贪求什么呢?君子对人,无论人员多少,无论势力大小,君子都不敢怠慢他们,这不就是庄重而不傲慢吗?君子对自己,衣冠整齐,目光严肃,庄严地让人见了就敬畏你,这不就是威严而不凶猛吗?"

子张问："什么叫四种恶政呢？"

孔子说："不经教化就加以杀戮叫作虐；不先告诫而要求成功叫作暴；开始不加督促而到时候又限期完成叫作贼；同样是给人财物，却出手吝啬，叫作有失身份。"

（二）侍君

子张①学干禄②。子曰："多闻阙疑，慎言其余，则寡尤；多见阙殆③，慎行其余，则寡悔。言寡尤④，行⑤寡悔，禄在其中矣。"（《为政·18》）

— 注释 —

①子张：姓颛（Zhuān）孙，名师，字子张，陈人，孔子晚年弟子，生于公元前503年，比孔子小四十八岁。

②学干禄：此处学字，犹言问。干，求也。禄，古代官吏的俸禄。干禄就是求官职。

③阙殆：和"阙疑"同意。上文作"阙疑"，这里作"阙殆"，阙，同"缺"，此处作放置一旁解。"殆"和"疑"是同义词，都是怀疑的意思，所谓"互文"见义。朱熹《论语集注》则认为二者又有不同，疑是指自己感到不很可信，殆是指自己感到于心不安。"疑者所未信，殆者所未安。"

④寡尤：减少过失。寡，少。尤，过错。

⑤行：去声，xìng。孔子不喜其门弟子汲汲于谋求官职，告诫子张，要在学问上求多闻多见，又能阙疑阙殆，再继之以慎言慎行，而达于寡过寡悔，求职之道即在其中。

— 译文 —

子张要学谋求官职的方法。孔子说："多听，有怀疑的地方先放在一旁不说，其余有把握的也要谨慎地说，就会减少过错；多看，有怀疑的地方先放在一旁不做，其余有把握的也要谨慎地去做，就能减少后悔。说话少过错，做事少后悔，官职俸禄就在这里了。"

子游曰："事君数①，斯②辱矣；朋友数，斯疏矣。"（《里仁·26》）

— 注释 —

①数：音shuò，密，屡次，引申为烦琐。

②斯：就。侍奉君主、劝告朋友，如果不听就应该中止，如果再三番两次地进谏、劝告不已，就要遭到耻辱、疏远了。《颜渊·23》："子贡问友。子

曰：'忠告而善道之，不可则止，无自辱焉。'"说的也是这个意思。本章君友连言，可见在五伦中此两伦为相近，古称此两伦以人合。夫妇、父子、兄弟三伦属于家庭，古称以天合。

-- 译文 --

子游说："事奉君主太烦琐，就会受辱了；对待朋友太烦琐，就会被疏远了。"

季子然①问："仲由、冉求可谓大臣与？"子曰："吾以子为异之问，曾②由与求之问。所谓大臣者，以道事君，不可则止③。今由与求也，可谓具④臣矣。"曰："然则从之⑤者与？"子曰："弑⑥父与君，亦不从也。"（《先进·24》）

-- 注释 --

①季子然：鲁国季氏的同族人。因季氏任用子路、冉有为臣，故喜而问之。《史记·仲尼弟子列传》作"季孙问曰：子路可谓大臣与"，与《论语》稍异。

②曾：音 zēng，副词，竟然，原来。

③止：停止。这里指去位不仕。

④具：准备，备数。有的解为"才能"。

⑤之：代词，指季氏。当时冉求和子路都是季氏的家臣。

⑥弑：古称下杀上为弑。

-- 译文 --

季子然问："仲由和冉求可以说是大臣吗？孔子说："我以为你是问别人，竟问仲由和冉求呀。所谓大臣，应该用正道事奉君主，如果做不到，宁肯辞职不干。现在仲由和冉求这两个人，只算是备位充数的臣僚罢了。"

季子然说："那么他们会一切顺从季氏吗？"孔子说："杀害父亲、君主的事，他们是不会顺从的。"

子张问政。子曰："居①之无倦，行②之以忠。"（《颜渊·14》）

-- 注释 --

①居：居官位。

②行：执行政令。

-- 译文 --

子张问如何治理政事。孔子说："居于官位不要疲倦懈怠，推行政事要出以忠心。"

子路曰:"卫君①待子而为政,子将奚②先?"

子曰:"必也正名③乎!"

子路曰:"有是哉,子之迂④也!奚⑤其正?"

子曰:"野哉,由也!君子于其所不知,盖阙⑥如也。名不正,则言不顺;言不顺,则事不成;事不成,则礼乐不兴;礼乐不兴,则刑罚不中⑦;刑罚不中,则民无所错⑧手足。故君子名之必可言也,言之必可行也。君子于其言,无所苟⑨而已矣。"(《子路·3》)

-- 注释 --

①卫君:卫出公,名辄,卫灵公之孙。其父蒯(kuǎi)聩被卫灵公驱逐出国,卫灵公死后,蒯辄继位。

②奚:音xī,什么。

③正名:是孔子的基本政治主张。此处指纠正名分上用词不当的现象。对正名的解释,从汉以来便异说纷纭。皇侃《义疏》引郑玄的《注》云:"正名谓正书字也,古者曰名,今世曰字。"这个说法恐不合孔子原意。《左传》成公二年曾经载有孔子的话,说:"唯器(礼器)与名(名义、名分)不可以假人。"《论语》这一"名"字应该和《左传》的这一"名"字相同。《论语》中有孔子"觚不觚"之叹。"觚"而不像"觚",有其名,无其实,就是名不正。孔子对齐景公之问,说,"君君,臣臣,父父,子子",也就是正名。《韩诗外传》卷五记载着孔子的一段故事。说,"孔子侍坐于季孙,季孙之宰通曰:'君使人假马,其与之乎?'孔子曰:'吾闻:君取于臣曰取,不曰假。'季孙悟,告宰通曰:'今以往,君有取谓之取,无曰假。'孔子曰:'正假马之言而君臣之义定矣。'"更可以说明孔子正名的实际意义。这里用"名分上的用词不当"来解释"名不正",似乎较为接近孔子原意。但孔子所要纠正的,重在有关古代礼制、名分上的用词不当的现象,而不是一般的用词不当现象。一般的用词不当现象,是语法修辞范畴中的问题;礼制上、名分上用词不当的现象是有关伦理和政治的问题,这两点必须区别开来。

④迂:迂远,不切实情。

⑤奚:疑问代词,为什么。

⑥阙:同"缺",存疑的意思。

⑦中:音zhòng,得当。

⑧错:同"措",安置。
⑨苟:苟且,随便,马虎。

-- 译文 --

子路(对孔子)说:"卫国国君等着您去治理国政,您准备先干什么?"

孔子说:"那一定是纠正名分上的用词不当吧!"

子路说:"您的迂腐竟到如此地步啊!为什么要纠正名分呢?"

孔子说:"仲由,你真粗野啊!君子对于他所不懂的事情,大都采取存疑的态度。(你怎么能乱说呢?)用词不当,说话就不顺当;说话不顺当,事情就办不成;事情办不成,礼乐就不能兴起;礼乐不能兴起,刑罚就不会得当;刑罚不得当,百姓就会坐立不安,连手脚都不知道该放哪儿。所以君子用一个词,一定可以说得成理,而说得成理必定可以实行。君子对于措辞说话要没有一点马虎的地方才罢了。"

子曰:"邦有道,危①言危行;邦无道,危行言孙②。"(《宪问·3》)

-- 注释 --

①危:正,正直。《礼记·缁衣》注:"危,高峻也。"意谓高于俗,朱熹《集注》用之,固然可通。但《广雅》云:"危,正也。"王念孙《疏证》即引《论语》此文来作证,更为恰当。

②孙:同"逊",谦虚,谨慎。

-- 译文 --

孔子说:"国家政治清明,要正言正行;国家政治昏暗,行为仍要正直,但说话要谦顺。"

子路问事君。子曰:"勿欺也,而犯①之。"(《宪问·22》)

-- 注释 --

①犯:指犯颜谏争。

-- 译文 --

子路问怎样事奉君主。孔子说:"不要欺骗他,但可以犯颜直谏。"

子曰:"事君,敬其事①而后其食②。"(《卫灵公·38》)

—— 注释 ——

①敬其事：先尽己之心力于所任之职。
②后其食：食，食禄，俸禄。尽职为先，食禄为后，此乃事君之道。

—— 译文 ——

孔子说："事奉君主，要认真办事而把领取俸禄的事放在后面。"

孔子曰："侍于君子①有三愆②：言未及之而言谓之躁③，言及之而不言谓之隐，未见颜色而言谓之瞽④。"（《季氏·6》）

—— 注释 ——

①君子：有德、有位者之通称。
②愆：音qiān，过失。
③躁：急躁，浮躁。
④瞽：音gǔ，盲人。不能察言观色，犹如盲人。

—— 译文 ——

孔子说："陪着君子说话容易犯三种过失：没轮到你说话却先说，叫作急躁；该说话了却不说，叫作隐瞒；不先看君子的脸色而贸然说话叫作瞎了眼。"

子曰："鄙夫①可与事君也与哉②？其未得之也，患得之③。既得之，患失之。苟④患失之，无所不至矣。"（《阳货·15》）

—— 注释 ——

①鄙夫：卑鄙之小人。
②也与哉：与，同"欤"。
③患得之：王符《潜夫论·爱日篇》云："孔子疾夫未之得也，患不得之，既得之，患失之者。"可见东汉人所据的本子有"不"字。《荀子·子道篇》说："孔子曰，……小人者，其未得也，则忧不得；既已得之，又恐失之。"（《说苑·杂言篇》同）此虽是述意，"得"上也有"不"字。宋人沈作喆《寓简》云："东坡解云，'患得之'当作'患不得之'"，可见宋人所见的本子已脱此"不"字。患，担心。
④苟：如果。

—— 译文 ——

孔子说："卑鄙的小人，能和他一起事奉君主吗？他在没有得到官位时，总担心得不到；已经得到了，又怕失去它。如果他担心失掉官职，那他就什么事都干得出来了。"

（三）民生

子曰："道①千乘之国②，敬事③而信，节用而爱人④，使民以时⑤。"（《学而·5》）

-- 注释 --

①道：同"导"，动词，治理的意思。一本作"导"。

②千乘之国：乘，音 shèng，古代用四匹马拉着的兵车。每乘车上甲士3人，车下步卒72人，后勤人员25人，共计100人。千乘之国，指拥有1000辆战车的诸侯国。春秋时代，打仗以车战为主，所以国家的强弱都用车辆的数目来计算。春秋初期，大国都没有千辆兵车。像《左传》僖公二十八年所记载的城濮之战，晋文公还只七百乘。但是在那个时代，战争频繁，无论侵略者和被侵略者都必须扩充军备。侵略者更因为兼并的结果，兵车的发展速度更快，譬如晋国到平丘之会，据叔向的话，已有四千乘了（见《左传》昭公十三年）。千乘之国，在孔子之时已经不是大国，因此子路也说"千乘之国摄乎大国之间"（《先进·26》）的话了。

③敬事："敬"字一般用于表示工作态度，因之常和"事"字连用，如《卫灵公·38》"事君敬其事而后其食"。

④爱人：古代"人"字有广狭两义。广义的"人"指一切人群，狭义的人只指士大夫以上各阶层的人。这里和"民"（使"民"以时）对言，用的是狭义。

⑤使民以时：时指农时，使役百姓要在农闲的时候。古代以农业为主，"使民以时"即是《孟子·梁惠王上》的"不违农时"。孔子论政，就在上者之心地言。敬于事，不骄肆，不欺诈，自守以信。不奢侈，节财用，存心爱人。遇有使民时，亦求不妨其生业。所言虽浅近，然政治不外于仁道，故惟具此仁心，乃可在上位，领导群伦。此理古今不殊。若昧忽于此，而专言法理权术，则非治道。

-- 译文 --

孔子说："治理拥有一千辆兵车的国家，要严肃认真地对待工作，诚信无欺，节约费用，爱护官吏，役使百姓要在农闲时间。"

颜渊季路侍①。子曰:"盍②各言尔志?"

子路曰:"愿车马衣轻裘与朋友共敝之而无憾③。"

颜渊曰:"愿无伐④善,无施劳⑤。"

子路曰:"愿闻子之志。"

子曰:"老者安之,朋友信之,少者怀之⑥。"(《公冶长·26》)

—— 注释 ——

①侍:《论语》有时用一"侍"字,有时用"侍坐"两字,有时用"侍侧"两字。若单用"侍"字,就是孔子坐着,弟子站着。若用"侍坐",便是孔子和弟子都坐着。至于"侍侧",则或坐或立,不加肯定。

②盍:音 hé,"何不"的合音字。

③愿车马衣轻裘与朋友共敝之而无憾:这句的"轻"字是后人加上去的,唐以前的本子并没有"轻"字。详见刘宝楠《论语正义》。这一句有两种读法。一种从"共"字断句,把"共"字作谓词。一种作一句读,"共"字看作副词,修饰"敝"字。这两种读法所表现的意思并无显明区别。憾.怨恨,抱怨。

④伐:自我夸耀。

⑤施劳:有两解:一、表白自己的功劳。施,表白。劳,功劳。刘宝楠《论语正义》曰:"施劳与伐善对文。《淮南子·诠言训》:'功盖天下,不施其美。'谓不夸大其美也。'善'言德,'劳'言功。"二、把劳苦的事加给别人。

⑥信之、怀之:"信"和"怀"同"安"一样看作动词的使动用法。使……信,使……怀。

—— 译文 ——

孔子坐着,颜渊、子路两人侍立在孔子身边。孔子说:"何不各自说说自己的志向?"

子路说:"愿意拿出自己的车马、衣服、皮袍,同我的朋友共同使用,用坏了也不抱怨。"

颜渊说:"愿意不夸耀自己的长处,不表白自己的功劳。"

子路向孔子说:"愿意听听您的志向。"

孔子说:"(我的志向是)使老者安逸,使朋友信任我,使年轻人怀念我。"

子曰："民可使由①之，不可使知之②。"（《泰伯·9》）

-- 注释 --

①由：从，遵从。

②民可……知之：这两句与"民可以乐成，不可与虑始"（《史记·滑稽列传》补所载西门豹之言，《商君列传》作"民不可与虑始，而可与乐成"）意思大致相同。《孟子》曰："行之而不着焉，习矣而不察焉，终身由之而不知其道者众也。"《中庸》曰："百姓日用而不知。"皆与此章义相发。民性皆善，故可使由。民性不皆明，有智在中人以下者，故有不可使知者。后来有些人觉得这种说法不很妥当，于是别生解释，意在为孔子这位"圣人"回护，虽煞费苦心，反失孔子本意。有的句读为："民可，使由之；不可，使知之。"此句读最早见于宦懋庸《论语稽》，古人恐怕无此语法。若是古人果是此意，必用"则"字，甚至"使"下再用"之"字以重指"民"，作"民可，则使（之）由之；不可，则使（之）知之"，方不致晦涩而误解。还有人认为"这是孔子倡行的民主政治，甚至是施政的群众路线"，这种解释是把近代的政治概念加于孔子，拔高了孔子，与《论语》所反映的孔子的整个思想不合。

-- 译文 --

孔子说："对于老百姓，可以使他们按照我们的意志去做，不能使他们懂得为什么要这样做。"

厩①焚。子退朝②，曰："伤人乎？"不问马。（《乡党·17》）

-- 注释 --

①厩：音jiù，马棚。

②子退朝：孔子从朝堂回来，才知道家厩焚烧，急问伤人乎？

-- 译文 --

孔子的马棚失了火。孔子从朝堂回来，得知此事急问："伤人了吗？"没有问到马。

哀公问于有若曰："年饥①，用不足，如之何？"

有若对曰："盍彻乎②？"

曰："二③，吾犹不足，如之何其彻也？"

对曰："百姓足，君孰与④不足？百姓不足，君孰与足？"（《颜渊·9》）

── 注释 ──

①饥：年成不好，歉收。

②盍彻乎：盍，何不。彻，西周奴隶主国家的一种田税制度。税田十取一为彻。

③二：哀公在田税以外又加了赋，用作军费，是一亩田已征两分税。但哀公仍嫌不足。有若请其只收田税，则更不足。《左传》哀公十二年春用田赋，谓按亩分摊军费。

④孰与：怎么会。

── 译文 ──

鲁哀公向有若问道："年成不好，国家用度不够，怎么办？"

有若回答说："何不只收十分之一的田租呢？"

哀公说："我在田租外加收了田赋，已收了两份，我还不够，怎么能只收一份田租呢？"

有若对答："如果百姓的用度够，您怎么会不够？如果百姓的用度不够，您又怎么会够？"

子曰："听讼①，吾犹人也。必也使无讼②乎！"（《颜渊·13》）

── 注释 ──

①听讼：审理诉讼案件。听，审理，听理。讼，音 sòng，诉讼。孔子在鲁定公时曾为大司寇，为治理刑事的官，孔子这话或许是那时所说。

②使无讼：使人们之间没有诉讼案件之事。

── 译文 ──

孔子说："审理诉讼案件，我同别人是一样的。一定要使没有诉讼案件发生才好呀！"

子适①卫，冉有仆②。子曰："庶③矣哉！"

冉有曰："既庶矣，又何加④焉？"曰："富之。"

曰："既富矣，又何加焉？"曰："教之⑤。"（《子路·9》）

── 注释 ──

①适：到，去。

②仆：动词，驾车。驾车人则谓之仆夫，《诗·小雅·出车》"仆夫况

瘠"可证。古礼，幼卑者为尊长御车。

③庶：众多，这里指人口众多。

④加：使数量比原来大或程度比原来高。

⑤教之：孔子主张"先富后教"，孟子、荀子也都继续发挥了这一主张。所以孟子说"乐岁终身苦，凶年不免于死亡。此惟救死而恐不赡，奚暇治礼义哉？"（《梁惠王上》）也和《管子·治国篇》的"凡治国之道，必先富民"主张相同。

— 译文 —

孔子到卫国去，冉有为他驾车。孔子说："人口真多呀！"

冉有说："人口已经够多了，还要再做什么呢？"孔子说："使他们富起来。"

冉有说："富了以后还要做什么？"孔子说："再加以教化。"

季氏①将伐颛臾②。冉有、季路见于孔子曰："季氏将有事③于颛臾。"

孔子曰："求！无乃尔是过④与？夫颛臾，昔者先王以为东蒙主⑤，且在邦域之中矣，是社稷之臣也。何以伐为？"

冉有曰："夫子⑥欲之，吾二臣者皆不欲也。"

孔子曰："求！周任⑦有言曰：'陈力就列⑧，不能者止。'危而不持，颠而不扶，则将焉用彼相⑨矣？且尔言过矣，虎兕⑩出于柙⑪，龟玉毁于椟⑫中，是谁之过与？"

冉有曰："今夫颛臾，固而近于费⑬。今不取，后世必为子孙忧。"

孔子曰："求！君子疾夫舍曰欲之而必为之辞。丘也闻有国有家者，不患寡而患不均⑭，不患贫而患不安。盖均无贫，和无寡，安无倾。夫如是，故远人不服，则修文德以来之。既来之，则安之。今由与求也，相夫子，远人不服，而不能来也；邦分崩离析，而不能守也；而谋动干戈于邦内。吾恐季孙之忧，不在颛臾，而在萧墙之内⑮也。"（《季氏·1》）

— 注释 —

①季氏：季康子。

②颛臾：音 zhuān yú，鲁国的附属国，现在山东省费县西北八十里有颛臾村，当是古颛臾之地。

③有事：即指用兵。《左传》："国之大事，在祀与戎。"

④尔是过：不能解作"尔之过"，因为古代人称代词表示领位极少再加别

的虚词的。这个"过"字可看作动词,"是"字是表示倒装之用的词,顺装便是"过尔","责备你"的意思。

⑤东蒙主:东蒙,蒙山,在鲁东故曰东蒙。主,主持祭祀的人。鲁使颛臾主其祭。

⑥夫子:指季氏。

⑦周任:人名,古代一位优良的史官。

⑧陈力就列:拿出自己的才力担任相应的职务。朱熹《论语集注》:"陈,布也。列,位也。"

⑨相:搀扶盲人的人叫相,这里是扶持、辅佐的意思。

⑩兕:音 sì。雌性犀牛。

⑪柙:音 xiá,用以关押野兽的木笼。

⑫椟:音 dú,匣子。

⑬费(bì):鲁国季氏采邑,今山东费县西南七十里有费城。

⑭不患寡而患不均,不患贫而患不安:有人认为"寡"与"贫"应该易位,和下面的"均无贫,和无寡"相对应。应作"不患贫而患不均,不患寡而患不安","贫"和"均"是从财富着眼,下文"均无贫"可以为证;"寡"和"安"是从人民着眼,下文"和无寡"可以为证。说详俞樾《群经平议》。程树德认为原文没有问题。

⑮萧墙之内:"萧墙"是鲁君所用的屏风,人臣至此屏风,便会肃然起敬,所以叫作萧墙。"萧墙之内"指鲁君。当时季孙把持鲁国政权,和鲁君矛盾很大,也知道鲁君想收拾他以收回主权,因此怕颛臾凭借有利地势起而帮助鲁国,于是要先下手为强,攻打颛臾。孔子这句话,深深地刺中了季孙的内心。

【译文】

季氏准备攻打颛臾。冉有、子路去见孔子说:"季氏将要攻打颛臾了。"

孔子说:"冉求,这不就是你的过错吗?颛臾,过去先王曾让他主持东蒙的祭祀,而且已经在鲁国的疆域之内,是鲁国的臣属啊,为什么要攻打它呢?"

冉有说:"季孙大夫想去攻打,我们两个人都不愿意。"

孔子说:"冉求!周任有句话说:'尽自己的力量去负担你的职务,实在做不好就辞职。'就如同辅佐瞽者,瞽者有了危险不去扶助,跌倒了不去搀扶,那还用辅助的人干什么呢?而且你说的话错了,老虎、犀牛从笼子里跑出来,龟甲、玉器在匣子里毁坏了,这是谁的过错呢?"

冉有说："现在颛臾城墙坚固，而且离费邑很近。现在不把它夺取过来，将来一定会成为子孙的忧患。"

孔子说："冉求！君子就讨厌（那种态度）不肯实说自己想要，却一定要找理由辩解。我听说过，对于诸侯和大夫，不怕财富少，而怕分配不均；不怕人口少，而怕不安定。大概分配平均了，也就没有所谓贫穷；大家和睦，也就不会感到人口少；安定了，也就没有倾覆的危险了。如果这样，远方的人还不归服，就用修治仁义礼乐的政教来招致他们。已经来了，就让他们安定下来。现在，仲由和冉求你们两人辅助季氏，远方的人不归服，却不能招致；国家支离破碎，却不能保全；反而策划在国内使用武力。我只怕季孙的忧患不在颛臾，而在鲁君。"

孟氏使阳肤①为士师②，问于曾子。曾子曰："上失其道，民散③久矣。如得其情，则哀矜④而勿喜！"（《子张·19》）

— 注释 —

①阳肤：曾子的学生。
②士师：典狱官，犹今之法官。
③民散：指民心叛离。
④哀矜：怜悯，同情。

— 译文 —

孟氏任命阳肤做典狱官，阳肤向曾子请教。曾子说："在上位的人离开了正道，百姓早就离心离德了。你如果能审出他们犯罪的真情，就应当怜悯他们，切不要自喜明察！"

（四）正己

子曰："不在其位①，不谋其政。"（《泰伯·14》）

— 注释 —

①位：职位。

— 译文 —

孔子说："不在那个职位上，就不考虑那个职位上的事。"

季康子问政于孔子。孔子对曰："政者，正也。子帅①以正，孰敢不

正②?"(《颜渊·17》)

—— 注释 ——

①帅：同"率"，带领，率领。
②孰敢不正：孰，疑问代词，谁。可见在下有不正，其责任在上者。

—— 译文 ——

季康子向孔子问如何治理国家。孔子回答说："政就是端正的意思。您本人带头端正，谁敢不端正呢？"

季康子患盗，问于孔子。孔子对曰："苟①子之不欲②，虽赏之不窃。"（《颜渊·18》）

—— 注释 ——

①苟：如果。
②欲：贪欲。在上者贪欲，自求多财，下民化之，共相竞取。

—— 译文 ——

季康子苦于盗贼太多，向孔子求教。孔子回答说："假如您自己不贪图财利，（就没人敢偷窃，）即使奖励偷窃，他们也不会干。"

季康子①问政于孔子曰："如杀无道②，以就③有道④，何如？"孔子对曰："子为政，焉用杀？子欲善而民善矣。君子之德风，小人之德草。草上之风⑤，必偃⑥。"（《颜渊·19》）

—— 注释 ——

①季康子：根据《春秋》以及《左传》，季孙斯（桓子）死于哀公三年秋七月，季孙肥（康子）随即袭位。以上三章季康子之问，当在鲁哀公三年七月以后。
②无道：暴虐而无才德的人。
③就：亲近。
④有道：指遵守道义的人。
⑤草上之风：指风加在草上。上，一作"尚"，加。
⑥偃：仆，倒。风加草上，草必为之仆倒。世风败坏，其责任在君子，不在小人。

-- 译文 --

季康子向孔子请教政事，说："如果杀掉坏人来亲近好人，怎么样？"孔子说："您治理政事，为什么要用杀戮的手段呢？您要想行善，老百姓也会跟着行善。在位者的品德好比风，老百姓的品德好比草，风加在草上，草一定会顺风倒。"

子路问政。子曰："先之劳之①。"请益②。曰："无倦③。"（《子路·1》）

-- 注释 --

①先之劳之：先，先于，前于。之，指老百姓。做在老百姓之前，使老百姓勤劳。《国语·鲁语》：公父文伯之母敬姜说："民劳则思，思则善心生；逸则淫，淫则忘善，忘善则恶心生。"故为政者贵能劳其民。先之者，尤贵能以身先其民而劳，故民劳而不怨。

②益：增加。子路嫌孔子语少，故请益。

③无倦：不厌倦，不松懈。

-- 译文 --

子路问怎样管理政事。孔子说："做在老百姓之前，使老百姓勤劳。"子路请求多讲一点。孔子说："永远不要懈怠。"

樊迟请学稼①。子曰："吾不如老农。"请学为圃②。曰："吾不如老圃。"樊迟出。子曰："小人③哉，樊须也！上好礼，则民莫敢不敬；上好义，则民莫敢不服；上好信，则民莫敢不用情④。夫如是，则四方之民襁⑤负其子而至矣，焉用稼？"（《子路·4》）

-- 注释 --

①学稼：种五谷曰稼。樊迟学稼，或欲如神农、后稷以稼穑教民。或值年歉，有感而请。

②学为圃：为，治理。圃，音 pǔ，种菜蔬之地曰圃。在此引申为种菜。孔子以不如老农之言拒樊迟，樊迟或疑学稼事重，嫌不胜任，故继请学为圃。

③小人：地位低下的庶民百姓。

④用情：情，情实。百姓以真心实情来对待上位者。

⑤襁：音 qiǎng，背婴孩用的宽布带。

-- 译文 --

樊迟请教学种庄稼。孔子说："我不如老农民。"又请教学种蔬菜。孔子说:"我不如老菜农。"

樊迟退了出来。孔子说:"樊迟真是个地位低下的百姓!在上位者只要重视礼,老百姓就不敢不敬畏;在上位者只要重视义,老百姓就不敢不服从;在上位者只要重视信,老百姓就不敢不用真心实情来对待你。要是做到这样,四面八方的老百姓就会背着自己的小孩来投奔,哪里用得着自己去种庄稼呢?"

子曰:"其①身正,不令而行;其身不正,虽令不从。"(《子路·6》)

— 注释 —

①其:为政者。

— 译文 —

孔子说:"为政者自身正了,即使不发布命令,事情也行得通;自身不正,即使发布命令,老百姓也不会信从。"

子曰:"苟正其身矣,于从政①乎何有②?不能正其身,如正人何?"(《子路·13》)

— 注释 —

①从政:为政。
②何有:有什么困难。苟能正其身,则为政一切不难。

— 译文 —

孔子说:"如果端正了自身的行为,管理政事还有什么困难呢?连自身都不能端正,怎能端正别人呢?"

子曰:"不在其位①,不谋其政。"
曾子曰:"君子思不出其位。"(《宪问·26》)

— 注释 —

①位:指政治上之职位。从政当各专己职,越职出位而思,徒劳无补,并滋生纷乱。

— 译文 —

孔子说:"不在那个职位,就不要考虑那个职位上的事情。"
曾子说:"君子考虑问题,不超出他自己当前的职位。"

四、论教与学

(一) 教育

子曰:"君子不器①。"(《为政·12》)

-- 注释 --

①器:器具。各种器具都有专门的用途,古代知识范围狭窄,孔子认为应该博学多能,无所不通,不局限于某一专门知识或技能,如同今日所说的通才。近代科学日兴,分工愈细,专家之用益显,而通才之需亦因以益亟。通瞻全局,领导群伦,尤以不器之君子为贵。此章所言,仍是一种通义,不以时代古今而变。后人还曾说,一事之不知,儒者之耻。虽然有人批评孔子"博学而无所成名"(《子罕·2》),但孔子仍说"君子不器"。

-- 译文 --

孔子说:"君子不能像器具那样(只有某种特定的用途)。"

子曰:"攻①乎异端②,斯③害也已④。"(《为政·16》)

-- 注释 --

①攻:攻击。《论语》中"攻"字出现四次,《先进·17》的"小子鸣鼓而攻之"、《颜渊·21》的"攻其恶,无攻人之恶"的三个"攻"字都当"攻击"解,这里也不应例外。有的解释为治学的"治",不取。
②异端:孔子之时,还没有诸子百家,因之很难译为"不同的学说",但和孔子相异的主张、言论未必没有,所以译为"不正确的议论"。
③斯:连词,"这就"的意思。
④已:动词,止。

-- 译文 --

孔子说:"攻击那些不正确的议论,祸害就可以消除了。"

子曰:"中人①以上,可以语②上③也;中人以下,不可以语上也。"(《雍

也·21》）

-- 注释 --

①中人：中等之人。道有高下，智有深浅。中人以下，告以高深之道，不但无益，反而有害。只有循序渐进，方能日达高明。朱熹《论语集注》："言教人者，当随其高下而告语之，则其言易入而无躐（liè）等之弊也。"

②语：告诉。

③上：形而上的大道，即抽象而高深的学问。

-- 译文 --

孔子说："智力在中等水平以上的人，可以告诉他高深学问；中等水平以下的人，不可以告诉他高深学问。"

子曰："君子博学于文①，约②之以礼，亦可以弗畔③矣夫④！"（《雍也·27》）

-- 注释 --

①博学于文：文，《诗》、《书》、礼、乐，一切典章制度，著作义理，皆属文。博学始能会通，然后知其真义。

②约：约束。有的解释为简要。

③畔：同"叛"。君子能博约并进，礼文兼修，自可不背于道。

④矣夫：语气词，表示较强烈的感叹。

-- 译文 --

孔子说："君子广泛地学习古代的文化典籍，又以礼来约束自己，也就可以不至于离经叛道了！"

子曰："默而识①之，学而不厌，诲②人不倦，何有于我哉③？"（《述而·2》）

-- 注释 --

①识：音 zhì，记住。

②诲：教诲。

③何有于我哉：有两种解释：一，对我有什么难呢？二，谦虚之词，我有哪一点呢？联系《论语》整体看，第一种解释好些。

── 译文 ──

孔子说:"(把所见所闻)默默地记在心里,学习不觉厌烦,教导别人不知疲倦,这对我有什么困难呢?"

互乡①难与②言,童子见,门人惑。子曰:"与其进也,不与其退③也,唯何甚④?人洁己⑤以进,与其洁也,不保其往⑥也。"(《述而·29》)

── 注释 ──

①互乡:地名,具体所在已无可考。
②与:赞许。
③进、退:进步、退步。
④甚:过分。
⑤洁己:洁身自好,努力修养,成为有德之人。这里有改正错误的意思。
⑥不保其往:保,守也,抓住不放的意思。往,过去。

── 译文 ──

互乡这个地方的人难于交谈,一个童子受到孔子的接见,弟子们疑惑。孔子说:"我赞成他的进步,不赞成他的退步。何必做得太过分呢?人家改正了错误以求进步,我们赞许他的改正错误,不要死抓住他的过去不放。"

子曰:"兴于《诗》①,立于礼②,成于乐③。"(《泰伯·8》)

── 注释 ──

①兴于《诗》:兴,起也,始也。诗本性情,其言易知,感人易入。
②立于礼:立,在社会上站得住。学者之能卓然而立,不为事物所动摇者,每于礼得之。
③成于乐:学者之所以至于义精仁熟而和顺于道德者,每于乐得之。"乐"的内容和本质都离不开"礼",因此常常"礼乐"连言。孔子本人非常懂音乐,把音乐作为他的教学工作的一个最后阶段。是学之成。

── 译文 ──

孔子说:"人的修养开始于学《诗》,自立于学礼,完成于学乐。"

子曰:"好勇疾①贫,乱也。人而不仁②,疾之已甚③,乱也。"(《泰伯·10》)

—— 注释 ——

①疾：恨，憎恨。

②不仁：不符合仁德的人。

③已甚：太过分。已，太。甚，过分。

—— 译文 ——

孔子说："喜好勇敢却厌恶贫困，就会生乱。对于不仁德的人憎恶太过分，也会逼迫他们起来作乱的。"

子曰："苗而不秀①者有矣夫！秀而不实者有矣夫！"（《子罕·22》）

—— 注释 ——

①秀：谷始生曰苗，成穗为秀，成谷为实。秀即指庄稼吐穗开花。《诗经·大雅·生民》云："实发实秀，实坚实好。""发"和"秀"是指庄稼的生长和吐穗开花；"坚"和"好"是指谷粒的坚实和壮大。现在还把庄稼的吐穗开花叫作"秀穗"。汉人唐人多以为孔子这话是为颜回短命而发。但颜回只是"秀而不实"（祢衡《颜子碑》如此说），那"苗而不秀"又指谁呢？孔子此言必有为而发，但究竟何所指，则不必妄测。

—— 译文 ——

孔子说："庄稼出了苗而不能吐穗开花的有呀！吐穗开花而不结果实的有呀！"

子曰："后生①可畏，焉知来者②之不如今③也？四十、五十而无闻④焉，斯亦不足畏也已。"（《子罕·23》）

—— 注释 ——

①后生：年少者。因其来日方长，前途无限。故可畏。

②来者：今日之后生。

③今：今日之成人。

④无闻：无声闻于世。古人四十曰强仕，五十而爵，四十五十，乃德立名彰之时，故孔子据以为说。

—— 译文 ——

孔子说："年少的人是可怕的，怎么能断定他将来的成就赶不上现在的人呢？如果到了四五十岁在世上还没有什么声望，那也就不值得可怕了。"

"唐棣①之华②，偏其反而③。岂不尔思？室是远而④。"子曰："未之思也，夫何远之有？"（《子罕·31》）

-- 注释 --

①唐棣：一种植物，属蔷薇科，落叶灌木。
②华：同"花"。
③偏其反而：形容花摇动的样子。偏亦作"翩"。反，同"翻"。
④室是远而：只是住的地方太远了。

-- 译文 --

古代有一首诗这样写道："唐棣的花朵啊，翩翩地摇摆。我难道不想念你吗？只是由于家住得太远了。"孔子说："他还是没有真的想念，如果真的想念，有什么遥远呢？"

子张问善人①之道②。子曰："不践迹③，亦不入于室④。"（《先进·20》）

-- 注释 --

①善人：《论语》中多次提到"善人"，参见《述而·26》、《子路·11》、《子路·29》三章。本质善良而未经学习的人，比君子低一层次。善人不践迹，若能博古好文，斯即为君子。君子学之不止，斯为圣人。
②道：行为。
③践迹：踩着前人的脚印走。迹，脚印。
④入于室：比喻学问和修养达到了精深地步。

-- 译文 --

子张问做善人的行为。孔子说："善人不踩着前人的脚印走，学问和修养也就达不到精深的境界。

子张问明。子曰："浸润之谮①，肤受之愬②，不行焉，可谓明也已矣。浸润之谮，肤受之愬，不行焉，可谓远③也已矣。"（《颜渊·6》）

-- 注释 --

①浸润之谮：谮，音 zèn，谗言。像水浸润物件那样开始不易觉察的谗言，指暗中的中伤。
②肤受之愬：愬，音 sù，诬告。像感受到切肤之痛那样的诬告，即直接的诽谤。

③远：明之至也。明智的最高境界。

-- 译文 --

子张问怎样才是明智。孔子说："象水浸润那样的谗言和象有切肤之痛那样的诽谤，在你那里都行不通，那你可以算是明智了。象水浸润那样的谗言和象有切肤之痛那样的诽谤，在你那里都行不通，那你可以算是很有远见了。"

子张问："士①何如斯可谓之达②矣？"子曰："何哉，尔所谓达者？"子张对曰："在邦必闻，在家必闻③。"子曰："是闻也，非达也。夫达也者，质直而好义，察言而观色，虑以下人④。在邦必达，在家必达。夫闻也者，色取⑤仁而行违，居之不疑⑥。在邦必闻，在家必闻。"（《颜渊·20》）

-- 注释 --

①士：读书人。
②达：通达，显达。
③闻：有名望。
④虑以下人：常常考虑对别人谦虚。下人，以自己为下，有谦退之意。下，动词。
⑤取：趋向于。
⑥居之不疑：以此自居而不加疑惑。

-- 译文 --

子张问："读书人怎样才可以叫作通达？"孔子说："你说的通达是什么意思？"子张答道："在邦为诸侯必定有名望，在大夫的封地里也必定有名声。"孔子说："这只是名声，不是通达。所谓达，那是要品质正直，遵从礼义，善于揣摩别人的话语，观察别人的脸色，经常想着谦恭待人。这样的人，在邦为诸侯、在家为卿大夫都可以通达。至于有名声的人，只是外表装出仁德的样子，而行动上却往往违背仁德，自己还以仁人自居而不惭愧。这样的人，在邦为诸侯、在家为卿大夫只能骗取名声。

子曰："善人教民七年，亦可以即戎①矣。"（《子路·29》）

-- 注释 --

①即戎："即"是"即位"的"即"，就也，往那里去的意思。"戎"是

"兵戎"的意思。

――译文――

孔子说:"善人教导人们七年,也能够叫他们去作战了。"

子曰:"以不教民①战,是谓弃之。"②(《子路·30》)

――注释――

①不教民:"不教民"三字构成一个名词语,意思就是"不教之民",正如《诗经》"心之忧矣,如匪浣衣"的"匪浣衣"一样,意思是"匪浣之衣"(不曾洗涤过的衣服)。

②此章和上章都说教与战的关系,说明孔子并不绝对否定用兵,但强调必须先经过教导训练才可。

――译文――

孔子说:"用未经受过训练的人民去作战,这就叫抛弃他们。"

子曰:"人无远①虑,必有近忧。"(《卫灵公·12》)

――注释――

①远:有两解:一以地言,一以时言。今从后。

――译文――

孔子说:"一个人如果没有长远的考虑,一定会有眼前的忧患。"

子曰:"群居终日,言不及义,好行小慧①,难矣哉!"(《卫灵公·17》)

――注释――

①小慧:小聪明。

――译文――

孔子说:"整天聚在一块,说话从不涉及道义,专好卖弄小聪明,这种人真难教导。"

子曰:"有教无类①。"(《卫灵公·39》)

— 注释 —

①无类：即不加分类区别。类，等类，等级富贵的差别。"自行束脩以上，吾未尝无诲焉"（《述而·7》），便是"有教无类。"人有差别，如贵贱、贫富、智愚、善恶之类。惟就教育而言，则当因地因材，掖而进之，感而化之，作而成之，不复有类。

— 译文 —

孔子说："人人我都可以教育，没有贫贱富贵的区别。"

子曰："唯上知与下愚①不移。"（《阳货·3》）

— 注释 —

①上知、下愚：关于"上知"、"下愚"的解释，古今颇有异说。《汉书·古今人表》说："可与为善，不可与为恶，是谓上智。可与为恶，不可与为善，是谓下愚。"则是以其质量言。孙星衍《问字堂集》说："上知谓生而知之，下愚谓困而不学。"则是兼以其知识与质量而言。但孔子说过"生而知之者上也"（《季氏·9》），这里的"上知"可能就是"生而知之"的人。当然这种人是不会有的。可是当时的人却以为一定有，甚至孔子都曾否认地说过"我非生而知之者"（《述而·20》）。译文仅就字面译出。

— 译文 —

孔子说："只有上等的智者与下等的愚者是改变不了的。"

孺悲①欲见孔子，孔子辞以疾②。将命者③出户，取瑟而歌，使之闻之。（《阳货·20》）

— 注释 —

①孺悲：鲁国人，《礼记·杂记》云："恤由之丧，哀公使孺悲之孔子学士丧礼，《士丧礼》于是乎书。"此次请见，当是另一时事。

②辞以疾：《孟子·告子下》说："教亦多术矣。予不屑之教诲也者，是亦教诲之而已矣。"孔子故意不接见孺悲，并且使他知道，是不是也是如此呢？

③将命者：传话者。

— 译文 —

孺悲想见孔子，孔子以有病为由推辞不见。传话的人刚出门，孔子便取来瑟边弹边唱，有意让孺悲听到。

子贡曰："君子亦有恶①乎？"子曰："有恶：恶称人之恶②者，恶居下流③而讪④上者，恶勇而无礼者，恶果敢而窒⑤者。"

曰："赐也亦有恶乎？""恶徼⑥以为知⑦者，恶不孙⑧以为勇者，恶讦⑨以为直者。"（《阳货·24》）

-- 注释 --

①恶：音wù，厌恶。

②称人之恶：喜称扬人恶，可知无仁厚之意。恶，音è，坏。

③下流：下等的，在下的。根据惠栋的《九经古义》和冯登府的《论语异文考证》，证明了晚唐以前的本子没有这个"流"字。案文义，这个"流"字也是不应该有的。但苏轼《上韩太尉书》引此文时已有"流"字，可见北宋时已经误衍。

④讪：shàn，诽谤。居下讪上，可知无忠敬之诚。

⑤窒：阻塞，不通事理，顽固不化。果敢而不通事理，将妄作而兴祸。

⑥徼：音jiǎo，窃取，抄袭。

⑦知：同"智"。

⑧孙：同"逊"，逊让。人有胜己，不从不让以为勇。

⑨讦：音jié，攻击、揭发别人之阴私。

-- 译文 --

子贡说："君子也有厌恶的人吗？"孔子说："有厌恶的人：厌恶宣扬别人坏处的人，厌恶身居下位而诽谤上级的人，厌恶勇敢而不懂礼节的人，厌恶自以为果敢却固执、不通事理的人。"

孔子又说："赐，你也有厌恶的事吗？"子贡说："厌恶偷袭别人的成绩却自以为聪明的人，厌恶毫不谦虚却自以为勇敢的人，厌恶揭发别人阴私却自以为直率的人。"

子夏曰："小人之过也必文①。"（《子张·8》）

-- 注释 --

①文：文饰，掩盖。

-- 译文 --

子夏说："小人犯了过错一定加以掩饰。"

（二）教学

子曰："夏礼，吾能言之，杞①不足征②也；殷礼，吾能言之，宋③不足征也。文献④不足故也。足，则吾能征之矣。"（《八佾·9》）

---注释---

①杞：国名，夏禹的后代，在今河南杞县。其后因为国家弱小，依赖别国的力量来延长国命，屡经迁移。

②征：证明。

③宋：国名，商汤的后代，在今河南商丘县南。国土最大的时候，有现在河南商丘以东，江苏徐州以西之地。战国时为齐、魏、楚三国所共灭。

④文献：《论语》的"文献"和今天所用的"文献"概念不同。《论语》的"文献"包括历代的历史文件和当时的贤者两项。朱熹《注》云："文，典籍也；献，贤也。"今日"文献"一词只指历史文件而言。

---译文---

孔子说："夏朝的礼，我能说出来，它的后代杞国不足以证明我的话；殷朝的礼，我能说出来，它的后代宋国不足以证明我的话。这是他们的历史文件和贤者不够的缘故。如果有足够的文件和贤者，我就可以引来作证了。"

子曰："《关雎》①，乐而不淫②，哀而不伤③。"（《八佾·20》）

---注释---

①《关雎》：雎，音jū。这是《诗经·国风》的第一篇。此篇写一君子追求淑女，思念时辗转反侧，寤寐思之的忧思，以及结婚时钟鼓乐之琴瑟友之的欢乐。清人刘台拱的《论语骈枝》认为："《诗》有《关雎》，《乐》亦有《关雎》，此章据《乐》言之。古之乐章皆三篇为一。……乐而不淫者，《关雎》、《葛覃》也；哀而不伤者，《卷耳》也。"不取。

②淫：古人凡过分以至于到失当的地步叫淫，如言"淫祀"（不应该祭祀而去祭祀的祭礼）、"淫雨"（过久的雨水）。

③伤：损害。哀乐乃人之常情，但都不要过分，这是儒家提倡的中和思想的体现。此章孔子举《关雎》之诗以指点人心哀乐之正，从中体悟到一种性情之正，有超乎哀与乐之上者。

-- 译文 --

孔子说："《关雎》这篇诗，快乐而不放荡，悲哀而不伤损。"

子语①鲁大师②乐，曰："乐其可知也：始作③，翕如④也；从⑤之，纯⑥如也，皦⑦如也，绎⑧如也，以成⑨。"（《八佾·23》）

-- 注释 --

①语：音 yù，动词，告诉。

②大师：大，音 tài。乐官之长。

③始作，翕如也：古者乐始作，先奏金，鼓钟。翕，音 xī，合。翕如，谓钟声既起，闻者皆翕然振奋，是为乐之始。

④如：形容词语尾，表状态。

⑤从：音 zòng，放纵，展开。钟声既作，八音齐奏，乐声自此放开。

⑥纯：和谐。其时器声人声，堂上堂下，互相应和，纯一不杂，故说纯如也。

⑦皦：音 jiǎo，音节分明，清晰。其时人声器声，在一片纯和中，高下清浊，金革土匏，各种音节，均可分辨明析，故说皦如也。

⑧绎：连续不断。是时一片乐声，前起后继，络绎而前，相生不绝，故说绎如也。

⑨以成：一套的乐声，在如此过程中完成。

-- 译文 --

孔子告诉鲁国乐官演奏音乐的道理，说："奏乐，那是可以知道的：开始演奏，各种乐器合奏；继续下去，音调和谐，明亮清晰，余音袅袅，然后完成。"

子曰："自行束脩①以上，吾未尝无诲焉。"（《述而·7》）

-- 注释 --

①束脩：脩，音 xiū，干肉，又叫脯。束脩就是十条干肉。此为学生拜见老师的见面礼，较为微薄。后来，就把学生送给老师的学费叫作"束脩"。另有一说，束脩：束带修饰，表示已到一定年龄，已能解悟道理。郑注《论语》云："束脩谓年十五以上也。"

-- 译文 --

孔子说："只要自愿拿着十条干肉为礼来见我的人，我从来没有不教诲的。"

子曰:"不愤①不启,不悱②不发③。举一隅④不以三隅反,则不复⑤也。"(《述而·8》)

-- 注释 --

①愤:苦思冥想而仍然领会不了的样子。
②悱:音fěi,想说又不能明确说出来的样子。
③不启、不发:这是孔子自述其教学方法,必须受教者先发生困难,有求知的动机,然后去启发他。这样,才能有好的教学效果。
④隅:音yǔ,角落。
⑤复:重复。朱熹云:"复,再告也。"

-- 译文 --

孔子说:"教导学生,不到他想弄明白而不得的时候,不去开导他;不到他想说而说不出来的时候,不去启发他。给他指出了一个角,却不能推知另外三个角,那就不再重复教他了。"

子曰:"二三子①以我为隐②乎?吾无隐乎尔③。吾无行而不与二三子者,是丘也。"(《述而·24》)

-- 注释 --

①二三子:孔子对弟子的称呼。
②隐:保留,隐匿。诸弟子疑孔子或有所隐匿,未尽以教。
③乎尔:相当于"于尔",尔:指二三子,你们。一说"乎尔"为语末助词,不从。

-- 译文 --

孔子说:"你们这些学生以为我有所隐瞒吗?我对你们是没有隐瞒的。我没有什么事不告诉你们的,这正是我孔丘啊。"

子以四教:文①,行②,忠③,信④。(《述而·25》)

-- 注释 --

①文:文献、古籍等。
②行:社会实践方面的内容,作名词用,旧读去声。一说德行。
③忠:尽己之谓忠,对人尽心竭力的意思。

④信：以实之谓信。诚实的意思。

－－译文－－

孔子用四种内容教育学生：历代文献，社会生活的实践，对待别人的忠心，与人交际的信实。

子曰："吾自卫反鲁①，然后乐正②，《雅》、《颂》③各得其所。"（《子罕·15》）

－－注释－－

①自卫反鲁：公元前484年（鲁哀公十一年）冬，孔子从卫国返回鲁国，结束了十四年游历不定的生活。

②乐正：指正其篇章，调整《诗经》篇章的次序。

③《雅》、《颂》：既是《诗经》内容分类的类名，也是乐曲分类的类名。篇章内容的分类，可以由今日的《诗经》考见；乐曲的分类，因为古乐早已失传，便无可考证了。孔子的正《雅》、《颂》，究竟是正其篇章呢？还是正其乐曲呢？或者两者都正呢？《史记·孔子世家》和《汉书·礼乐志》则以为主要的是正其篇章，因为我们已经得不到别的材料，只得依从此说。孔子只"正乐"，调整《诗经》篇章的次序，太史公在《孔子世家》中因而说孔子曾把三千余篇的古诗删为三百余篇，是不可信的。

－－译文－－

孔子说："我从卫国返回到鲁国以后，音乐（的篇章）才得到整理，使《雅》和《颂》各有适当的位置。"

子路问："闻斯行诸①？"子曰："有父兄在，如之何其闻斯行之？"

冉有问："闻斯行诸？"子曰："闻斯行之。"

公西华曰："由也问闻斯行诸，子曰，'有父兄在'；求也问闻斯行诸，子曰，'闻斯行之'。赤也惑，敢问。"子曰："求也退，故进之；由也兼人②，故退③之。"（《先进·22》）

－－注释－－

①闻斯行诸：听到了就去做。斯，副词，就。诸，"之乎"二字的合音，疑问词。

②兼人：好勇过人。孔安国和朱熹都把"兼人"解为"胜人"，但子路虽勇，未必"务在胜尚人"；反不如张敬夫把"兼人"解为"勇为"更适当

③退：约束。

-- 译文 --

子路问："听到了就行动起来吗？"孔子说："有父兄在，怎么能听到就行动起来呢？"

冉有问："听到了就行动起来吗？"孔子说："听到了就行动起来。"

公西华说："仲由问听到了就行动起来吗？你回答说'有父兄活着'（不能这样做），冉求问听到了就行动起来吗？你回答'听到了就行动起来'。我被弄糊涂了，大胆地来问问。"孔子说："冉求平日做事退缩，所以我鼓励他；仲由好勇过人，所以我约束他。"

陈亢①问于伯鱼②曰："子亦有异闻③乎？"

对曰："未也。尝独立，鲤趋而过庭。曰：'学《诗》乎？'对曰：'未也。''不学《诗》，无以言④。'鲤退而学《诗》。他日，又独立，鲤趋而过庭。曰：'学礼乎？'对曰：'未也。''不学礼，无以立⑤。'鲤退而学礼。闻斯二者。"

陈亢退而喜曰："问一得三，闻《诗》，闻礼，又闻君子之远⑥其子也。"（《季氏·13》）

-- 注释 --

①陈亢：亢，音 gāng，即陈子禽。
②伯鱼：孔子的儿子，即孔鲤，伯鱼是他的字，先孔子而卒。
③异闻：这里指不同于对其他学生所讲的内容。陈亢疑孔子教其子或有私厚，异乎门徒之所闻。
④不学《诗》，无以言：《诗》有比兴，答对酬酢。人若不学《诗》，无以与人言语。
⑤不学礼，无以立：礼教恭俭庄敬，此乃立身之本。有礼则安，无礼则危，故不学礼，无以立身。古者易子而教，亦非疏其子。
⑥远：音 yuàn，不偏爱的意思，不是疏远。

-- 译文 --

陈亢问伯鱼："你在老师那里听到过什么与众不同的教诲吗？"

伯鱼回答说："没有呀。他曾经一个人站在庭中，我快步从庭里走过。他问：'学《诗》了吗？'我回答说：'没有。'他说：'不学《诗》就不会说话。'我退回就学《诗》。又有一天，他又一个人站在庭中，我快步从庭里走过。他问：'学礼了吗？'我回答说：'没有。'他说：'不学礼就不懂得怎样立身。'我退回就学礼。只听到这两件事。"

陈亢回去高兴地说："我问一件事，知道了三件事，知道《诗》，知道礼，又知道君子是不偏爱自己的儿子的。"

子曰："予欲无言①。"子贡曰："子如不言，则小子何述焉？"子曰："天何言哉？四时行焉，百物生焉，天何言哉？"（《阳货·19》）

—— 注释 ——

①为何孔子无端发"欲无言"之叹？或说：孔子惧学者徒以言语求道，故发此以警之。或说：孔子有见于道之非可以言说为功，不如默而存之，转足以厚德而敦化。两说皆通。

—— 译文 ——

孔子说："我想不再说话了。"子贡说："您如果不说话，那我们传述什么呢？"孔子说："天说了什么呢？四季照常运行，百物照样生长。天说了什么呢？"

子曰："饱食终日，无所用心，难矣哉！不有博弈①者乎？为之，犹贤乎已②。"（《阳货·22》）

—— 注释 ——

①博弈：博，六博，一种游戏，先掷采（骰子），后行棋。具体办法已不清楚。弈，围棋。
②已：止，什么也不做。

—— 译文 ——

孔子说："整天吃饱了饭，什么心思也不用，不行的呀！不是还有玩六博和下围棋的吗？干这个也比什么都不干好一些。"

（三）学习

子①曰："学②而时③习④之，不亦说⑤乎？有朋⑥自远方来，不亦乐⑦乎？人不知⑧，而不愠⑨，不亦君子⑩乎？"（《学而·1》）

—— 注释 ——

①子：《论语》中"子曰"的"子"，都是指孔子。本章是说作为一个理想学者所应有的经历，实际上也是孔子毕生为学之自述。学而时习，乃初学

事，孔子十五志学以后当之。有朋远来，则孔子中年成学后事，孔子三十而立后当之。苟非学邃行尊，达于最高境界，不宜轻言人不知，孔子五十知命后当之。

②学：孔子在这里所讲的"学"，主要是指学习西周的礼、乐、《诗》、《书》等传统文化典籍。

③时：有三解：一、"在一定的时候"或者"在适当的时候"的意思。"时"字在周秦时候若作副词用，等于《孟子·梁惠王上》"斧斤以时入山林"的"以时"，王肃的《论语注》正是这样解释的。二、"时常"的意思。朱熹的《论语集注》这样解，是用后代的词义解释古书。三、年岁。古人六岁开始学识字，七八岁教以日常简单礼节，十岁教书写、计算，十三岁教歌诗、舞蹈，此指年为时。

④习：一般人把习解为"温习"，但在古书中，它还有"实习"、"演习"的意义，如《礼记·射义》的"习礼乐"、"习射"。《史记·孔子世家》："孔子去曹适宋，与弟子习礼大树下。"这一"习"字，更是演习的意思。孔子所讲的功课，一般都和当时的社会生活和政治生活密切结合。像礼（包括各种仪节）、乐（音乐）、射（射箭）、御（驾车）这些，尤其非演习、实习不可。所以这"习"字以讲为实习为好。

⑤说：音 yuè，同"悦"，愉快、高兴的意思。学能时习，所学渐熟，入之日深，心中欣喜也。

⑥有朋：古本有作"友朋"的。旧注说："同门曰朋。"宋翔凤《朴学斋札记》说，这里的"朋"字即指"弟子"，就是《史记·孔子世家》的"故孔子不仕，退而修《诗》、《书》、礼、乐，弟子弥众，至自远方。"译文用"志同道合之人"即本此义。

⑦乐：与"悦"有所区别。旧注说，悦在内心，乐则见于外。孟子曰："乐得天下英才而教育之。"慕我者自远方来，教学相长，我道日广，故可乐也。

⑧人不知：这一句和《宪问·30》"不患人之不己知，患其不能也"、《卫灵公·19》"君子病无能焉，不病人之不己知也"的意思相通。一般而言，知是了解的意思。人不知，是说别人不了解自己。学日进，道日深，人不能知，乃属无可奈何。圣人深造之已极，自知弥深，自信弥笃，乃曰："知我者其天乎"。孔子一生重在教，孔子之教重在学，孔子之学重在学为人之道，兼心地修养与人格完成之两义。也有人说，"知"后没宾语，按当时的语言环境，不说即明，故省去。这一句是接上一句说的，从远方来的朋友向我求教，我告诉他，他还不懂，我却不怨恨。这样，"人不知"是"人家不知道

我所讲述的"了。这种说法略显牵强,不取。

⑨愠:音 yùn,恼怒,怨恨。

⑩君子:《论语》的"君子",有时指"有德者",有时指"有位者",这里是指"有德者"。学至此,可谓成德矣。

-- 译文 --

孔子说:"学了,然后按一定的时间去实习它,不也高兴吗?有志同道合的人从远方来,不也快乐吗?人家不了解我,我也不怨恨,不也是有德的君子吗?"

子曰:"君子食无求饱,居无求安①,敏于事而慎于言②,就③有道④而正⑤焉,可谓好学也已⑥。"(《学而·14》)

-- 注释 --

①君子食无求饱,居无求安:《论语》中的君子,有时指"有位之人",有时指"有德之人"。但有的地方究竟是指有位者,还是指有德者,很难分别。此处大概是指有德者。宋邢昺说:"'君子食无求饱,居无求安',言学者之志,乐道忘饥,故不暇求其安饱也。"(《十三经注疏·学而第一》)

②敏于事而慎于言:敏,捷速。慎,谨也。于事当勉其所不足,于言当不敢尽其所有余。

③就:靠近,看齐。

④有道:指有道德的人。

⑤正:《论语》"正"字用了很多次。当动词的,都作"匡正"或"端正"讲,这里不必例外。有的把"正"字解为"正其是非"、"判其得失",不取。

⑥也已:语气词连用,表示肯定。

-- 译文 --

孔子说:"君子,饮食不要求饱足,居住不要求舒适,对工作勤劳敏捷,说话却小心谨慎,到有道的人那里去匡正自己,这样就可以说是好学了。"

子曰:"《诗》三百①,一言以蔽②之,曰:'思无邪③'。"(《为政·2》)

-- 注释 --

①《诗》三百:《诗经》实有三百零五篇,"三百"只是举其整数。

②蔽:概括的意思。

③思无邪：此为《诗经·鲁颂·駉篇》上的一句，孔子借用此句评价《诗经》。原文"思"字是语助词，孔子借用这句话，把"思"做思想解。有人说，"思"在此也是语助词，不取。无邪，有两种解释：一、纯正，没有邪恶；二、"直"的意思。三百篇之作者，无论其为孝子忠臣，还是怨男愁女，其言皆出于至情流溢，直写衷曲，毫无伪托虚假，此即所谓《诗》言志，孔子用"无邪"概括之。《駉》诗本咏马，马岂有所谓邪正？《诗》曰："以车祛祛，思无邪，思马斯徂。"祛祛，强健貌。徂，行义。取此说。

--- 译文 ---

孔子说："《诗经》三百篇，用一句话来概括它，就是'思无邪'。"

子曰："温①故而知新②，可以为师③矣。"（《为政·11》）

--- 注释 ---

①温：急火曰煮，慢火曰温，温犹习也。

②故、新：旧所闻、昔所知为故，今所得、新所悟为新。有的将"温故"和"知新"分为两事，如黄侃《义疏》说，"温故"就是"月无忘其所能"，"知新"就是"日知其所亡"（《子张·5》）。也通，但不取。

③可以为师：时时温习旧得而开发新知，此乃学者之心得。有心得，斯所学在我，能学即能教，故曰可以为师。本章新故合一，教学合一，温故必求知新，能学然后能教。若仅务于记诵稗贩，不能开新，即不足以任教，意蕴深长。

--- 译文 ---

孔子说："在温习旧知识时，能有新体会、新发现，就可以当老师了。"

子曰："学而不思则罔①，思而不学则殆②。"（《为政·15》）

--- 注释 ---

①罔：迷惘。只向外面学，不反之己心，自加精思，则必迷惘无所得。

②殆：《论语》的"殆"（dài）有两个意义。一是"疑惑"，《为政·18》"多见阙殆"的"殆"（说本王引之《经义述闻》）。思而不学，则事无征验，疑终不得解。二是"危险"，《微子·5》"今之从政者殆而"的"殆"。这里两个意义都讲得通，取前意。古人常以"罔""殆"对文，如《诗经·小雅·节南山》云："弗问弗仕，勿罔君子，式夷式已，无小人殆。"（"无小人

殆"即"无殆小人",因韵脚而倒装。)

-- 译文 --

孔子说:"只是读书,却不思考,就会迷惘;只是空想,却不读书,就会疑惑。"

子曰:"由①!诲②女③知④之乎!知之为知之,不知为不知,是知也。"(《为政·17》)

-- 注释 --

①由:姓仲名由,字子路。卞(故城在今山东泗水县东五十里)人,孔子早年弟子,小孔子九岁(公元前542—480年),长期追随孔子。
②诲:教。
③女:同"汝",你。
④知:本句有六个"知",前五个"知"是知道、明白的意思,最后一个"知"同"智",即聪明,智慧。

-- 译文 --

孔子说:"由!教给你对待知或不知的正确态度吧!知道就是知道,不知道就是不知道,这就是聪明智慧。"

子曰:"朝①闻道②,夕死可矣。"(《里仁·8》)

-- 注释 --

①朝:音zhāo,早晨。
②道:道理,真理。生而为人,不知为人之道,岂不枉了此生?若使朝闻道,夕死即不为枉活。本章警策人当汲汲以求道。

-- 译文 --

孔子说:"早晨得知真理,要我当晚死去,都可以。"

子曰:"知之①者不如好②之者,好之者不如乐之者。"(《雍也·20》)

-- 注释 --

①之:指学,亦指道。朱熹《论语集注》引尹氏曰:"知之者,知有此道也。好之者,好而未得也。乐之者,有所得而乐之也。"

②好：爱好，喜好。在孔子看来，学习有三种不同的境界：知之者、好之者、乐之者。

── 译文 ──

孔子说："懂得它的人不如爱好它的人，爱好它的人又不如以它为乐的人。"

子在齐闻《韶》①，三月②不知肉味，曰："不图为乐之至于斯③也。"（《述而·14》）

── 注释 ──

①《韶》：舜时古乐曲名。
②三月：非实指，言其久也。
③斯：这样的境界。

── 译文 ──

孔子在齐国听到了《韶》乐，很长时间尝不出肉味，他说，"想不到欣赏音乐竟到了这种境界。"

子曰："加①我数年，五十以学《易》②，可以无大过矣。"（《述而·17》）

── 注释 ──

①加：通"假"字，给予的意思。
②易：指《周易》，古代一部用以占筮的书，其中的卦辞和爻辞是孔子以前的作品。孔子读此书不用来占卜，却当作人生哲理的书来读，因此才说："五十以学《易》，可以无大过矣。"

── 译文 ──

孔子说："再给我几年时间，到五十岁学习《易》，便可以没有大的过错了。"

子所雅言①，《诗》、《书》、执礼，皆雅言也。（《述而·18》）

── 注释 ──

①雅言：正言，当时中国所通用的语言，犹今之普通话，在当时被称作"雅言"。春秋时代各国语言不能统一，不但可以想象得到，即从古书中也可以找到证明。孔子平时谈话时用鲁国的方言，但在诵读《诗》、

《书》和行礼时,则用普通话。另有一说为夏言,雅与"夏"通假,"雅言"即"夏言"。周、夏统治中心相近,故周代以夏音(今陕西一带)为官方通用语言。

-- 译文 --

孔子有用普通话的时候,读《诗》、读《书》、行礼,都用普通话。

子曰:"三①人行,必有我师焉:择其善者而从之,其不善者而改之。"②(《述而·22》)

-- 注释 --

①三:非实指。

②子贡说孔子没有特定的老师(《子张·22》"夫子焉不学?而亦何常师之有?")意思就是随处都有老师,和这章可以互相证明。老子说:"善人,不善人之师;不善人,善人之资。"未尝不是这个道理。

-- 译文 --

孔子说:"几个人一起走路,其中一定有我可以师法的:选择那些好的地方而师从,那些不好的地方且我也有的就改正。"

子曰:"盖有不知而作之者,我无是也。多闻,择其善者而从之;多见而识之;知之次①也。"(《述而·28》)

-- 注释 --

①次:《论语》的"次"一共用了八次,都是当"差一等"、"次一等"讲。《季氏·9》云:"孔子曰:'生而知之者,上也;学而知之者,次也。'"这里的"知之次也"正是"学而知之者,次也"的意思。孔子自己也说他是学而知之(好古,敏以求之)的人。

-- 译文 --

孔子说:"大概有一种自己不懂却凭空造作的人,我没有这种毛病。多听,选择其中好的加以接受;多看,然后记在心里。这样的知,是仅次于'生而知之'的。"

子曰:"三年学,不至①于谷②,不易得也。"(《泰伯·12》)

—— 注释 ——

①至：和《雍也·7》"回也其心三月不违仁，其余则日月至焉而已矣"的"至"用法相同，指意念之所至。或说，同"志"，想到。

②谷：古代以谷米为俸禄（作用相当于今日的工资），所以"谷"有"禄"的意义。《宪问·14》的"邦有道，谷；邦无道，谷。"的"谷"正与此同。

—— 译文 ——

孔子说："读书三年并不存做官的念头，这是难得的。"

子曰："师挚之始①，《关雎》之乱②，洋洋乎盈耳哉！"（《泰伯·15》）

—— 注释 ——

①师挚之始："始"是乐曲的开端，古代奏乐，开始叫"升歌"，一般由太师演奏。师挚是鲁国的太师，名挚。由他演奏，所以说"师挚之始"。

②《关雎》之乱："始"是乐的开端，"乱"是乐的结束。由"始"到"乱"，叫作"一成"。"乱"是合乐，犹如今日之合唱。当合奏之时，奏《关雎》乐章，所以叫"《关雎》之乱"。

—— 译文 ——

孔子说："当太师挚开始演奏的时候，当结尾演奏《关雎》之曲的时候，美妙动听的音乐充满了耳朵啊！"

子曰："学如不及①，犹恐失之。"（《泰伯·17》）

—— 注释 ——

①不及：赶不上，形容其急迫。

—— 译文 ——

孔子说："做学问好像生怕赶不上，（赶上了）又怕丢掉了。"

子曰："可与共学，未可与适道①；可与适道，未可与立②；可与立，未可与权③。"（《子罕·30》）

—— 注释 ——

①适道：适，往。这里是志于道，追求道的意思。

②立：坚持道而不变。
③权：秤锤。这里引申为权衡轻重，按照不同情况灵活处理。

-- 译文 --

孔子说："能够同他一起学习的人，未必能够同他一起学到道；能够同他一起学道的人，未必能够同他一起坚守道；能够同他一起坚守道的人，未必能够同他一起通权达变。"

入太庙①**，每事问。**(《乡党·21》)

-- 注释 --

①太庙：古代开国之君叫太祖，太祖之庙叫太庙。周公旦是鲁国最初受封之君，此太庙即周公庙。

-- 译文 --

孔子到了周公庙，每件事都要向别人请教学习。

子曰："博学于文①**，约**②**之以礼，亦可以弗畔**③**矣夫**④**！"**(《颜渊·15》)

-- 注释 --

①文：指六艺等文献。
②约：约束。
③畔：同"叛"，背叛。
④矣夫：语气词，表示较强烈的感叹。

-- 译文 --

孔子说："广泛地学习文献，又用礼来约束自己，也就可以不离经叛道了。"

子曰："诵《诗》三百，授之以政，不达①**；使于四方，不能专对**②**；虽多，亦奚以为**③**？"**(《子路·5》)

-- 注释 --

①达：通达。这里是会运用的意思。
②不能专对：不能独立应对。古代的使节，只接受使命，至于如何去交涉应对，只能随机应变，独立行事，更不能事事请示或者早就在国内一切安

排好，这便叫作"受命不受辞"，也就是这里的"专对"。同时春秋时代的外交酬酢和谈判，多半用背诵诗篇来代替语言（《左传》里充满了这种记载），所以《诗》是外交人员的必读书。

③亦奚以为：以，动词，用。为，表疑问的语气词，但只跟"奚"、"何"诸字连用，如"何以文为"、"何以伐为"。

-- 译文 --

孔子说："熟读《诗经》三百篇，交给他政务，却办不通；让他出使外国，不能独立应对；即使读得多，又有什么用呢？"

子曰："古之学者为己，今之学者为人①。"（《宪问·24》）

-- 注释 --

①"为己"与"为人"：荀子曰："入乎耳，著乎心，为己也。入乎耳，出乎口，为人也。为己，履道而行；为人，徒能言之。""为己"的"为"，动词，音 wéi，"做"。"为己"即修己的意思。"为人"的"为"，介词，音 wèi，"为了"。"为人"即为了让别人看，犹如孟子所谓"人之患在好为人师"也。本章含义自古就争论不休。在此采用了荀子《劝学篇》的解释。

-- 译文 --

孔子说："古代学者的目的在修养自己的学问道德，现代学者的目的却在装饰自己，给别人看。"

子曰："赐也，女以予为多学而识①之者与？"对曰："然，非与②？"曰："非也，予一以贯之③。"（《卫灵公·3》）

-- 注释 --

①识：同"志"，记忆，记住。孔子常教弟子博学于文，弟子遂疑孔子当是多学而记识在心者，故孔子试以此为问。

②与：疑问词"欤"。

③一以贯之：贯，贯穿。这和《里仁·15》篇的"夫子之道，忠恕而已矣"的"一贯"相同。从这里可以看出，子贡他们所重视的，是孔子的博学多才，因之认为他是"多学而识之"；而孔子自己所重视的，则在于他的以忠恕之道贯穿于其整个学行之中。

-- 译文 --

孔子说:"赐啊!你以为我是博学而强记的人吗?"子贡答道:"是啊,不是吗?"孔子说:"不是的,我是用一个根本的东西把它们贯彻始终的。"

子曰:"吾尝终日不食,终夜不寝,以思,无益,不如学也①。"(《卫灵公·31》)

-- 注释 --

①以思,无益,不如学也:以,连词,用法相当于"而"。学如日,静居而独思则如火。舍学而思,譬犹去日之明于庭,而就火之光于室,可以小见,不可以大知。故君子贵乎乐群而敬学,不贵离群而独思。

-- 译文 --

孔子说:"我曾经整天不吃,彻夜不睡,去想,没有好处,不如去学习的好。"

子曰:"君子谋道不谋食。耕也,馁①在其中矣;学也,禄②在其中矣。君子忧道不忧贫。"(《卫灵公·32》)

-- 注释 --

①馁:音 něi,饥饿。耕以谋食,亦有饥饿之患。学以谋道,亦有禄仕之获。
②禄:做官的俸禄。

-- 译文 --

孔子说:"君子谋求学道行道,不谋求衣食。耕田,也常要饿肚子;学习,可以得到俸禄。君子只担心道不能明、不能行,不担心贫穷。"

孔子曰:"生而知之①者上也,学而知之者次②也;困而学之,又其次也;困而不学,民③斯为下矣。"(《季氏·9》)

-- 注释 --

①生而知之:谓不学而能也。
②次:在排列上次一等。
③民:老百姓。孔子把人分成"生而知之"、"学而知之"、"困而学之"、"困而不学"四等。他承认有"生而知之",这是不正确的,反映了他认识的

局限。但总的精神他还是强调学习的重要性。

── 译文 ──

孔子说:"生来就知道的人,是上等人;经过学习以后才知道的,是次一等的人;遇到困难再去学习的,又是再次一等的人;遇到困难还不学习的人,老百姓就是这种最下等的人了。"

子曰:"性①相近也,习相远②也。"(《阳货·2》)

── 注释 ──

①性:《公冶长·13》:"夫子之言性与天道,不可得而闻也。"整部《论语》,孔子谈到性的,只有这一章,而且仅仅说到其相近。孟子始发性善说,荀子又发性恶说以抗孟子。本章孔子责习不责性,以勉人为学。

②远:差别程度大。

── 译文 ──

孔子说:"人的性情本来是相近的,由于后天的习染不同导致差别变大。"

子曰:"由也!女闻六言①六蔽矣乎?"对曰:"未也。"
"居②!吾语女。好仁不好学③,其蔽④也愚⑤;好知不好学,其蔽也荡⑥;好信不好学,其蔽也贼⑦;好直不好学,其蔽也绞⑧;好勇不好学,其蔽也乱;好刚不好学,其蔽也狂。"(《阳货·8》)

── 注释 ──

①言:这个"言"字和"有一言而可以终身行之"(《卫灵公·24》)的"言"相同,名曰"言",实是指"德"。"一言",孔子拈出"恕"字;"六言",孔子拈出"仁"、"知"、"信"、"直"、"勇"、"刚"六字。后代"五言诗"、"七言诗"以一字为"言"之义盖本于此。

②居:坐。古人对长者问,必起立,孔子命其还坐而告之。

③好仁不好学:好者,闻其风而悦之,不学则不能深究其所以之道,故必有所弊。

④蔽:同"弊",弊病。

⑤愚:受人愚弄。朱熹《集注》云:"愚若可陷可罔之类。"

⑥荡:放荡。孔安国云:"荡,无所适守也。"

⑦贼:伤害。管同《四书纪闻》云:"大人之所以不必信者,惟其为学而

知义之所在也。苟好信不好学，则惟知重然诺而不明事理之是非，谨厚者则硁硁为小人；苟又挟以刚勇之气，必如周汉刺客游侠，轻身殉人，扞文网而犯公义，自圣贤观之，非贼而何？"这是根据春秋侠勇之士的事实，又根据儒家明哲保身的理论所发的议论，似乎近于孔子本意。

⑧绞：说话尖刻。

-- 译文 --

孔子说："仲由！你听说过六种品德和六种弊病吗？"子路回答说："没有。"

孔子说："坐下！我告诉你。爱好仁德而不爱好学习，它的弊病是容易受人愚弄；爱耍聪明而不爱好学习，它的弊病是行为放荡；爱好诚信而不爱好学习，它的弊病是（容易被人利用，反而）伤害了自己；爱好直率而不爱好学习，它的弊病是说话尖刻；爱好勇敢而不爱好学习，它的弊病是捣乱闯祸；爱好刚强而不爱好学习，它的弊病是狂妄自大。"

子曰："小子何莫学夫《诗》？《诗》，可以兴①，可以观②，可以群③，可以怨④。迩⑤之事父，远之事君；多识于鸟兽草木之名。"（《阳货·9》）

-- 注释 --

①兴：激发感情的意思。一说是诗的比兴。
②观：观察了解天地万物与人间万象。
③群：合群。
④怨：讽谏上级，怨而不怒。
⑤迩：音ěr，近。

-- 译文 --

孔子说："学生们为什么不学习《诗》呢？学《诗》可以激发感情，可以提高观察力，可以使你懂得合群，可以使你懂得如何讽谏上级。近可以用来事奉父母，远可以用来事奉君主；还可以多知道一些鸟兽草木的名称。"

子谓伯鱼①曰："女为②《周南》、《召南》③矣乎？人而不为《周南》、《召南》，其犹正墙面而立④也与？"（《阳货·10》）

-- 注释 --

①伯鱼：孔子的儿子，名鲤字伯鱼，孔子得子的时候，鲁国国君赠给他

一条鲤鱼作为贺礼，孔鲤因此得名。

②为：学。

③《周南》、《召（shào）南》：《诗经·国风》中头两篇的篇名。马融说："《周南》、《召南》……三纲之首，王教之端。"朱熹说："所言皆修身齐家之事。"

④正墙面而立：面向墙壁站立，比喻什么也看不见。朱熹云："言即其至近之地，而一物无所见，一步不可行。"

-- 译文 --

孔子对伯鱼说："你学习《周南》、《召南》了吗？一个人如果不学习《周南》、《召南》，那就像面正对着墙壁而站着吧？"

子夏曰："日知其所亡①，月无忘其所能，可谓好学也已矣。"（《子张·5》）

-- 注释 --

①亡：同"无"，没有。

-- 译文 --

子夏说："每天能知道一些过去所不知道的东西，每月都不能忘记已经学会的东西，这就可以叫作好学了。"

子夏曰："百工居肆①以成其事，君子学以致②其道。"（《子张·7》）

-- 注释 --

①百工居肆：百工，各行各业的工匠。肆，古代社会官府制作物品的作坊。
②致：达到。

-- 译文 --

子夏说："各行各业的工匠住在作坊里来完成自己的工作，君子通过学习来获得那个道。"

子游曰："子夏之门人小子①，当洒扫②应对进退③，则可矣，抑④末也。本⑤之则无，如之何？"

子夏闻之，曰："噫！言游过矣！君子之道，孰先传焉？孰后倦⑥焉？譬诸草木，区以别矣。君子之道，焉可诬⑦也？有始有卒⑧者，其惟圣人乎！"（《子张·12》）

-- 注释 --

①门人小子：学生们。

②洒扫：洒水、扫地，即打扫、收拾房间之类。

③应对进退：分别指接待宾客时的问答、进退等仪节。

④抑：连词，表示转折。这里是"可是、不过"的意思。

⑤本：根本，指先王之道。这里用作动词，探求其根本。

⑥倦：如诲人不倦的倦，这里指教诲。谓君子之道，传于人，宜有先后之次第，宜先则先，宜后则后。

⑦诬：欺骗。是说如果不循序渐进，一概以高深的道理教人，就是欺骗学生。

⑧有始有卒：君子教人有序，先传于近小，后教以远大。所谓循循善诱。

-- 译文 --

子游说："子夏的学生，做些打扫、接待客人、应对进退的事情是可以的，不过这只是末节罢了。若探讨先王之道，就不行了，这怎么能行呢？"

子夏听了这话，说："唉！子游说错了！君子之道，哪些先传授呢？哪些后教诲呢？这就像草和木一样，都是分类区别的。君子之道怎么可以欺骗学生呢？能按次序有始有终地传授给学生们的，恐怕只有圣人吧！"

子夏曰："仕而优①则学，学而优则仕②。"（《子张·13》）

-- 注释 --

①优：有余力。许慎《说文解字》："优，饶也。""优"的本义就是充足、宽裕。《学而·6》中"行有余力，则以学文"与之含义相似。

②仕：做官。仕与学，所事异，所志同。仕而学，所以资其仕者益深。学而仕，所以验其学者益广。

-- 译文 --

子夏说："仕者有余力宜去学习，学者有余力宜去做官。"

五、论 人

（一）识人

子曰："视其所以①，观其所由②，察其所安③。人焉廋哉④？人焉廋哉？"（《为政·10》）

-- 注释 --

①以：可以当"与"讲，和《微子·6》"而谁以易之"的"以"同义。也可以当"为"讲，"视其所以"即《大戴礼·文王官人篇》的"考其所为"。

②由："由此行"的意思。《学而·12》的"小大由之"，《雍也·14》的"行不由径"，《泰伯·9》的"民可使由之"的"由"都是这个意思。"所由"是指所经由的道路。

③安：人对于某事的心情、意志。意同《阳货·21》孔子对宰予说的"女安，则为之"的"安"。一个人未尝不错做一两件坏事，如果因此而心不安，仍不失为好人。

④人焉廋哉：焉，何处；廋，音 sōu，隐藏，藏匿。《史记·魏世家》述说李克的观人方法是"居视其所亲，富视其所与，达视其所举，穷视其所不为，贫视其所不取。"与此意接近。

-- 译文 --

孔子说："考查一个人所结交的朋友；观察他为达到一定目的所采用的方式方法；了解他的心情，安于什么，不安于什么。那么，这个人怎么能隐藏得住呢？这个人怎么能隐藏得住呢？"

子曰："狂①而不直，侗②而不愿③，悾悾④而不信，吾不知之矣。"（《泰伯·16》）

-- 注释 --

①狂：狂妄。
②侗：音 tóng，幼稚无知。

③愿：谨慎，老实。

④悾悾：音 kōng，同"空"。有两解：一是无知无能，二是诚实。此为前者。

-- 译文 --

孔子说："狂妄而不直率，幼稚而不老实，无能而不讲信用，我真不知道这种人为什么会是这个样子。"

子曰："论笃是与①，君子者乎？色庄②者乎？"（《先进·21》）

-- 注释 --

①论笃是与：这是"与论笃"的倒装形式，"是"为帮助倒装所用之词。论，言论。笃，诚恳，忠实。与，赞许。意思是对说话笃实诚恳的人表示赞许。

②色庄：伪装脸色庄重。

-- 译文 --

孔子说："赞许言论忠实的人，但要辨别他是真正的君子呢？还是神情上伪装庄重的人呢？"

子贡问曰："乡人皆好之，何如？"子曰："未可也①。"

"乡人皆恶之，何如？"子曰："未可也；不如乡人之善者好之，其不善者恶之。"（《子路·24》）

-- 注释 --

①未可也：孔子对人的评价，不以众人的好恶为依据，而是以善恶为依据。如果一乡之人皆好之，便近乎所谓好好先生，孔、孟叫他为"乡愿。"因之孔子便说："众好之，必察焉；众恶之，必察焉。"（《卫灵公·28》）又说，"唯仁者能好人，能恶人。"（《里仁·3》）这一观点对于我们今天如何考察人，如何听取群众意见，都有可贵的借鉴之处。

-- 译文 --

子贡问："全乡人都喜欢他，这个人怎么样？"孔子说："不可以。"

子贡又问："全乡人都厌恶他，这个人怎么样？"孔子说："不可以。不如全乡的好人都喜欢他，全乡的坏人都厌恶他。"

子曰:"不逆诈①,不亿②不信,抑亦先觉者,是贤乎!"(《宪问·31》)

-- 注释 --

①逆诈:事先猜疑别人存心欺诈。逆,本意是迎接的意思。
②亿:同"臆",主观地臆测。

-- 译文 --

孔子说:"不事先猜疑别人的欺诈,也不无根据地猜测别人不诚实,但对别人的欺诈和不诚实却能事先觉察,这就是贤人吧!"

子曰:"不曰'如之何①,如之何'者,吾末②如之何也已矣。"(《卫灵公·16》)

-- 注释 --

①如之何:怎么办。"如之何,如之何"表示深思熟虑。"不曰如之何",不说怎么办,即是说不动脑筋,拿不出具体办法。《荀子·大略篇》说:"天子即位,上卿进曰,如之何,忧之长也。"则说如之何的,便是深忧远虑的人。
②末:无,这里指没有办法。其人不知深思熟虑,虽圣人亦不知其人何也。

-- 译文 --

孔子说:"一个人遇事不想想'怎么办,怎么办'的人,我对他也不知怎么办才好。"

子曰:"众恶之,必察焉①;众好之,必察焉。"(《卫灵公·28》)

-- 注释 --

①必察焉:《子路·24》:"子贡问曰:'乡人皆好之,何如?'子曰:'未可也。''乡人皆恶之,何如?'子曰:'未可也。不如乡人之善者好之,其不善者恶之。'"可以和这段话互相发明。

-- 译文 --

孔子说:"大家都厌恶他,一定要去考察;大家都喜欢他,也一定要去考察。"

子曰:"古者民有三疾①,今也或是之亡②也。古之狂③也肆④,今之狂也

荡⑤；古之矜也廉⑥，今之矜也忿戾⑦；古之愚也直，今之愚也诈而已矣。"（《阳货·16》）

-- 注释 --

①疾：病。这里引申为缺点。

②亡：同"无"。

③狂：志愿太高。

④肆：任意直言，不拘礼节。

⑤荡：放荡不羁，不守礼。

⑥矜也廉：骄傲而不可触犯。廉，"廉隅"的廉，本义为器物的棱角，这里指为人有棱角，严厉。

⑦忿戾：火气太大，蛮横不讲理。忿，同"愤"。

-- 译文 --

孔子说："古人有三种毛病，现在或许连这也没有了。古代的狂者任意直言，现在的狂者就放荡不羁了；古代矜持的人为人严厉难以接近，现在矜持的人就常发怒和蛮不讲理；古代愚笨的人是直率，现在愚笨的人却是欺诈啊！"

子曰："巧言①令色，鲜矣仁②。"（《阳货·17》）

-- 注释 --

①巧言：花言巧语；令色：伪善的面貌。朱熹《注》曰："好其言，善其色，致饰于外，务以说人，则人欲肆而本心之德亡矣。"巧和令都是美好的意思，但此处应释为装出和颜悦色的样子。此章言简意赅，却是修身做人之借鉴，识人用人所必知。

②鲜矣仁：为"仁鲜矣"的倒装句，谓语提前。鲜，少的意思。

-- 译文 --

孔子说："花言巧语，面目伪善，这样的人仁德一定是很少的。"

（二）用人

哀公①问曰："何为则民服?"孔子对曰②："举直错诸枉③，则民服；举枉错诸直，则民不服。"（《为政·19》）

-- 注释 --

①哀公：鲁国国君，姓姬名蒋，定公之子，继定公而即位，在位二十七

年（公元前494——466年），"哀"是其谥号。

②对曰：《论语》的行文体例是，臣下对答君上的询问一定用"对曰"，这里孔子答复鲁君之问，故用"对曰"，以表示尊敬。

③举直错诸枉：举，任用。直，正直。错，同"措"，放置其上。诸，"之于"的合音。枉，邪恶，指邪恶的人。举措乃人君之大权，然举措有道，民之所服于君者，在道不在权。孔子论政，仍重德化。人君能举直而置之枉之上，不仅直者服，枉者亦服。喜直恶枉，乃人心共有之美德。人君能具此德，人自服而化之。此亦古今通义，非迂阔之言。

-- 译文 --

鲁哀公问："怎样做才能使百姓服从呢？"孔子回答说："把正直的人提拔起来，放在邪曲的人之上，老百姓就服从了；若把邪曲的人提拔起来，放在正直的人之上，老百姓就会不服从。"

子谓颜渊曰："用之则行，舍之则藏①，惟我与尔有是夫②！"

子路曰："子行三军③，则谁与④？"

子曰："暴虎冯河⑤，死而无悔者，吾不与也。必也临事而惧，好谋而成者也。"（《述而·11》）

-- 注释 --

①舍之则藏：舍，同"捨"，舍弃，不用。藏，隐藏。有用我者，则行此道于世；不能有用我者，则藏此道在身。

②有是夫：能做到这样吧。是，代指"用之则行，舍之则藏。"夫，语气词，相当于"吧"。

③行三军：行，行军打仗。"行"字古人用得很活，行军犹言行师。《易经·谦卦·上六》云："利用行师征邑国"，又《复卦·上六》："用行师终有大败"，行师似有出兵之意。这种活用，一直到中古都如此。如"子夜歌"的"欢行白日心，朝东暮还西。"三军，是当时大国所有的军队，每军约一万二千五百人。

④与：动词，偕同的意思。子路好勇，看见孔子夸奖颜渊，便发此问。

⑤暴虎冯河：徒手搏虎曰暴虎。徒足涉河曰冯河。冯，音píng，同"凭"，依靠的意思。"冯河"两字最初见于《易·泰卦·爻辞》，又见于《诗·小雅·小旻》。"暴虎"也见于《诗经·郑风·大叔于田》和《小雅·小旻》，可见都是很早就有的俗语。"河"不一定是专指黄河，古代也有用作通

名，泛指江河的。

-- 译文 --

孔子对颜渊说："用我呢，就去干；不用呢，就隐藏起来，只有我和你才能这样吧！"

子路问："老师您若率领军队，找谁共事？"

孔子说："赤手空拳和老虎搏斗，徒步涉水过河，死了都不会后悔的人，我是不会和他在一起共事的。我要找的，一定是面临任务便恐惧谨慎，善于谋划而能完成的人。"

子曰："先进[1]于礼乐，野人[2]也；后进于礼乐，君子[3]也。如用之，则吾从先进。"（《先进·1》）

-- 注释 --

[1]先进、后进：孔子是主张"学而优则仕"的人，对于当时的卿大夫子弟，承袭父兄的庇荫，在做官中去学习的情况可能不满意。《孟子·告子下》引葵丘之会盟约说，"士无世官"，又说，"取士必得"，那么，孔子所谓"先进"一般指"士"，先学习礼乐而后再做官的人。后进，先做官后学习礼乐的人。

[2]野人：有三种解释：一说指不曾做官、没有爵禄的人，见刘宝楠《论语正义》；一说指朴野之人，见邢昺《论语注疏》；一说指郊外之民，见朱熹《论语集注》。在此指第一种观点。

[3]君子：君子在古代主要有两种含义：一为有位者，一为有德者，这里指前者，即那些拥有世袭爵位的卿大夫子弟。

-- 译文 --

孔子说："先学习礼乐而后再做官的人，是（原来没有爵禄的）一般人；先当了官而后再学习礼乐的人是卿大夫子弟。如果要我选用人才，我主张选用先学习礼乐的人。"

仲弓为季氏宰，问政。子曰："先有司[1]，赦小过，举贤才。"

曰："焉知贤才而举之？"子曰："举尔所知；尔所不知，人其舍诸[2]？"（《子路·2》）

-- 注释 --

[1]有司：古代负责具体事务的官吏。

②诸："之乎"二字的合音。

-- 译文 --

仲弓做了季氏的家臣，问怎样管理政事。孔子说："给工作人员带头，不计较他们的小过错，选拔优秀人才。"

仲弓又问："怎样才能知道谁是贤才而选拔他呢？"孔子说："选拔你所知道的；至于你所不知道的，别人难道会舍弃他们吗？"

子曰："君子易事①而难说②也。说之不以道，不说也；及其使人也，器之③。小人难事而易说也。说之虽不以道，说也；及其使人也，求备焉。"（《子路·25》）

-- 注释 --

①易事：容易与他共事。《说苑·雅言篇》说："曾子曰，'夫子见人之一善而忘其百非，是夫子之易事也'。"这话可以作"君子易事"的一个说明。或说易于服侍。取前义。

②难说：难于取得他的欢喜。说，同"悦"。

③器之：按其材器来用他，量才使用。

-- 译文 --

孔子说："在君子手下工作容易，但很难讨他的欢喜。不按正道去讨他的喜欢，他是不会喜欢的。但他用人的时候，却能量才使用。在小人手下工作难，而讨他的欢喜却容易。你只要讨好他，尽管不按正道，他也喜欢；但等到他用人时，却是求全责备。"

子曰："为命①，裨谌②草创之，世叔③讨论④之，行人⑤子羽⑥修饰⑦之，东里⑧子产润色之。"（《宪问·8》）

-- 注释 --

①为命：拟定外交辞令。《左传》襄公三十一年云："郑国将有诸侯之事，子产乃问四国之为于子羽，且使多为辞令，与裨谌乘以适野，使谋可否，而告冯简子使断之。事成，乃授子太叔使行之，以应对宾客，是以鲜有败事。"可与《论语》此文相参校。《左传》所讲的过程和《论语》此文虽然有些出入，但主题是相同的，"命"指"外交辞令"，不做一般的政令讲。

②裨谌：音 bì chén，人名，郑国的大夫，见《左传》。

③世叔：即《左传》的子太叔（古代，"太"和"世"两字通用），名游吉，郑国的大夫。子产死后，继子产为郑国宰相。

④讨论：意义和今天的"讨论"不同，这是一个人去研究而后提意见的意思。讨，探究。论，讲论。

⑤行人：官名，掌出使之官，即外交官。

⑥子羽：郑国大夫公孙挥的字。

⑦修饰：修，修削；饰，增饰。此谓增减其字句，使辞令大意更加适宜。

⑧东里：地名，今在郑州市，郑国大夫子产居住的地方。

-- 译文 --

孔子说："郑国拟定一项外交辞令，裨谌起草，世叔讨论内容，外交官子羽修饰字句，东里子产辞藻上加以润色。"

子曰："可与言而不与之言，失①人；不可与言而与之言，失言。知②者不失人，亦不失言。"（《卫灵公·8》）

-- 注释 --

①失：失人的失作"错过"讲，失言的失作"过失"讲。

②知：同"智"。

-- 译文 --

孔子说："可以同他讲却不同他讲，这是错过了人才；不可以同他讲却同他讲了，这是说错了话。有智慧的人既不错过人，又不说错话。"

子曰："君子不可小知①而可大受②也，小人不可大受而可小知也。"（《卫灵公·34》）

-- 注释 --

①小知：有两种解释：其一，知是被人所知，君子在小事上未必可观，小人未必无一长可取。其二，用小事考验。君子不可用小事考验，小人可以用小事考验。

②大受：承担大任。

-- 译文 --

孔子说："君子不能用小事情考验他，但可以接受重大使命；小人不能接受重大使命，但可以用小事情考验他。"

子曰:"道①不同,不相为谋②。"(《卫灵公·40》)

-- 注释 --

①道:学术,主张。以"道"作为选择朋友的标准。
②谋:谋划,谋事。与《子路·32》"君子谋道不谋食"中的"谋"大致相同。

-- 译文 --

孔子说:"主张不同,不互相商议。"

周公①谓鲁公曰:"君子不施②其亲,不使大臣怨乎不以③。故旧无大故,则不弃也。无求备于一人!"(《微子·10》)

-- 注释 --

①周公、鲁公:周公,周公旦,孔子心目中的圣人。鲁公是他的儿子伯禽,封于鲁。伯禽受封之鲁,而周公告诫之。
②施:同"弛",怠慢、疏远。
③以:用。

-- 译文 --

周公对鲁公说:"君子不怠慢他的亲族,不让大臣抱怨没被信用。旧友老臣没有发生严重过失,就不要抛弃他们。不要对某一人求全责备!"

(三)交人

子曰:"晏平仲①善与人交,久而敬之②。"(《公冶长·17》)

-- 注释 --

①晏平仲:春秋时齐国贤大夫,名婴,"平"是他的谥号。《史记》卷六十二有他的传记。现在所传的《晏子春秋》,是西汉以前的书。
②久而敬之:之字有两种解释:一、指晏平仲。《魏著作郎韩显宗墓志》"善与人交,人亦久而敬焉",即本《论语》,别本《论语》亦作"久而人敬之"。二、指晏平仲所交的人,译文则为:"相交越久,越发恭敬别人。"取前者。

-- 译文 --

孔子说:"晏平仲善于与人交朋友,交往越久,别人越发尊敬他。"

子曰："法语之言①，能无从乎？改之为贵。巽与之言②，能无说③乎？绎④之为贵。说而不绎，从而不改，吾末⑤如之何也已矣。"（《子罕·24》）

-- 注释 --

①法语之言：法，法则。语，告诫。这里指以礼法规则正言告诫。

②巽与之言：巽，音 xùn，恭顺，谦逊。与，称许，赞许。这里指恭顺赞许的话。

③说：音 yuè，同"悦"。

④绎：原义为"抽丝"，这里指分析条理。

⑤末：没有。见教在人而学在己，人纵善教，己不善学，则教者亦无如之何。

-- 译文 --

孔子说："正言告诫的话，能不接受吗？改正错误才可贵。恭顺赞许的话，能不高兴吗？分析一下才可贵。只是高兴而不去分析，只是听从而不去改正，对这种人我是没有什么办法了。"

子曰："主忠信①，毋②友③不如己④者，过⑤则勿惮⑥改。"⑦（《子罕·25》）

-- 注释 --

①主忠信：以忠信为主。主，以……为主。

②毋："不要"的意思。

③友：动词，交友。

④不如己：一般解释为不如自己。另一种解释说，"不如己者：不类乎己，所谓'道不同不相为谋'也。"把"如"解释为"类似"。今取前者。与不如己者交友，无益有损。或说：人若各求胜己者为友，则胜于我者亦将不与我为友，是不然。师友皆所以辅仁进德，故择友如择师，必择其胜我者。能具此心，自知见贤思齐，择善固执，虚己向学，谦恭自守，贤者亦必乐与我友矣。

⑤过：过错，过失。

⑥惮：音 dàn，害怕，畏惧。

⑦此章重出，见《学而·8》。

-- 译文 --

孔子说："行事要以忠信为主，不要跟不如自己的人交朋友。有了过错，不要怕改。"

朋友①死，无所归②，曰："于我殡③。"（《乡党·22》）

-- 注释 --

①朋友：指与孔子志同道合的人。
②无所归：无亲属可归。
③殡：停放灵柩和埋葬都可以叫殡，这里是泛指丧葬事务。《礼记·檀弓》："宾客至，无所馆，夫子曰：'生于我乎馆，死于我乎殡。'"此与本节所记当属一事。《檀弓》曰"宾客"，言其来自他乡。本节言"朋友"，言其与孔子有素。当是其人病危，孔子呼而馆之，谓病中馆我处，死亦殡我处。本节特记所重，故单言"于我殡"。此见孔子于朋友，仁至而义尽，然亦非如后世任侠好行其德之比。

-- 译文 --

客死他乡的朋友，没有负责收殓的人，孔子说："丧事由我来办吧。"

朋友之馈，虽车马，非祭肉，不拜①。（《乡党·23》）

-- 注释 --

①非祭肉，不拜：朋友有通财之义，故虽车马之重可不拜。惟馈祭肉则拜者，敬其祖考，同若己亲。

-- 译文 --

朋友馈赠物品，除了祭肉，即使是车马贵物，（孔子在接受时）都不行礼。

子贡问友。子曰："忠告①而善道②之，不可则止，毋自辱焉。"（《颜渊·23》）

-- 注释 --

①告：告诫，劝告。
②道：同"导"，劝导，引导。友有非，不可不告，然必出于对友之忠忱，又须能善为劝导。

-- 译文 --

子贡问对待朋友的方法。孔子说："忠心地劝告他，好好地劝导他，如果不听也就罢了，不要自取其辱。"

曾子曰："君子以文会友，以友辅①仁。"（《颜渊·24》）

-- 注释 --

①辅：辅助，帮助。

-- 译文 --

曾子说："君子以文章学问来结交朋友，依靠朋友帮助自己培养仁德。"

子曰："不得中行①而与之，必也狂狷②乎！狂者进取，狷者有所不为也。"（《子路·21》）

-- 注释 --

①中行：行为合乎中庸的人。
②狂狷：狂，志大激进而不能完全做到的人。狷，音 juàn，拘谨，有所不为，不与不良现象同流合污。《孟子·尽心篇下》有一段话可以为本文的解释："孟子曰：'孔子不得中道而与之，必也狂獧（同"狷"）乎！狂者进取，獧者有所不为也。孔子岂不欲中道哉？不可必得，故思其次也。''敢问何如斯可谓狂矣？'（此万章问词，下同。）曰：'如琴张、曾皙、牧皮者，孔子之所谓狂矣。'何以谓之狂也？'曰：'其志嘐嘐然，曰：古之人！古之人！夷考其行而不掩焉者也。狂者又不可得，欲得不屑不洁之士而与之，是獧也，是又其次也。'"孟子所谓中道，即中行，行得其中。孟轲这话未必尽合孔子本意，但可备参考。

-- 译文 --

孔子说："我找不到奉行中庸之道的人和他交往，那一定要交到狂者、狷者了吧！狂者积极进取，狷者也不肯做坏事。"

子路问曰："何如斯可谓之士矣？"子曰："切切偲偲①，怡怡②如也，可谓士矣。朋友切切偲偲，兄弟怡怡。"（《子路·28》）

-- 注释 --

①切切偲偲：互相恳切批评勉励的样子。偲，音 sī。
②怡怡：和顺貌，和气顺从的样子。怡，音 yí。

── 译文 ──

子路问道:"怎样才可以称为士呢?"孔子说:"互相批评,和睦共处,可以算是士了。朋友之间互相批评,兄弟之间和睦共处。"

孔子曰:"益者三友①,损者三友。友直,友谅②,友多闻,益矣。友便辟③,友善柔④,友便佞⑤,损矣。"(《季氏·4》)

── 注释 ──

①友:动词,交友。

②谅:《说文》:"谅,信也。""谅"和"信"有时意义相同,这里便如此。有时意义有别。如《宪问·17》"岂若匹夫匹妇之为谅也"的"谅"只是"小信"的意思。

③便辟:惯于装饰外表而内无真诚,与友谅之谅正相反。辟,同"僻"。

④善柔:善于和颜悦色骗人,与友直之直正相反。工于媚悦者必不能守直道。

⑤便佞:惯于花言巧语,非有学问,与多闻正相反。便字或作"谝"(piǎn),即巧言。

── 译文 ──

孔子说:"有益的交友有三种,有害的交友有三种。同正直的人交友,同诚信的人交友,同见闻广博的人交友,这是有益的。同惯于装饰外表的人交友,同善于阿谀奉承的人交友,同惯于花言巧语的人交友,这是有害的。"

孔子曰:"益者三乐,损者三乐。乐节礼乐①,乐道人之善,乐多贤友,益矣。乐骄乐②,乐佚游③,乐宴乐④,损矣。"(《季氏·5》)

── 注释 ──

①节礼乐:孔子主张用礼乐来节制、调节人的言行,使之达到中和的要求。

②骄乐:骄纵不知节制的乐。

③佚游:即游荡。佚,同"逸"。

④宴乐:沉溺于饮酒作乐。

── 译文 ──

孔子说:"有益的快乐有三种,有害的快乐有三种。以礼乐调节自身为快乐，以称道别人的好处为快乐，以有许多贤德之友为快乐，这是有益的。以骄肆为快乐，以游荡为快乐，以饮食荒淫为快乐，这是有害的。"

子曰："唯女子与小人①为难养也，近之则不孙②，远之则怨。"（《阳货·25》）

-- 注释 --

①女子、小人：指家中仆妾，故称养。妾比仆近，故女子在小人前。待之近，则狎而不逊；远，则怨恨必作。善御仆妾，亦齐家之一事。

②孙：同"逊"，逊让。

-- 译文 --

孔子说："只有家里的妾侍和仆人最难养。亲近了，他们会无礼；疏远了，他们会怨恨。"

子夏之门人问交①于子张。子张曰："子夏云何？"

对曰："子夏曰：'可者与②之，其不可者拒③之。'"

子张曰："异乎吾所闻：君子尊贤而容众，嘉④善而矜⑤不能⑥。我之大贤与，于人何所不容？我之不贤与，人将拒我，如之何其拒人也？"（《子张·3》）

-- 注释 --

①问交：问交友之道。

②与：可者与（yǔ）之的与是交往、结交的意思，后两个与（yú）字是语气词，后写作"欤"。

③拒：古作"距"，拒绝，不接受。其不可者拒之：此盖子夏守"无友不如己者"之遗训。又如"损者三友"，此当拒不与交。

④嘉：赞美。

⑤矜：怜悯，同情。

⑥尊贤而容众，嘉善而矜不能：此盖孔子"泛爱众而亲仁"之遗训。本章子夏之教门人，盖初学所宜守。子张所言，则君子大贤之所宜事。二者各有闻于孔子，而各得其性之所近。子夏狷介（juànjiè 性情正直，洁身自好，不与人同流合污），子张高广，均可取法。然亦不免各有所偏僻。

【译文】

子夏的学生向子张寻问怎样结交朋友。子张说:"你们的先生子夏是怎么说的?"

答道:"先生子夏说:'可以交的就交,不可以交的就拒绝他。'"

子张说:"我所听到的与此不同:君子应该既尊重贤人,又能容纳众人;应该赞美善人,又能同情那些无能的人。如果我是十分贤良的人,对什么人不能容纳呢?我如果不贤良,那人家就会拒绝我,哪还轮得着我去拒绝别人呢?"

五、论人

六、论天命

子曰:"吾十有①五而志于学②,三十而立③,四十而不惑④,五十而知天命⑤,六十而耳顺⑥,七十而从心所欲,不踰矩⑦。"(《为政·4》)

-- 注释 --

①有:同"又"。古人在整数和小一位的数字之间多用"有"字,不用"又"字。

②志于学:有志于学问。学,名词,学问,学说。志者,心所欲往。有志者必有学,志学相因而起。能志孔子之所志,学孔子之所学,乃读《论语》之最大宗旨。

③立:自立的意思。《泰伯·8》说:"兴于《诗》,立于礼,成于乐。"《季氏·13》说:"不学礼,无以立。"所以自立就是自己能够自觉地按照周礼的要求去处事。此为孔子进学之第一阶段。有的解释为"站得住脚",不取。

④不惑:《子罕篇》和《宪问篇》都有"知者不惑"的话,所以译文用"掌握了知识"来说明"不惑"。对外界一切言论事变,明到深处、究竟处、与其相互会通处,而皆无可疑,则不仅有立有守,又能知之明而居之安,是为孔子进学之第二阶段。

⑤天命:有多解:一说,上天的意志,也指受上天主宰的人们的命运。一说,天命乃天道运行的规律,即认识问题深刻,了解社会、人生的基本规则。虽对事理不复有惑,而志行仍会有困。志愈进,行愈前,所遇困厄或愈大。故能立不惑,更进则须能知天命。道义职责似不难知,然有守道尽职而仍穷困不可通者,其义难知。遇此境界,乃须知天命之学。孔子为学,若已跻于人不能知,惟天知之一境。然既道与天合,何以终不能行。学孔子之学,不宜轻言知天命,到此始逼出知天命一境界。故知天命,乃立与不惑之更进一步,更高一境,是为孔子进学之第三阶段。孔子不是宿命论者,但他把人力所不能支配的事都归之于天命,这是孔子思想中的一个重要问题。

⑥耳顺:一听到别人说话,就知道是非、真假。另一说,无论听到什么,都不再感到于己不顺,于道不顺,所听之言莫不各有其所以然。斯无往而不

见有天命，所以说耳顺，此乃孔子进学之第四阶段。

⑦从心所欲，不逾矩：从，遵从的意思。有的认为从同"纵"，放纵。但放纵有贬义，与文意不合。逾，越过。矩，规矩。矩，曲尺；规，圆规。圣人到此境界，一任己心所欲，不复检点管束，而无不合于规矩法度。圣人之学，到此境界，斯其人格之崇高伟大拟于天，而其学亦无可再进矣。孔子此章，仅说自己学问之所到达，未尝以天自拟。然孔子弟子把孔子之人格拟于天之不可阶而升。

-- 译文 --

孔子说："我十五岁有志于学问；三十岁能自立；四十岁，掌握了各种知识，不致迷惑；五十岁懂得了天命；六十岁能听出话的是非、真假；七十岁能随心所欲，任何念头不越出规矩。"

子贡曰："夫子之文章①，可得而闻也；夫子之言性②与天道③，不可得而闻也。"（《公冶长·13》）

-- 注释 --

①文章：孔子是古代文化的整理者和传播者，这里的文章该是指有关古代文献的学问而言。在《论语》中可以考见的有《诗》、《书》、史、礼等等。

②性：人的本性。古代不可能有阶级观点，因之不知道人的阶级性。而对人的自然的性，孟子、荀子都有所主张，孔子却只说过"性相近也，习相远也"（《阳货·2》）一句话。

③天道：古代所讲的天道一般是指自然和人类社会吉凶祸福的关系。但《左传》昭公十八年郑国子产说："天道远，人道迩，非所及也。"却是对自然和人类社会的吉凶有必然关系的否认。《左传》昭公二十六年又有晏婴的话："天道不谄。"虽然是用人类的美德来衡量自然之神，反对禳灾，也是对当时迷信习惯的破除。这两人都与孔子同时而年龄较大，而且为孔子所称道。天道，孔子有时称之曰命，孔子虽然说知天知命，但不深入阐述天与命的相互关系，对自然和人类社会的关系取存而不论的态度，可能受此思想影响。

-- 译文 --

子贡说："老师关于文献方面的学问，能够听得到；老师关于人性和天道的言论，是没法听得到的。"

子曰："天生德于予①，桓魋②其如予何？"（《述而·23》）

注释

①天生德于予：孔子具圣德，虽由修养，亦是天赋，不曰圣德由我，故曰天生。

②桓魋：魋，音 tuí，宋国司马向魋，因为是宋桓公的后代，所以又叫桓魋。桓魋其如予何：《史记·孔子世家》有一段这样的记载："孔子去曹，适宋，与弟子习礼大树下。宋司马桓魋欲杀孔子，拔其树。孔子去，弟子曰'可以速矣！'孔子曰：'天生德于予，桓魋其如予何？'"如予何，犹云无奈我何。

译文

孔子说："上天在我身上生了这样的品德，桓魋能把我怎么样呢？"

子罕言利①与②命与仁。（《子罕·1》）

注释

①罕言利：罕，稀少，很少。利者，人所欲，启争端，群道之坏每由此，故孔子罕言之。

②与：赞与，赞许。断句应为"子罕言利，与命，与仁。"孔子所赞与者，命与仁。命，在外所不可知，在我所必当然。命原于天，仁本于心。人能知命依仁，则群道自无不利。或说：孔子罕言利、命、仁三者，因为谈利会害义，而命与仁则难以理解和达到。朱熹《论语集注》引程子曰："计利则害义，命之理微，仁之道大，皆夫子所罕言也。"但从《论语》看，孔子讲仁最多，讲命也不少，说他罕言仁与命，与《论语》实际情况不符。

译文

孔子平日很少谈利而赞同命，赞同仁。

子绝①四——毋②意③，毋必④，毋固⑤，毋我⑥。（《子罕·4》）

注释

①绝：杜绝，一点也没有。

②毋：同"无"。

③意：同"臆"，主观猜测。事未至，而妄为臆测。

④必：期必，对于事物的发展，期望其必定这样或那样。无期必，也就是知命。有的把"必"解释为绝对肯定。

⑤固：固执己见。

⑥我：私心。无私心，是志于道的表现。有的把"我"解释为自以为是。

—— 译文 ——

孔子杜绝了四种毛病：没有主观的臆测，没有定要怎样的期望，没有固执己见，没有自私之心。

子畏于匡①，曰："文王②既没，文③不在兹④乎？天之将丧斯文也，后死者⑤不得与⑥于斯文也；天之未丧斯文也，匡人其如予何⑦？"（《子罕·5》）

—— 注释 ——

①子畏于匡：《史记·孔子世家》说，孔子离开卫国，准备到陈国去，经过匡。匡人曾经遭受过鲁国阳货的掠夺和残杀，而孔子的相貌很像阳货，便以为孔子就是过去曾经残害过匡地的人，于是囚禁了孔子。"畏"是拘囚的意思，《荀子·赋篇》云："比干见刳，孔子拘匡。"《史记·孔子世家》作"拘焉五日"，可见这一"畏"字和《礼记·檀弓》"死而不吊者三，畏、厌、溺"的"畏"相同，说见俞樾《群经平议》。今河南省长垣县西南十五里有匡城，可能就是当日孔子被囚之地。

②文王：周文王，姓姬名昌，西周开国之君周武王的父亲，是孔子认为的古代圣贤之一。

③文：文献，蕴含文武之道的六艺之类的文献典籍。

④兹：这里，孔子自谓其身也。

⑤后死者：孔子自称。

⑥与：音 yù，与闻，掌握。

⑦如予何：奈我何，把我怎么样。孔子在遇到危难或不可抗拒的灾害时，把人力所不能及的因素归之于天、命。孔子讲仁，强调"为仁由己"（《颜渊·1》），"未见力不足者"（《里仁·6》），说明他相信并强调人的主观努力，他周游列国，聚徒讲学，都表现了这种精神。但他总不见用，屡遭困厄，又使他感到许多事非人力所能决定。他把这归之于天命，反映出一种无可奈何的心情。他强调人的主观努力，但又不得不承认天命；他强调知命，但又不是消极地听天由命，不放弃为仁的主观努力，甚至被人称为"知其不可而为之者"（《宪问·38》）。这是孔子思想中矛盾着的两面，"与命与仁"是这种矛盾的表现。

—— 译文 ——

孔子被匡地的人们所拘禁，他说："周文王死了以后，一切文化遗产不都

六、论天命

在我这里吗？上天如果想要消灭这种文化，那我也就不会掌握这些文化了；上天如果不想消灭这种文化，那么匡人又能把我怎么样呢？"

颜渊死。子曰："噫①！天丧予！天丧予！"（《先进·9》）

-- 注释 --

①噫：音 yī，古汉语叹词，表示感叹，相当于现代汉语中的"唉声叹气"中的"唉"。

-- 译文 --

颜渊死了。孔子说："唉！老天爷要我的命呀！老天爷要我的命呀！"

司马牛①忧曰："人皆有兄弟，我独亡②。"子夏曰："商③闻之矣：死生有命④，富贵在天。君子敬⑤而无失，与人恭而有礼。四海⑥之内，皆兄弟也。君子何患乎无兄弟也？"（《颜渊·5》）

-- 注释 --

①司马牛：自来的注释家都说这个司马牛就是宋国桓魋的兄弟。桓魋人很坏，结果是谋反失败，失败后，他的几个兄弟有的死了，有的逃亡在外。只有司马牛不赞同兄弟们的谋反行为，但也流亡在外，因此发出独无兄弟的感叹。（事见《左传》哀公十四年）。杨伯峻认为，孔子的学生司马牛和宋国桓魋的弟弟司马牛可能是两个不同的人，难于混为一谈。第一，《史记·仲尼弟子列传》既不说这一个司马牛是宋人，更没有把《左传》上司马牛的事情记载上去，太史公如果看到了这类史料而不采取，可见他是把两个司马牛作不同的人看待的。第二，说《论语》的司马牛就是《左传》的司马牛者始于孔安国。孔安国又说司马牛名犁，又和《史记·仲尼弟子列传》说司马牛名耕的不同。如果孔安国之言有所本，那么，原本就有两个司马牛，一个名耕，孔子弟子；一个名犁，桓魋之弟。但自孔安国以后的若干人却误把名犁的也当作孔子学生了。

②亡：同"无"，没有。

③商：即子夏，姓卜名商，古人自称时一般称名。

④死生有命：死和生都由命运来安排。

⑤敬：做事严肃认真。

⑥四海：指全中国，古人以为我国的四周都被大海包围着。

-- 译文 --

司马牛忧愁地说:"别人都有兄弟,我唯独没有。"子夏说:"我听说过:死生都由命决定,富贵都在天的安排。君子只要做事严肃认真而没有过失,对人恭敬而有礼,那么,天下人就都是兄弟。君子何愁没有兄弟呢?"

子曰:"莫我知也夫①!"子贡曰:"何为其莫知子也?"子曰:"不怨②天,不尤③人,下学④而上达。知我者其天乎⑤!"(《宪问·35》)

-- 注释 --

①莫我知也夫:"莫知我也夫"的倒装。

②怨:怨恨。

③尤:责怪,归咎。孔子道不行于世而不怨天,知天命有穷通。人不己知而不非人,知人事有厄,亦皆由天命。

④下学、上达:这句话具体的意义是什么,古今颇有不同解释。皇侃《义疏》云:"下学,学人事;上达,达天命。我既学人事,人事有否有泰,故不尤人。上达天命,天命有穷有通,故我不怨天也。"全部意思都贯通了,虽不敢说合于孔子本意,无妨录供参考。

⑤知我者其天乎:孔子之学先由于知人,此即下学。渐达而至于知天,此谓上达。学至于知天,乃叹惟天为知我。

-- 译文 --

孔子叹道:"没有人了解我啊!"子贡说:"为什么没有人了解您呢?"孔子说:"我不怨恨天,也不责备人,因为我下学人事而上达天命。了解我的大概只有天吧!"

公伯寮①愬②子路于季孙。子服景伯③以告,曰:"夫子④固有惑志于公伯寮,吾力犹能肆诸市朝⑤。"

子曰:"道之将行也与,命也⑥;道之将废也与,命也。公伯寮其如命何!"(《宪问·36》)

-- 注释 --

①公伯寮:姓公伯名寮,字子周,孔子弟子,曾任季氏的家臣。

②愬:音 sù,同"诉",这里的意思是诽谤。

③子服景伯:鲁国大夫,姓子服名何,字伯,"景"是谥号。

④夫子:指季孙。

⑤肆诸市朝：肆，古时处死罪人后陈尸以示众。何晏《论语集解》引郑玄曰："有罪既刑，陈其尸曰肆。"诸，"之于"的合音，其中的"之"指公伯寮。市朝：或者于市集，或者于朝廷。郑《注》云："大夫于朝，士于市。"公伯寮是士，当尸于市。

⑥道之将行也与，命也：若道将行，此是命，寮之诉终将不入。若寮之诉得行，是道将废，亦是命，与寮无关。孔子言此，以晓景伯，安子路，而警伯寮。孔子对于道之能不能行，归之于命。所谓"谋事在人，成事在天"，反映了这两个方面。

-- 译文 --

公伯寮向季孙诽谤子路。子服景伯把这件事告诉了孔子，并且说："季孙氏已经被公伯寮迷惑了，我的力量还能够把公伯寮杀了，陈尸于市。"

孔子说："我的主张将要得到推行吗，是天命决定的；我的主张将要被人遗弃吗，也是天命决定的。公伯寮能把天命怎么样呢？"

孔子曰："君子有三畏：畏天命①，畏大人②，畏圣人之言③。小人不知天命而不畏也，狎④大人，侮圣人之言。"（《季氏·8》）

-- 注释 --

①天命：上天的意志。天命在人事之外，非人事所能支配，而又不可知，故当心存敬畏。

②大人：古代对于在高位的人叫"大人"，如《易·干卦》"利见大人"，《礼记·礼运》"大人世及以为礼"，《孟子·尽心下》"说大人，则藐之"。对于有道德的人也可以叫"大人"，如《孟子·告子上》"从其大体为大人"。这里的"大人"是指在高位的人，而"圣人"则是指有道德的人。大人，居高位者。临众人之上，为众人祸福所系，亦非我力所能左右，故不可不心存敬畏。

③圣人之言：指文王、周公等传下来的典籍训诰。古先圣人，积为人尊，其言义旨深远，非我知力所及，故亦当心存敬畏。

④狎：音 xiá，不尊重。

-- 译文 --

孔子说："君子有三项敬畏：敬畏天命，敬畏地位高贵的人，敬畏圣人的话。小人不懂得天命因而也不敬畏，不尊重地位高贵的人，轻侮圣人的话。"

子路从而后，遇丈人①，以杖荷蓧②。

子路问曰："子见夫子乎？"

丈人曰："四体不勤，五谷不分③。孰为夫子？"植其杖而芸④。

子路拱而立⑤。

止子路宿，杀鸡为黍⑥而食⑦之，见其二子⑧焉。

明日，子路行以告。

子曰："隐者也。"使子路反见之。至，则行矣。

子路曰⑨："不仕无义。长幼之节，不可废也；君臣之义，如之何其废之？欲洁其身，而乱大伦⑩。君子之仕也，行其义也。道之不行，已知之矣⑪。"
（《微子·7》）

--- 注释 ---

①丈人：老人，长老。

②荷蓧：荷，肩负。蓧，音diào，古代田里除草所用的工具。《说文》作"莜"。

③四体不勤，五谷不分：一说这是丈人指自己。分即粪，施肥的意思。"不"是语气助词，没有实际意义，古代有这样的用法，用来调整音节。如：《诗·小雅》："徒御不惊，大庖不盈。"（徒御：徒步拉车的士卒。不：语助词，无义，下句同。惊："警"之假借字，机警。大庖：天子的厨房。译为：徒步拉车兵机警，猎毕厨房野味盈。）毛传："不惊，惊也；不盈，盈也。"这一句的意思是：我忙于播种五谷，没有闲暇，怎知你的老师是谁？宋吕本中《紫微杂说》以至清朱彬《经传考证》、宋翔凤《论语发微》均持此说。俞樾的《群经平议》和《古书疑义举例》则从训诂的角度进一步发展了吕本中的观点。俞樾认为，此句中的"不"是没有实际意义的语气词，并不表示否定。如在《诗经·车攻》中，"徒御不惊，大庖不盈"中的"不"，毛传就解释为："不惊，惊也；不盈，盈也。"如此训诂，整句话的意思就是老人因忙于勤四体、分五谷，因此没有注意到别的事情，所以不知道哪位是你的老师。杨伯峻等人主张说是丈人讥子路。值乱世，不勤劳四体以播五谷，而周游远行，孰为你的老师而向我索之乎？但从下文丈人待子路的态度看，似不像讥子路。还有一种说法，认为是说孔子。四体，两手和两脚。五谷，黍、稷、菽、麦、稻。

④植其杖而芸：芸，同"耘"，除草。植，竖也。丈人既答子路，行至田中，把拐杖插土中，俯身除草。

⑤拱而立：拱，叉手，古人以为敬。子路知此丈人非常，故叉手旁立以观其芸，亦表敬意。

⑥黍：音 shǔ，黍子，也叫黄米。它比当时的主要食粮稷（小米）的收获量小，因此在一般人看来也算是比较珍贵的主食。杀鸡做菜，为黍做饭，这在当时是很好的招待了。

⑦食：音 sì，动词，同"饲"，拿东西给人吃。

⑧见其二子：是长幼之节不废的表现。丈人之见其二子，是不废长幼之节。长幼之节不可废，君臣之义亦如何可废。

⑨子路曰：此乃子路对其二子言。所言大意，当即孔子所授，欲以告丈人者。

⑩大伦：最大的伦常。朱熹说："人之大伦有五：父子有亲，君臣有义，夫妇有别，长幼有序，朋友有信。"此处大伦即指君臣言。一世浊乱，欲自洁其身，隐而不出。苟尽人皆隐，岂不乱君臣之大伦？

⑪道之不行，已知之矣：道之行否属命，人必以行道为己责属义。虽知道不行，仍当出仕，所谓我尽我义。

── 译文 ──

子路跟随孔子出行，落在了后面，遇到一个老丈，用拐杖挑着除草的工具。

子路问道："你看到我的老师了吗？"

老丈说："我忙于播种五谷，没有闲眼，哪里知道你的老师是谁？"说完，走往田中，把拐杖插在田边，俯下身去除草。

子路拱着手恭敬地站着。

老丈留子路到他家住宿，杀鸡、做饭给子路吃，又叫他两个儿子出来与子路见面。

第二天，子路赶上孔子，报告了这件事。

孔子说："这是位隐士。"叫子路回去再看看他。子路到了那里，老丈已经走了。

子路说："不做官是不对的。长幼间的礼节不能废弃，君臣间的义怎么能废弃呢？想要自己清白，却不知这样隐居破坏了根本的伦理关系。君子做官，只是为了实行君臣之义。至于我们的政治主张行不通，早就知道了。"

逸①民：伯夷、叔齐②、虞仲、夷逸、朱张、柳下惠、少连③。子曰："不降其志，不辱其身，伯夷、叔齐与！"谓："柳下惠、少连，降志辱身矣，言中④伦，行中虑，其斯而已矣。"谓："虞仲、夷逸，隐居放⑤言，身中清，废中权。我则异于是，无可无不可⑥。"（《微子·8》）

-- 注释 --

①逸：同"佚"，散失，遗弃。《论语》两用"逸民"，义都如此。《孟子·公孙丑上》云："柳下惠……遗佚而不怨，阨穷而不闵。"这一"逸"正是《孟子》"遗佚"之义。说本黄式三《论语后案》。

②伯夷、叔齐：古孤竹国国君之子，以国相让，避居首阳山，曾怒斥周武王在周文王去世后伐商是不仁不义的做法。后来，周代商而王天下，两人不食周粟而死。孔子对二人的德行称许有加。

③虞仲、夷逸、朱张、少连：四人言行多已不可考。虞仲前人认为就是吴太伯之弟仲雍，不可信。夷逸曾见《尸子》，有人劝他做官，他不肯。少连曾见《礼记·杂记》，孔子说他善于守孝。

④中：zhòng，符合，合于。

⑤放：有两种解释：其一，放置，不再谈论世事；其二，放肆，随便。

⑥无可无不可：孟子曰："孔子可以仕则仕，可以止则止，可以久则久，可以速则速。"故曰无可无不可。

-- 译文 --

被遗落的人才有：伯夷、叔齐、虞仲、夷逸、朱张、柳下惠、少连。孔子说："不动摇自己的意志，不屈辱自己的身份，这是伯夷、叔齐吧。"又说："柳下惠、少连降低自己的意志，屈辱自己的身份，但说话合乎伦理，行为合乎人心，那也不过如此罢了。"又说："虞仲、夷逸避世隐居，不谈论世事，他们的隐身合乎洁身的要求，废言合乎权变的要求。我却同这些人不同，没有什么可以，也没有什么不可以。"

孔子曰："不知命，无以为君子也；不知礼，无以立也；不知言①，无以知人也。"（《尧曰·3》）

-- 注释 --

①知言：这里"知言"的意义和《孟子·公孙丑上》的"我知言"的"知言"相同，即善于分析别人的言语，辨其是非善恶。

-- 译文 --

孔子说："不懂得命运，没有可能成为君子；不懂得礼仪，没有可能立足于社会；不懂得分辨别人的言语，没有可能认识人。"

七、论鬼神

子曰:"非其鬼①而祭②之,谄③也。见义④不为,无勇也。"(《为政·24》)

-- 注释 --

①非其鬼:非自己的先人。古代人死都叫"鬼",一般指已死的祖先而言,但也偶有泛指的。

②祭:祭是吉祭,和凶祭的奠不同(人初死,陈设饮食以安其灵魂叫作奠)。

③谄:音 chǎn,谄媚。祭有当祭不当祭。崇德报恩,皆所当祭。求福惧祸,皆所不当祭。祭非其鬼,乃指所不当祭,此则必有谄媚之心。谄媚则非人道。

④义:《论语集解》注:义,所宜为。人所应该做的就是义。孔子提出的一个道德范畴,和孔子整个思想联系起来看,符合于仁、礼要求的就是义。本章列举谄与无勇,若不伦类,然皆直指人心,盖社会种种不道与非义,皆由人心病痛中来。孔门重仁,心教非常重要。

-- 译文 --

孔子说:"不是你应该祭的鬼神,你却去祭它,这就是谄媚。遇见你应该做的事不做,就是没有勇气。"

季氏旅①于泰山。子谓冉有②曰:"女③弗能救④与⑤?"对曰:"不能。"子曰:"呜呼!曾⑥谓泰山⑦不如林放⑧乎?"(《八佾·6》)

-- 注释 --

①旅:动词,祭山。当时,只有天子和诸侯才有祭祀名山大川的资格。季氏只是鲁国的大夫,竟去祭祀泰山,孔子认为这是越礼的行为。

②冉有:姓冉名求,字子有,孔子的弟子,生于公元前522年,小于孔子二十九岁。当时是季氏的家臣,不能阻止季氏,所以孔子责备他。

③女:同"汝",你。

④救:挽救,这里指谏止的意思。季氏所为非礼,为之家臣者,当设法

救正。

⑤与：同"欤"，语气词。

⑥曾：音zēng，副词，竟然，难道。

⑦泰山：泰山神。林放知问礼之本，如泰山之神亦能如林放，将不受此非礼之谄祭。孔子平日不轻言鬼神，言及鬼神，亦一本于人道，就人事常理作推断。孔子曰："知之为知之，不知为不知，是知也。"果有泰山神否？孔子未尝言其必知。若泰山果有神，其神岂能不如林放。

⑧林放：鲁人，懂礼节。有人说是孔子弟子。从《论语》直称其名看，其社会地位应该不高。

-- 译文 --

季孙氏去祭祀泰山。孔子对冉有说："你难道不能劝阻他吗？"冉有说："不能。"孔子说："唉！难道说泰山之神还不如林放（懂礼，竟会接受季氏越礼的祭祀）吗？"

祭如在①，**祭神如神在**②。**子曰："吾不与**③**祭，如不祭**④**。"**（《八佾·12》）

-- 注释 --

①祭如在：此祭字指祭祖先。

②祭神如神在：此祭字指祭天地之神。祭礼本对鬼神而设，古人必认为先有鬼神，然后才有祭礼。但孔子是怀疑鬼神的存在的，平常并不认真讨论鬼神之有无，只临祭时必诚必敬，好像真有鬼神在面前。所谓"如在""如神在"，实际上是说并不在。

③与：音yù，参与。有人主张"与"字仍读上声，赞同的意思。不取。孔丘素来不赞成不合所谓礼的祭祀，如"非其鬼而祭之，谄也"（《为政·24》），孔丘自不会参加他所不赞同的祭祀。

④如不祭：孔子虽然重视祭礼，但他更重视的是致祭者临祭时的内心情感，祭祀的意义是道德的而非宗教的。所以说如果不能亲自参加，即便是致祭者极其诚敬，但对于我的内心来讲终是阙然，跟没祭一样，故云如不祭。

-- 译文 --

孔子祭祀祖先就像祖先真在面前，祭祀神就像神真在面前。孔子又说："我如果不能亲自参加祭祀，就如同没有举行祭礼。"

王孙贾①问曰:"与其媚于奥,宁媚于灶②,何谓也?"子曰:"不然;获罪于天③,无所祷也。"(《八佾·13》)

-- 注释 --

①王孙贾:卫灵公的大臣。

②与其媚于奥,宁媚于灶:这两句是当时俗语。奥,居室的西南角;灶,是烹饪做饭的地方。古代都以为那里有神,因而祭它。古人认为奥神比灶神更尊贵,但灶神地位虽低,却有权有势。这是王孙贾请教孔子的话。奥比喻卫君,灶比喻南子、弥子瑕。王孙贾的意思是说,"有人告诉我,与其巴结国君,不如巴结国君左右有势力的南子、弥子瑕。你以为怎样?"孔子却告诉他:"这话不对;得罪了上天,那无所用其祈祷,巴结谁都不行。"媚,谄媚,巴结,奉承。

③天:天理。

-- 译文 --

王孙贾问道:"(俗话说)与其巴结奥神,不如巴结灶神,这话是什么意思?"孔子说:"不对;如果得罪了上天,就没有地方可以祷告了。"

子曰:"臧文仲①居蔡②,山节藻梲③,何如其知④也?"(《公冶长·18》)

-- 注释 --

①臧文仲:姓臧孙名辰,死于公元前617年。春秋时期鲁国的大夫,历任庄、闵、僖、文四朝。"文"是谥号。

②居蔡:指收藏大乌龟。居,居住,使动用法,使之居住,这里是藏的意思。蔡,蔡国出产的大乌龟。古代人迷信卜筮,卜卦用龟,筮用蓍草。用龟,认为越大越灵。《淮南子·说山训》说:"大蔡神龟,出于沟壑。"高诱《注》说:"大蔡,元龟之所出地名,因名其龟为大蔡,臧文仲所居蔡是也。"臧文仲宝藏着它,使它住在讲究的地方。

③山节藻梲:节,柱上的斗拱。刻山于节,故曰山节。梲,音zhuō,房梁上的短柱。藻,水草名。画藻于梲,故曰藻梲。山节藻梲,是古时装饰天子宗庙的做法。

④知:同"智"。当时只有天子才能把大乌龟藏在豪华的庙堂之中,臧文仲也建筑一个豪华的家庙私藏大乌龟,想在占卜时求福。虽然当时绝大多数人相信卜筮,相信鬼神,孔子却想不出它们存在的道理。时人都认为臧文仲是个智者,孔子认为他谄龟邀福,相信占卜,于是批评他并不聪明,甚至有些愚蠢。

── 译文 ──

孔子说:"臧文仲私藏了一只大乌龟,藏龟的屋子斗拱雕成山的形状,短柱上画以水草花纹,他的智慧究竟怎么样呀?"

子谓①仲弓,曰:"犁牛之子②骍且角③,虽欲勿用④,山川⑤其舍诸⑥?"(《雍也·6》)

── 注释 ──

①谓:评价,评论。

②犁牛之子:犁牛,耕牛。古人的名和字,意义一定互相照应。从孔子学生冉耕字伯牛、司马耕字子牛的现象看来,足以知道生牛犁田的方法当时已经普遍实行。从前人说,耕牛制度开始于汉武帝时的赵过,那是由于误解《汉书·食货志》的缘故。子,指牛犊。

③骍且角:骍,音 xīn,赤色。周朝以赤色为贵,所以祭祀的时候也用赤色的牲畜。角,意思是两角长得周正,这是古人用词的简略处。古代祭祀用的牛,必须毛皮红色,两角端正,要单独饲养。

④用:用于祭祀。义同《左传》"用牲于社"之"用",杀之以祭也。据《史记·仲尼弟子列传》说,仲弓的父亲是贱人,仲弓却是"可使南面"的人才,因此孔子说了这番话。古代供祭祀的牺牲不用耕牛,而且认为耕牛之子也不配做牺牲。孔子的意思是,耕牛所产之子如果够得上作牺牲的条件,山川之神一定会接受这种祭享。那么,仲弓这样的人才,为什么会因为他父亲的"下贱"而舍弃不用呢?

⑤山川:山川之神。此喻上层统治者。

⑥其舍诸:其,意义同"岂",难道,怎么会。诸,"之于"二字的合音词。此言父虽不善,不害其子之美,终将见用于世。

── 译文 ──

孔子评论仲弓说:"耕牛产下的牛犊长着红色的毛,整齐的角,人们虽然不想用它来作祭品,但山川之神难道会舍弃它吗?"

樊迟问知①。子曰:"务②民③之义④,敬鬼神而远之⑤,可谓知矣。"问仁。曰:"仁者先难⑥而后获⑦,可谓仁矣。"(《雍也·22》)

── 注释 ──

①知:音 zhì,同"智",明智,聪明。

②务：致力于。

③民：百姓。从民字可知，此话是对从政者说的。《论语》中，樊迟三次问仁，两次兼问知，而孔子每次所答均有不同。此问，或正值樊迟将出仕，故孔子以居位临民之事答之。(《颜渊·22》樊迟问仁。子曰："爱人"。问知。子曰："知人"。《子路·19》樊迟问仁。子曰："居处恭，执事敬，与人忠，虽之夷狄，不可弃也。")

④义：宜，应该。

⑤远之：远作及物动词，去声，yuàn，疏远，不去接近的意思。譬如祈祷、淫祀，在孔子看来都不是"远之"。孔子关注和回答的是现实的社会问题、人生问题。

⑥先难：在遇到困难时站在人前。《颜渊·21》又有一段答樊迟的话，其中有两句说："先事后得，非崇德与？"和这里"先难而后获可谓仁矣"是一个意思。治人当先富后教，治己当先事后食，如《诗经》："彼君子兮，不素餐兮。"宋范仲淹"先天下之忧而忧，后天下之乐而乐"亦仁者之心。孔子对樊迟两次说这样的话，是不是樊迟有坐享其成的想法，那就不得而知了。

⑦后获：在得到收获时站在人后。

-- 译文 --

樊迟问怎样才算聪明。孔子说："专心致力于百姓认为该做的事，严肃地对待鬼神，但并不打算接近他，可以说是聪明了。"

又问怎样做才是仁德。孔子说："仁人有难事做在人前，有收获退居人后，这可以说是仁德了。"

子不语①怪，力，乱，神②。（《述而·21》）

-- 注释 --

①语：说，告诉。

②怪，力，乱，神：此四者人所爱言。孔子语常不语怪，语德不语力，语治不语乱，语人不语神。力与乱，有其实，或者是孔子不愿谈。怪与神，生于感，很大可能是孔子根本采取"阙疑"、"存而不论"的态度。

-- 译文 --

孔子不谈论怪异、暴力、变乱和鬼神。

子疾病①，子路请祷②。子曰："有诸③？"子路对曰："有之；《诔》④曰：

'祷尔于上下神祇⑤。'"子曰:"丘之祷久矣⑥。"(《述而·35》)

-- 注释 --

①疾病:生病,轻者叫疾,重者叫病。"疾病"连言,是病重的意思。

②祷:祷告,祈祷。

③诸:"之于"的合音。意为有这回事吗?病而祷于鬼神,古今礼俗皆然,孔子何为问此?或说:有此理否?孔子似亦不直斥祷神为非理。孔子遇大事常言天,又常言命,独于鬼神则少言。子路之请祷,乃弟子对师一时迫切之至情,亦无可深非。

④《诔》:音 lěi,本应作"讄",祈祷文。和哀悼死者的"诔"不同。

⑤神祇:祇,音 qí,古代称天神为神,地神为祇。

⑥丘之祷久矣:孔子认为自己的言行都合乎神明,所以说自己已经祷告很久了,意思是委婉地劝阻子路不必再向神祇祷告。杨伯峻在《论语译注》中说,孔子是不迷信的,只有庄子懂得孔子。庄子说:"六合之外,圣人存而不论。""天"、"命"、"鬼神"都是"六合之外,圣人存而不论"的东西。所谓"存而不论",用现代话说,就是保留它而不置可否,不论其有或无。实际上也就是不大相信有。假使孔子真认为天地有神灵,祈祷能去灾得福,为什么拒绝祈祷呢?

-- 译文 --

孔子病重,子路请求祈祷。孔子说:"有这回事吗?"子路说:"有的;《诔》文说:'替你向天神地祇祈祷。'"孔子说:"我早就祈祷过了。"

子曰:"禹①,吾无间然②矣。菲③饮食而致④孝乎鬼神,恶衣服而致美乎黻冕⑤,卑⑥宫室而尽力乎沟洫⑦。禹,吾无间然矣。"(《泰伯·21》)

-- 注释 --

①禹:夏朝的开国君主,在治水方面立下很大功勋。

②间然:找空子,有批评、挑剔的意思。间,jiàn,空隙。此处用作动词。

③菲:菲薄,不丰厚。

④致:致力,努力。

⑤黻冕:音 fú miǎn,祭祀时穿的礼服叫黻;古代大夫以上的人的帽子都叫冕,后来只有帝王的帽子才叫冕。这里指祭祀时的礼帽。

⑥卑:低矮。

⑦沟洫：洫，音 xù，沟渠，指农田水利。

-- 译文 --

孔子说："对于禹，我无可挑剔了。他自己的饮食很简单而祭祀鬼神的祭品却很丰盛，他平时穿的衣服很破旧而祭祀时的礼服却很华美，他住的宫室很低矮却致力于修治沟渠水利。对于禹，我确实无可挑剔了。"

季路问事鬼神①。子曰："未能事人，焉能事鬼？"

曰："敢②问死。"曰："未知生，焉知死③？"（《先进·12》）

-- 注释 --

①鬼神：孔子到底相不相信鬼神的存在，这历来是一个有争议的问题。《孔子家语·哀公问政》中的一段记载或许可以有助于我们的理解。哀公向孔子询问鬼神说的是什么，孔子回答说："人生有气有魂。气者，人之盛也；魂者，鬼之盛也。夫生必死，死必归土，此谓鬼；魂气归天，此谓神。合鬼与神而享之，教之至也。"在这里，孔子用朴实的语言对"鬼"、"神"进行了解释，与当时社会上流行的看法不同，他认为人有生就有死，死后必定归入土中，这就叫作"鬼"；魂气归于天上，这就叫作"神"。这实际上显示了孔子的无神论倾向。孔子其实不相信鬼神的存在，也不把希望寄托于来世，他考虑的是社会现实的治理。他提倡人要在君父生前尽忠尽孝，至于对待鬼神就不必多提了。他提倡对鬼神的祭祀，不过是为了达到教化人民的目的。（见杨朝明《论语诠解》）

②敢：表敬副词，无实际意义。《仪礼·士虞礼》郑玄《注》云："敢，冒昧之词。"贾公彦《疏》云："凡言'敢'者，皆是以卑触尊不自明之意。"

③未知生，焉知死：孔子只讲现实的事，不讲虚无渺茫的事。此章表现出孔子在对待鬼神、生死问题上的现实的理性的态度。

-- 译文 --

季路问怎样去事奉鬼神。孔子说："活人还不能服侍，怎么能去服侍死人呢？"

季路说："我冒昧地请问死是怎么回事？"（孔子）说："活着的道理还没弄明白，怎么能懂得死呢？"

八、论孔子印象

（一）衣食住行

君子①不以绀緅饰②，红紫不以为亵服③。
当暑，袗絺绤④，必表而出之⑤。
缁⑥衣，羔裘⑦；素衣，麑⑧裘；黄衣，狐裘。
亵裘长，短右袂⑨。
必有寝衣⑩，长一身有半。
狐貉之厚以居⑪。
去丧，无所不佩。
非帷裳⑫，必杀之⑬。
羔裘玄冠⑭不以吊⑮。
吉月⑯，必朝服而朝。（《乡党·6》）

-- 注释 --

①君子：在此有两种理解，一是指与孔子类似的人；二是指孔子本人。

②不以绀緅饰：绀緅，音 gàn zōu，都是表示颜色的名称。绀，深青透红，相当于今天的"天青"；緅，青多红少，比绀更暗的颜色，这里用"铁灰色"来表明它。"饰"是镶边。古代，黑色是正式礼服的颜色，而这两种颜色都近于黑色，所以不用来镶边，为别的颜色作装饰。

③红紫不以为亵服：亵服，平时在家里穿的衣服。红紫色很贵重，不用作平常居家衣服的颜色。

④袗絺绤：袗，音 zhěn，单衣，此处用作动词。絺，音 chī，细葛布。绤，音 xì，粗葛布。这里是说，穿粗的或细的葛布单衣。

⑤必表而出之：把麻布单衣穿在外面，里面还要有衬衣。

⑥缁：黑色。

⑦羔裘：羔皮衣。古代的羔裘都是黑羊皮，毛皮向外。缁衣羔裘及以下两句，是说罩衣的颜色要和裘皮衣服的颜色相称。

⑧麑：音 ní，小鹿，白色。

⑨短右袂：袂，音 mèi，袖子。右袖短一点，是为了便于做事。

⑩寝衣：睡衣。一说是小被。

⑪狐貉之厚以居：狐貉之厚，厚毛的狐貉皮。居，坐。

⑫帷裳：上朝和祭祀时穿的礼服，用整幅布制作，不加以裁剪，腰间缝成褶子。

⑬必杀之：一定要裁去多余的布。杀，音 shài，裁去。

⑭玄冠：黑色礼帽。

⑮不以吊：不用于丧事。古代丧事用白色，黑色用于吉服，羔裘玄冠是黑色，所以不用于丧事。

⑯吉月：每月初一。一说正月初一。

-- 译文 --

君子不用（近乎黑色的）天青色和铁灰色作镶边，（近乎赤色的）浅红色和紫色不用来作平时居家的衣服。

夏天穿粗的或细的葛布单衣，但一定要套在衬衫外面。

黑色的衣配羔裘，白色的衣配麑裘，黄色的衣配狐裘。

居家的皮袄做得长一些，右边的袖子短一些。

睡觉一定要有睡衣，要有一身半长。

用狐貉的厚毛皮做坐垫。

除了丧服外，衣服上可以佩带各种各样的装饰品。

除了上朝和祭祀穿的用整幅布做的裙子，其他的衣服一定要裁去一些布。

黑色的皮袍和黑色礼帽都不能在吊丧时穿戴。

正月初一，一定要穿着上朝的礼服去朝拜君主。

食不厌精，脍①不厌细。

食饐②而餲③，鱼馁④而肉败，不食。色恶，不食。臭恶，不食。失饪⑤，不食。不时⑥，不食。割不正⑦，不食。不得其酱⑧，不食。

肉虽多，不使胜食气⑨。

唯酒无量，不及乱⑩。

沽酒市脯⑪不食。

不撤姜食，不多食。（《乡党·8》）

-- 注释 --

①脍：音 kuài，切细的鱼、肉。

②饐：音 yì，陈旧，馊臭。食物放置时间长了。

③馂：音 ài，食物变味了。

④馁、败：馁，音 něi，鱼腐烂，这里指鱼不新鲜。败，肉腐烂，这里指肉不新鲜。

⑤饪：烹调制作饭菜。

⑥不时：有两种说法，一指不是时令的食物，五谷不成，果实未熟之类；二指不是吃饭的时候。

⑦割不正："割"和"切"不同。"割"指宰杀猪牛羊时肢体的分解。古人有一定的分解方法，不按那方法分解的，便叫"割不正"。

⑧不得其酱：吃不同的肉用不同的酱，用酱不合适就叫不得其酱。

⑨食气：饭料。食，音 sì；气，同"饩"，音 xì，即粮食。

⑩不及乱：乱，指酒醉。不到酒醉时。

⑪脯：音 fǔ，熟肉干。

-- 译文 --

粮食不嫌舂得精，鱼和肉不嫌切得细。

饭食陈旧和变味了，鱼和肉腐烂了，都不吃。食物颜色难看，不吃。气味难闻，不吃。烹调不当，不吃。不到该吃饭的时候，不吃。没按正规方法砍割的肉，不吃。没有一定调味的酱料，不吃。

席上肉虽多，但吃的量不超过主食。

只有酒不限量，但不至醉。

买来的酒和肉干，不吃。

吃完了，姜不撤除，但也不多吃。

祭于公，不宿肉①。祭肉②不出三日。出三日，不食之矣。（《乡党·9》）

-- 注释 --

①不宿肉：不使肉过夜。古代大夫参加国君祭祀以后，可以得到国君赐的祭肉。但祭祀活动一般要持续二三天，所以这些肉就已经不新鲜，不能再过夜了。

②祭肉：这一祭肉或者指自己家中的，或者指朋友送来的。

-- 译文 --

参加国君祭祀得到的肉，不留到第二天。别的祭肉存放不超过三天。超过三天，就不吃了。

食不语①，**寝不言**②。(《乡党·10》)

-- 注释 --

①语：与人论说。
②言：自言其事。

-- 译文 --

吃饭的时候不交谈，睡觉的时候不说话。

虽疏食①**菜羹**②，**瓜祭**③，**必齐**④**如也**。(《乡党·11》)

-- 注释 --

①疏食：粗饭。
②菜羹：用菜做成的汤。
③瓜祭：有些本子作"必祭"，"瓜"恐怕是别字。这是食前将席上各种食品拿出少许，放在食器之间，祭最初发明饮食的人。《左传》叫泛祭。
④齐：同"斋"。

-- 译文 --

即使是粗米饭、蔬菜汤，吃饭前也要把它们取出一些来祭祖，而且表情要像斋戒时那样严肃恭敬。

子之燕居①，**申申如**②**也，夭夭如**③**也**。(《述而·4》)

-- 注释 --

①燕居：闲居。郑玄《目录》云："退朝而处曰燕居；退燕避人曰闲居。"
②申申如：皇《疏》曰："心和也。"朱熹《论语集注》引杨氏曰："申申，其容舒也。"杨伯峻《论语译注》："申申，整敕之貌。"
③夭夭（yāo）如：朱熹《论语集注》引杨氏曰："夭夭，其色愉也。"杨伯峻《论语译注》："夭夭，和舒之貌。"

-- 译文 --

孔子退朝在家时，一副很整齐的、很和乐而舒展的样子。

齐①，必有明衣②，布。
齐必变食③，居必迁坐④。(《乡党·7》)

— 注释 —

①齐：同"斋"。古人于祭祀之前必先斋，斋必有所戒。
②明衣：斋前沐浴后穿的浴衣。
③变食：改变平常的饮食。指不饮酒，不吃葱、蒜等有刺激味的东西。
④居必迁坐：指从内室迁到外室居住，不和妻妾同房。古人斋戒必居外寝，外寝称正寝，斋与疾皆居之。内寝又称燕寝，乃常居之处。

— 译文 —

斋戒的时候，一定要有浴衣，用布做的。
斋戒的时候，一定要改变饮食，居住也一定迁移卧室（不与妻妾同房）。

席①不正，不坐。(《乡党·12》)

— 注释 —

①席：古代没有椅子和凳子，都是在地面上铺席子，坐在席子上。席子一般是用蒲苇、蒯草、竹篾以至禾穰为质料。现在日本人还保留着席地而坐的习惯。《墨子·非儒篇》说："哀公迎孔子，席不端，不坐。"以"端"解"正"，则"席不正"，是坐席不端正之意。古人坐席，天子五重，诸侯三重，大夫再重，南北向，以西为上，东西向，以南为上，此席之正。

— 译文 —

席的布置不合礼制，不坐。

寝不尸，居不客①。(《乡党·24》)

— 注释 —

①居不客：居，坐；客，宾客。

— 译文 —

（孔子）睡觉不像死尸一样直躺着，平日坐着也不像做客或接待客人时那样（跪着两膝在席上）。

君命召,不俟①驾行矣。(《乡党·20》)

-- 注释 --

①俟:等待。"不俟驾"而行符合当时"君命召"之礼。《礼记·玉藻》曰:"凡君召以三节:二节以走,一节以趋。在官不俟屦(jù,古时用麻、葛制成的鞋),在外不俟车。"

-- 译文 --

国君召唤,(按照尊君之礼)不等驾好车就先步行走去。

(二)说话神态

或问禘之说①。子曰:"不知也②;知其说者之于天下也,其如示诸斯③乎!"指其掌④。(《八佾·11》)

-- 注释 --

①禘之说:说,说法,规定。禘之说,意为关于禘祭的规定。
②不知也:禘是天子之礼,鲁国举行,孔子极不赞成。别人问时孔子又不想明白指出,只得推诿说"不知也",甚至说"如果有懂得的人,他对于治理天下就好像把东西放在手掌上一样的容易。"《中庸》有言:"明乎郊社之礼,禘尝之义,治国其如示诸掌乎。"孔子毕生崇拜周公,高度契合于周公制礼以治天下之深旨。其意深远,非人人所能知,而孔子又有所难言。
③示诸斯:示有两解:一、当作寘,同"置",摆、放的意义。谓天下如置诸掌,如孟子谓:"武丁朝诸侯,有天下,犹运之掌也。"二、同"视",犹言"了如指掌"。"斯"指后面的"掌"字。
④指其掌:此《论语》记者记孔子说此话时自指其掌。

-- 译文 --

有人向孔子请教关于禘祭的规定。孔子说:"我不知道;知道的人,对治理天下的事,会好像把东西摆在这里一样容易吧!"一面说,一面指着他的手掌。

子温而厉,威而不猛,恭而安。①(《述而·38》)

-- 注释 --

①孔子修中和之德,即在气貌之间,而可以窥其心地修养之所至。学者当内外交修,即从外面气貌上,亦可验自己之心德。

-- 译文 --

先生温和而严厉，威严而不可怕，庄重而安详。

孔子于乡党①，恂恂②如也，似不能言③者。
其在宗庙朝廷，便便④言，唯谨尔⑤。(《乡党·1》)

-- 注释 --

①乡党：孔子生陬邑之昌平乡，后迁曲阜之阙里，亦称阙党。此称乡党，应兼两地言。

②恂恂：音 xún，温和恭顺。

③似不能言：谦卑逊顺，不欲以己之贤知先人。乡党乃父兄宗族之所在，孔子居乡党，其容貌辞气如此。

④便便：旧读 pián，同"辩"，善于辞令。

⑤唯谨尔：谨，谨敬。宗庙朝廷，大礼大政所在，有所言，不可不明而辩，惟当谨敬而已。

-- 译文 --

孔子在本乡的地方上显得很温和恭敬，像是不会说话的样子。
但他在宗庙里、朝廷上却很善于言辞，只是很谨慎罢了。

朝①，与下大夫言，侃侃②如也；与上大夫言，誾誾③如也。君在④，踧踖⑤如也，与与⑥如⑦也。(《乡党·2》)

-- 注释 --

①朝：君未视朝之时。

②侃侃：温和而快乐。

③誾誾：音 yín，正直、恭敬而又能直言诤辩。

④君在：君视朝时。

⑤踧踖：音 cù jí，恭敬而不安的样子。

⑥与与：威仪适中的样子。

⑦如：形容词词尾，表示"……的样子"。

-- 译文 --

孔子在上朝的时候，同下大夫说话，温和而快乐的样子；同上大夫说话，和颜悦色而又直言诤辩的样子。国君在的时候，恭敬而不安的样子，威仪适中的样子。

君召使摈①，色勃如②也，足躩③如也。揖所与立，左右手，衣前后④，襜⑤如也。趋进⑥，翼如也⑦。宾退，必复命曰："宾不顾矣。"（《乡党·3》）

-- 注释 --

①使摈：摈，音 bīn，同"傧"，动词，出迎。国有宾客，使孔子迎之。
②色勃如：脸色庄重的样子。
③躩：音 jué，皇侃《义疏》引江熙云："不暇闲步，躩，速貌也。"
④衣前后：衣服随作揖俯仰而前后摆动。
⑤襜：音 chān，整齐之貌。
⑥趋进：快步前行，一种表示敬意的行动。
⑦翼如也：如鸟儿展翅一样。

-- 译文 --

鲁君召孔子去接待外国的贵宾，孔子脸色立即庄重起来，脚步也快起来。向两旁站立迎宾的人作揖，或者向左拱手，或者向右拱手，衣服随之前后摆动，却整齐不乱。快步走的时候，像鸟儿展开双翅一样。宾客走后，一定向君主回报说："客人已经不回头了。"

入公门，鞠躬如①也，如不容。
立不中门，行不履阈②。
过位③，色勃如也，足躩如也，其言似不足者。
摄齐④升堂，鞠躬如也，屏气⑤似不息者。
出，降一等⑥，逞⑦颜色，怡怡如也。
没阶⑧，趋进⑨，翼如也。
复其位，踧踖如也。（《乡党·4》）

-- 注释 --

①鞠躬如：这"鞠躬"两字不能当"曲身"讲。这是双声字，用以形容谨慎恭敬的样子。清人卢文弨《龙城札记》说："……且曲身乃实事，而云曲身如，更无此文法。"
②履阈：阈，音 yù，门槛。脚踩门槛。
③过位：位是鲁公的座位，经过之时，鲁公并不在，座位是空的。
④摄齐：齐，音 zī，衣服缝了边的下摆。摄，提起。提起衣服的下摆。

⑤屏气：屏息，压抑呼吸。屏，音 bǐng。

⑥降一等：从台阶上走下一级。

⑦逞：舒展开，松口气。

⑧没阶：走完了台阶。

⑨趋进：有些本子无"进"字，不对。自汉以来所有引《论语》此文的都有"进"字，《唐石经》也有"进"字，《太平御览》居处部、人事部引文，张子《正蒙》引文也都有"进"字。

-- 译文 --

孔子走进朝廷的大门，谨慎而恭敬的样子，好像没有容身之地。

站，不站在门的中间；走，不踩门槛。

经过国君的座位，脸色便庄重起来，脚步也加快起来，说话也好像底气不足一样。

提起衣服下摆上堂的时候，恭敬谨慎的样子，憋住气好像不呼吸一样。

走出来，下了一个台阶，脸色便舒展了，怡然自得的样子。

走完了台阶，快步向前，像鸟儿展开翅膀一样。

回到自己的位置，恭敬而内心不安的样子。

执圭①，鞠躬如也，如不胜②。上如揖③，下如授。勃如战色④，足蹜蹜⑤如有循⑥。

享礼⑦，有容色⑧。

私觌⑨，愉愉如也。（《乡党·5》）

-- 注释 --

①圭：一种玉器，上圆或剑头形，下方，举行典礼时，不同身份的人拿着不同的圭。出使邻国，大夫拿着圭作为代表君主的凭信。

②胜：音 shēng，能负担得了。

③上如揖，下如授：执圭与心齐，上不过揖，下不过授。过高过卑，皆是不敬。

④战色：战战兢兢的样子。

⑤蹜蹜：音 sù sù，脚步密而小，只举起前趾，脚跟不离地。

⑥如有循：循，沿着。好像沿着一条直线往前走一样。

⑦享礼：古代出使外国，初到所聘问的国家，便行聘问礼。"执圭"一段所写的正是行聘问礼时孔子的情貌。聘问之后，便行享献之礼。"享礼"就是

享献礼，使臣把所带来的各种礼物罗列满庭。

⑧有容色：满脸和气，不再有勃战之色。《仪礼·聘礼》："及享，发气焉盈容。""有容色"就是"发气焉盈容"。

⑨覿：音dí，会见。公礼完成以后，使臣于他日赍（jī）己物见其所使之国君。

-- 译文 --

出使邻国时，拿着圭，恭敬谨慎，像是举不起来的样子。举在上面时像是作揖，放在下面时像是给人递东西。脸色庄重得战战兢兢，脚步细小，好像沿着一条线走过。

献礼物的时候，满脸和气。

以私人身份会见外国国君时，显得轻松愉快。

升车，必正立，执绥①。
车中，不内顾②，不疾言③，不亲指④。（《乡党·26》）

-- 注释 --

①执绥：抓住上车时的索带。
②内顾：犹言回视，回头看。
③疾言：快速地说话。
④不亲指：不用手指划。

-- 译文 --

上车时，一定先端正地站好，然后拉着扶手带上车。
在车上，不向内回头看，不很快地说话，不用手指指点点。

（三）处世态度

1. 政事

或①谓孔子曰："子奚②不为政③？"子曰："《书》④云：'孝乎惟孝，友于兄弟⑤。'施于有政，是亦为政，奚其为为政⑥？"（《为政·21》）

-- 注释 --

①或：有人。不定代词。
②奚：疑问词，相当于"为什么"。

③为政：出仕从政。

④《书》：指《尚书》。

⑤孝乎惟孝，友于兄弟：两句见伪古书《尚书·君陈篇》。孝乎惟孝，是对孝的赞美之词。友，友爱，友好。孝于父母，自然也会友爱兄弟。

⑥施于有政，是亦为政，奚其为为政：此三句乃孔子语。施，这里应该当"延及"讲，过去有人解为"施行"，不妥。有，无意义，加于名词之前，这是古代构词法的一种形态。详见杨伯峻《文言语法》。政，同"正"，卿相大夫，指为政者。杨遇夫先生说："政谓卿相大臣，以职言，不以事言。"（《积微居小学金石论丛·〈论语〉子奚不为政解》）定州汉墓竹简本《论语》，此字亦作"正。"那么，这句话就应译为"把这种风气影响到卿相大臣上去"。孔门虽重政治，然而更重人道，假如失掉了为人之道，又何谈为政之道，这就是孔子当时不愿从政的微意。孔子一生以主要精力从事教育，但不单纯是教育，在他看来，这也是他为政的一种形式。语言温和婉转而又果断直截，所以为圣人之言。

— 译文 —

有人对孔子说："你为什么不当官参与政治呢？"孔子回答说："《尚书》上说，'孝啊！真是孝啊！又能友爱到你的兄弟。'把这种风气影响到政治上去，这也就是参与政治，为什么一定要当官才算是参与政治呢？"

子曰①："夷狄②之有君，不如诸夏③之亡④也。"（《八佾·5》）

— 注释 —

①孔子以下所言有两解：一说夷狄不如诸夏，"文化落后国家虽然有个君主，还不如中国没有君主呢。"另一说诸夏不如夷狄，见杨遇夫先生《论语疏证》说，夷狄有君指楚庄王、吴王阖庐等。君是贤明之君。句意是"夷狄还有贤明君主，不像中原诸国却没有。"

②夷狄：古代汉族对周边文化落后的少数民族的称呼。有东夷、南蛮、西戎、北狄等说法。

③诸夏：指中国，即华夏族居住的中原一带各诸侯国。

④亡：同"无"。在《论语》中，"亡"下不带宾语，"无"下必有宾语。

— 译文 —

孔子说："文化落后国家虽然有个君主，还不如中国没有君主呢。"

子曰："禘①自既灌而往②者，吾不欲观之矣③。"（《八佾·10》）

—— 注释 ——

①禘：音 dì，古代只有天子才可以举行的祭祀祖先的非常隆重的典礼。祭祖时先祭始祖，第一次献酒后，再依尊卑亲疏的次序祭祀历代祖先。据《礼记》说，周公死后，周成王为了追念他在建立周朝中的重大功勋，特许他的后代对他用禘礼祭祀，因此鲁国一直沿用禘祭。但是到了春秋时代，鲁国国君实行禘祭时有越礼行为，所以孔子不想看。

②既灌而往：灌，祼（guàn）的假借字。祭祀中的一个节目。古代祭祀，用活人来代受祭者，这个活人就叫"尸"。尸一般用幼小的男女。第一次献酒给尸，使他（她）闻到（一种配合香料煮成的）酒的香气，叫作祼。灌毕而后迎牲，尚是行礼之初。自灌以往即不欲观，无异言我不欲观有此禘礼。

③吾不欲观之矣：鲁文公时，在禘祭时把其父僖公排在闵公的前面，僖公虽是闵公的哥哥，但他是继承闵公当国君的，因此把僖公排在闵公之前就是违礼的逆祀，孔子对此不满，不愿再看下去。

—— 译文 ——

孔子说："禘祭的礼，从第一次献酒以后，我就不想再看下去了。"

子曰："事君尽礼，人①以为谄②也。"（《八佾·18》）

—— 注释 ——

①人：在此为狭义，指士大夫以上的人，不包括老百姓，老百姓称作"民"。此话为孔子在鲁国任职时所言。当时三家强，公室弱，人皆附三家，见孔子事君尽礼，疑其为谄也。从此可以看出当时君臣之礼遭到破坏的情形和孔子对此的态度。

②谄：谄媚。

—— 译文 ——

孔子说："事奉君主，完全按臣子的礼节去做，别人反而认为这是谄媚。"

子谓《韶》①，"尽美②矣，又尽善也。"谓《武》③，"尽美矣，未尽善也。"（《八佾·25》）

――注释――

①《韶》：舜时的乐曲名。

②美、善："美"指其声容之表于外者，如乐之音调，舞之阵容之类。"善"指其声容之蕴于内者，乃指乐舞中所涵蕴之意义言。舜的天子之位是由尧"禅让"而来，故孔子认为"尽善"。周武王的天子之位是由讨伐商纣而来，尽管是正义之战，但孔子认为"未尽善"。盖以兵力得天下，终非理想之最善者。见《论语集解》引孔《注》："《韶》，舜乐名，以圣德受禅，故尽善。《武》，武王乐也，以征伐取天下，故未尽善。"

③《武》：周武王时的乐曲名。

――译文――

孔子谈到《韶》乐，说："美极了，而且好极了。"谈到《武》乐，说："美极了，却还不够好。"

子曰："谁能出不由①户②？何莫③由斯道④也？"（《雍也·17》）

――注释――

①由：经由。

②户：门。

③何莫：为什么没有。孔子怪叹之辞。

④斯道：这条路，这里以行走的路比喻仁义之路。

――译文――

孔子说："谁能不经过屋门而走出去呢？为什么没有人肯从我这条人生大道而行呢？"

子曰："齐①一变，至于鲁；鲁一变，至于道②。"（《雍也·24》）

――注释――

①齐、鲁：齐有太公之余风，管仲兴霸业，其俗急功利，其民喜夸诈。鲁有周公、伯禽之教，其民崇礼尚信，庶几仁厚近道。孔子对当时诸侯，独取齐、鲁两国，言其政俗有美恶，故为变有难易。

②道：指王道。可惜孔子终不得试，离职去国，遂无人能变此两邦。

――译文――

孔子说："齐国的政治一改革，可以达到鲁国的样子；鲁国的政治一改革,就可以达到先王之道了。"

子曰:"觚①不觚,觚哉!觚哉!"(《雍也·25》)

-- 注释 --

①觚:音 gū,古代盛酒的器具,上圆下方,腹部作四条棱角,足部也作四条棱角,容量二升。孔子为什么说这话,有两种解释:一是觚做成了圆形,没有了棱角,但也叫觚,所以孔子慨叹名实不符,以此讽喻政事,如"君不君,臣不臣,父不父,子不子"之类。二是觚和孤同音,寡少的意思。觚容量小,意在劝人少喝酒。但孔子时人们沉湎于酒,觚的实际容量已经大大不止于此。此为孔子忧世慨叹。

-- 译文 --

孔子说:"觚不像个觚,这是觚吗!这是觚吗!"

子曰:"德之不修,学之不讲①,闻义②不能徙③,不善不能改,是吾忧也。"(《述而·3》)

-- 注释 --

①讲:讲习。
②义:应当做的。《中庸》:"义者,宜也。"
③徙:音 xǐ,迁移。此处指靠近、做到。

-- 译文 --

孔子说:"品德不修养,学问不讲习,听到应当做的却不能亲身赴之,有缺点不能改正,这些都是我的忧虑。"

子曰:"甚矣吾衰①也!久矣吾不复梦见周公②!"(《述而·5》)

-- 注释 --

①吾衰:年老意。
②梦见周公:孔子壮盛时,志欲行周公之道,故梦寐之间,时或见之。年老知道不行,遂无复此梦矣。周公,姓姬名旦,周文王的儿子,周武王的弟弟,成王的叔父,鲁国的始祖,传说是西周典章制度的制定者,是孔子心目中最敬服的古代圣人之一。

-- 译文 --

孔子说："我衰老得多么厉害呀！我好长时间没再梦见周公了！"

子之所慎：齐①，战②，疾。(《述而·13》)

-- 注释 --

①齐：同"斋"，斋戒。古人在祭祀前要沐浴更衣，不吃荤，不饮酒，不与妻妾同寝，整洁身心，表示虔诚之心，这叫作斋戒。《乡党·7》说孔子"斋必变食，居必迁坐。"

②战、疾：孔子是作战必求"临事而惧，好谋而成"(《述而·11》)的人，因为它关系国家的存亡安危；《乡党·16》又描写孔子病了，不敢随便吃药，因为它关系个人的生死。这都是孔子不能不谨慎的地方。

-- 译文 --

孔子所谨慎对待的是：斋戒、战争和疾病。

子曰："圣人，吾不得而见之矣；得见君子者，斯①可矣。"子曰："善人，吾不得而见之矣；得见有恒②者，斯可矣。亡③而为有，虚而为盈，约④而为泰⑤，难乎有恒矣。"(《述而·26》)

-- 注释 --

①斯：就。
②恒：和《孟子·梁惠王上》的"无恒产而有恒心"的"恒"是一个意义。这里指具有一定操守的人。
③亡：同"无"。
④约：穷困。
⑤泰：和《国语·晋语》的"恃其副宠，以泰于国"、《荀子·议兵篇》的"用财欲泰"的"泰"同义，用度豪华而不吝惜的意思。

-- 译文 --

孔子说："圣人，我不能看见了；能看到君子，就可以了。"孔子又说："善人，我不能看见了；能看见有一定操守的人，就可以了。没有却装作有，空虚却装作充实，穷困却装作富足，这样的人就很难保持一定操守了。"

子曰:"笃信好学,守死善道①。危邦②不入,乱邦不居。天下有道则见③,无道则隐。邦有道,贫且贱焉,耻④也;邦无道,富且贵焉,耻也。"(《泰伯·13》)

-- 注释 --

①笃信好学,守死善道:笃,坚定。《荀子·修身》:"笃志而体。"(坚定意志,并且努力去实践。)信,信此道。非笃信则不能好学。学,学此道,非好学亦不能笃信。能笃信,又能好学,然后能守之以至于死,始能善其道。善道者,求所以善明此道,善行此道。

②危邦、乱邦:包咸云:"臣弑君,子弑父,乱也;危者,将乱之兆也。"危国不可入,乱国不可居。不入危邦,则不被其乱。不居乱邦,则不及其祸。

③见:音 xiàn,同"现",意为出仕。君子或见或隐,皆所以求善其道。

④耻:耻辱。世治而我身无可行之道,世乱而我心无可守之节,皆可耻之甚。

-- 译文 --

孔子说:"坚定地相信我们的道,努力学习它,誓死保全它。不进入政局不稳的国家,不居住在动乱的国家。天下太平就出来做官,天下不太平就隐居。国家政治清明而自己贫贱,是耻辱;国家政治黑暗而自己富贵,也是耻辱。"

子曰:"凤鸟①不至,河不出图②,吾已矣夫③!"(《子罕·9》)

-- 注释 --

①凤鸟:凤凰。古代传说凤凰是一种神鸟,祥瑞的象征,出现便预示天下太平。

②河不出图:河,黄河。图,八卦图。传说伏羲时代,黄河中有龙马背负八卦图出现,预示"圣王"将要出世。圣人受命,黄河就出现图画。孔子所言,不过以此比喻当时天下无清明之望罢了。

③已矣夫:算了吧。这是孔子感到看不到太平盛世而发出的嗟叹之词,表示这一生不能有所作为了。

-- 译文 --

孔子说:"凤凰不来了,黄河中也不出现八卦图了,我这一生也就完了吧!"

子贡曰:"有美玉于斯,韫椟①而藏诸?求善贾②而沽③诸?"子曰:"沽之哉!沽之哉!我待贾者也。"(《子罕·13》)

-- 注释 --

①韫椟:音 yùn dú,收藏物件的匣子。

②善贾:贾,音 gǔ,商人。又同"价",价钱。如果取后一义,"善贾"便是"好价钱","待贾"便是"等好价钱"。不过与其说孔子是等价钱的人,不如说他是等识货的人。

③沽:卖出去。

-- 译文 --

子贡说:"这里有一块美玉,是把它收藏在匣子里呢?还是找一个识货的商人卖掉呢?"孔子说:"卖掉吧,卖掉吧!我正在等着识货的人呢。"

子欲居九夷①。或曰:"陋②,如之何?"子曰:"君子居之,何陋之有?"(《子罕·14》)

-- 注释 --

①九夷:中国古代对东方少数民族的通称。以《说苑·君道篇》、《淮南子·齐俗训》、《战国策·秦策》与《魏策》、李斯《上秦始皇书》诸说九夷者考之,九夷实散居于淮、泗之间,北与齐、鲁接壤。

②陋:简陋,鄙野,文化闭塞,不开化。

-- 译文 --

孔子想要搬到九夷去住。有人说:"那里非常偏僻闭塞,怎么能住呢?"孔子说:"有君子去住,还有什么闭塞的呢?"

君赐食①,必正席②先尝之。君赐腥③,必熟而荐④之。君赐生⑤,必畜⑥之。侍食于君,君祭,先饭⑦。(《乡党·18》)

-- 注释 --

①食:熟食。

②正席:布席,指把席摆正。

③腥:生的鱼或肉。

④荐:进奉。这里进奉的对象是自己的祖先,但不能看作祭祀。

⑤生:活的动物。

⑥畜：音 xù，畜养。
⑦先饭：古时君主吃饭要有人先尝一尝，君主才吃。先饭就是先吃，表示自己不敢以客人自居，而是像给君主尝食一样，亦表敬意。

—— 译文 ——

国君赐给熟食，孔子一定摆正座席先尝一尝。国君赐给生肉，一定煮熟了，先给祖宗上供。国君赐给活物，一定养着它。同国君一道吃饭，在国君举行饭前祭礼的时候，自己先吃饭（不吃菜）。

疾，君视之，东首①，加朝服，拖绅②。（《乡党·19》）

—— 注释 ——

①东首：头朝东。指孔子卧病在床时的情形。古人卧榻一般设在南窗的西面。国君来，从东边台阶走上来（东阶就是阼阶，原是主人的位向，但国君自以为是全国的主人，就是到其臣下家中，仍从阼阶上下），所以孔子面朝东来迎接他。
②加朝服，拖绅：孔子卧病在床，自不能穿朝服，只能盖在身上。绅是束在腰间的大带。束了以后，仍有一节垂下来。

—— 译文 ——

孔子病了，国君来探视，他便头朝东躺着，身上盖上朝服，拖着大带子。

子曰："鲁卫之政，兄弟也。"①（《子路·7》）

—— 注释 ——

①鲁国是周公旦的封地，卫国是康叔的封地，周公旦和康叔是兄弟。而且，鲁国、卫国当时和睦相处，好像兄弟。

—— 译文 ——

孔子说："鲁国和卫国的政事，就像兄弟一般（相差不多）。"

宪①问耻。子曰："邦有道，谷②；邦无道，谷，耻也。"
"克③、伐④、怨、欲不行焉，可以为仁矣？"子曰："可以为难矣，仁则吾不知也。"（《宪问·1》）

—— 注释 ——

①宪：姓原名宪，字子思，孔子弟子。孔子为鲁国大夫时，原宪曾为孔

子家宰。

②谷：这里指做官者的俸禄。

③克：好胜。

④伐：自夸。

-- 译文 --

原宪问什么是可耻。孔子说："国家政治清明，做官拿俸禄；国家政治黑暗，还做官拿俸禄，这就是可耻。"

原宪又问："好胜、自夸、怨恨、贪欲这四种毛病都没有表现，可以算做到仁了吧？"孔子说："这可以说是很难得了，但至于是不是仁，那我就不知道了。"

陈成子①弑简公②。孔子沐浴而朝③，告于哀公曰："陈恒弑其君，请讨之④。"公曰："告夫三子⑤！"

孔子曰⑥："以吾从大夫之后⑦，不敢不告也。君曰'告夫三子'者！"

之⑧三子告，不可。孔子曰："以吾从大夫之后，不敢不告也。"（《宪问·21》）

-- 注释 --

①陈成子：即陈恒，齐国大夫，又叫田成子。他以大斗借出，小斗收进的方法收买人心。公元前481年，他杀死齐简公，夺取了政权。

②简公：齐简公，姓姜名壬。公元前484—前481年在位。

③孔子沐浴而朝：这时孔子已告老还家，特为这事来朝见鲁君。

④请讨之：孔子请讨陈恒，主要是由于陈恒以臣杀君，依孔子的学说，非讨不可。同时，孔子也估计到了战争的胜负。《左传》哀公十四年记载："孔子三日斋而请伐齐三，公曰：'鲁为齐弱久矣，子之伐之，将若之何？'对曰：'陈恒弑其君，民之不与者半，以鲁之众，加齐之半，可克也。'"

⑤三子：指鲁国的季孙、孟孙、叔孙三家大夫。鲁政在此三家，哀公不得自专，故欲孔子告之。

⑥孔子曰：此下至君曰告夫三子者，乃孔子退朝后告诉别人的话。见《左传》："孔子辞，退而告人曰：'吾以从大夫之后也，故不敢不言。'"深憾鲁君不能自命三家，而使己告之，曰"'告夫三子'者"，增一者字，无限愤慨尽在此一字见矣。

⑦从大夫之后：孔子的谦称。因为孔子曾任鲁司寇，也是大夫的一员，

所以自称为"从大夫之后"。

⑧之：动词，往。孔子往告三子，三子不可。盖三家鲁之强臣，有无君之心，正犹齐之有陈恒，怎肯听孔子言而往讨之？孔子亦知其所请之不得行，而必请于君，请于三家，亦所谓知其不可而为之也。

-- 译文 --

陈成子杀了齐简公。孔子斋戒沐浴而后朝见鲁哀公，报告说："陈恒杀了他的君主，请你出兵讨伐他。"哀公说："去报告那三位大夫！"

孔子退下告诉别人说："因为我曾经做过大夫，不敢不来报告，君主却说'报告那三位大夫'！"

孔子去向那三位大夫报告，他们不同意讨伐。孔子退下告诉别人说："正因为我曾经做过大夫，不敢不报告呀。"

子曰："贤者辟①世，其次辟地，其次辟色，其次辟言。"
子曰："作者七人②矣。"（《宪问·37》）

-- 注释 --

①辟：同"避"，逃避。

②七人：通常认为即《论语·微子》中提到的伯夷、叔齐、虞仲、夷逸、朱张、柳下惠、少连。

-- 译文 --

孔子说："贤者逃避恶浊社会而隐居，次一等的择地而处，再次一等的避免不好的脸色，再次一等的回避恶言。"

孔子又说："这样做的已经有七个人了。"

卫灵公问陈①于孔子。孔子对曰："俎豆②之事，则尝闻之矣；军旅之事，未之学也。"明日遂行③。（《卫灵公·1》）

-- 注释 --

①陈：同"阵"，作战的阵势。

②俎豆：俎，音 zǔ。俎和豆都是古代盛肉食的器皿，行礼时用它，因之藉以表示礼仪之事，这种用法和《泰伯·4》"笾豆之事"相同。

③明日遂行：卫灵公无道，而又志于战伐之事，故孔子去之。

-- 译文 --

卫灵公向孔子问军队列阵之事。孔子回答说:"祭祀礼仪的事,我曾经听说过;用兵打仗的事,没有学过。"第二天就离开了卫国。

子曰:"已①矣乎!吾未见好德如好色②者也。"(《卫灵公·13》)

-- 注释 --

①已:停止。
②好色:据《史记·孔子世家》,孔子"居卫月余,灵公与夫人(南子)同车,宦者雍渠参乘出,使孔子为次乘,招摇市过之。"孔子因发这一感叹。

-- 译文 --

孔子说:"罢了吧!我没见过好德像好色那样的人。"

子曰:"吾之于人也,谁毁谁誉?如有所誉者,其有所试①矣。斯民也,三代之所以直道而行也②。"(《卫灵公·25》)

-- 注释 --

①试:考察,验证。
②斯民也,三代之所以直道而行也:朱熹《论语集注》曰:"斯民者,今此之人也。三代,夏、商、周也。直道,无私曲也。"这种理解近是。

-- 译文 --

孔子说:"我对于别人,诋毁过谁?赞美过谁?如有所赞美的,必须是曾经考验过他的。当代的百姓,就是夏、商、周三代依靠他们而使直道得以通行的人呀。"

子曰:"吾犹及史之阙文①也。有马者借人乘之②,今亡矣夫!"(《卫灵公·26》)

-- 注释 --

①阙文:阙,同"缺"。史官记史,遇到有疑问处就缺而不记,叫阙文。
②有马者借人乘之:有人认为此句系错出。另有一种解释为:有马的人自己不会调教,而靠别人训练。借,犹藉义,凭借,借人之能以服习己马也。与"史之阙文"一样表现了严谨老实的作风。依从后者。

── 译文 ──

孔子说："我还能够看到史书存疑的地方。有马的人（自己不会调教，）靠别人来训练，这种精神，今天没有了罢！"

孔子曰①："天下有道，则礼乐征伐自天子出②；天下无道，则礼乐征伐自诸侯出。自诸侯出，盖十世希不失③矣；自大夫出，五世希不失矣；陪臣执国命④，三世希不失矣。天下有道，则政不在大夫。天下有道，则庶人不议⑤。"（《季氏·2》）

── 注释 ──

①孔子以下这段话可能是从考察历史，尤其是当日时事所得出的结论。"自天子出"，孔子认位尧、舜、禹、汤以及西周都是如此；"天下无道"则自齐桓公以后，周天子已无发号施令的力量了。齐自桓公称霸，历孝公、昭公、懿公、惠公、顷公、灵公、庄公、景公、悼公、简公十公，至简公而为陈恒所杀，孔子亲身见之；晋自文公称霸，历襄公、灵公、成公、景公、厉公、平公、昭公、顷公九公，六卿专权，也是孔子所亲见的。所以说："十世希不失"。鲁自季氏专政，历文子、武子、平子、桓子而为阳虎所执，更是孔子所亲见的。所以说"五世希不失"。至于鲁季氏家臣南蒯、公山弗扰、阳虎之流都当身而败，不曾到过三世。当时各国家臣有专政的，孔子言"三世希不失"，盖宽言之。这也是历史演变的必然，愈近变动时代，权力再分配的斗争，一定愈加激烈。这却是孔子所不明白的。

②礼乐征伐自天子出：古制非天子不得变礼乐、专征伐，此乃大一统之道。

③十世希不失：逆理违道愈甚，则失之愈速，自然之势如此，非人力所能强。希，同"稀"，稀少。

④陪臣执国命：大夫的家臣把持国家政权。陪臣，卿大夫的家臣。

⑤庶人不议：上无失政，则下无非议。庶人，老百姓。

── 译文 ──

孔子说："天下有道的时候，制作礼乐和出兵打仗都由天子决定；天下无道的时候，制作礼乐和出兵打仗就由诸侯决定。由诸侯决定，大概传到十代很少有不失掉君位的；由大夫决定，传到五代很少有不失掉的；由家臣把持国家政权，传到三代很少有不失掉的。天下太平，国家的最高政治权力就不会落在大夫手中。天下太平，老百姓就不会对国家政治议论纷纷。"

孔子曰："禄之去公室①五世②矣，政逮于大夫③四世矣，故夫三桓④之子孙微矣。"（《季氏·3》）

-- 注释 --

①禄之去公室：谓爵禄赏罚之权不从君出。禄，爵禄赏罚等权力。去，离开。

②五世、四世：自鲁君丧失政治权力到孔子说这段话的时候，经历了宣公、成公、襄公、昭公、定公五代；自季氏最初把持鲁国政治到孔子说这段话时，经历了文子、武子、平子、桓子四代。说本毛奇龄《论语稽求篇》。

③政逮于大夫：禄去公室，斯政逮大夫。逮，及，到。

④三桓：鲁国的三卿，仲孙（即孟孙）、叔孙、季孙都出于鲁桓公，故称"三桓"。后仲孙氏改称孟氏。此三家至定公时皆衰。

-- 译文 --

孔子说："国家政权离开鲁君已五代了，政权落到大夫手里也已四代了，所以三桓的三房子孙到目前也衰微了。"

阳货①欲见孔子，孔子不见，归孔子豚②。
孔子时其亡③也，而往拜之。
遇诸涂④。
谓孔子曰⑤："来！予与尔言。"曰："怀其宝而迷其邦⑥，可谓仁乎？"曰："不可。好从事而亟⑦失时，可谓知乎？"曰："不可。日月逝矣，岁不我与⑧。"
孔子曰⑨："诺；吾将仕矣⑩。"（《阳货·1》）

-- 注释 --

①阳货：又叫阳虎，季氏的家臣。阳货这时囚季桓子而把持鲁国之政，想要孔子来见他，让孔子出仕助之。阳虎企图削除三桓而未成，逃往晋国。

②归孔子豚：归，音 kuì，同"馈"，赠送。豚，音 tún，小猪。赠给孔子一个熟小猪。《孟子·滕文公下》对这事有一段说明。他说，当时，"大夫有赐于士，不得受于其家，则往拜其门。"阳货便利用这一礼俗，趁孔子不在家，送一个蒸熟了的小猪去，是想让孔子去见他。

③时其亡：时，同"伺"，探察。亡，同"无"。等他外出的时候。孔子也就趁阳货不在家才去登门拜谢。

④遇诸涂：涂，同"途"，道路。在路上遇到了他。

⑤曰：自此以下几个"曰"字，都是阳货的自问自答。说本毛奇龄《论

语稽求篇》引明人郝敬之说。俞樾《古书疑义举例》卷二有"一人之辞而加曰字例",对这种修辞方式更有详细引证。

⑥怀其宝而迷其邦:谓怀藏道德而听任国之迷乱。

⑦亟:音qì,屡次。

⑧与:在一起,等待的意思。

⑨孔子曰:以下是孔子答阳货。阳货欲亲孔子,絮絮语不休,孔子默不出声,最后才作五字答之,谓:"诺,吾将仕矣。"孔子不知阳货所言之用意,亦不加辩说,只言将仕。孔子非不欲仕,特不欲仕于货。

⑩吾将仕矣:孔子于阳货当权之时,并未仕于阳货。可参《左传》定公八、九年传。

— 译文 —

阳货想见孔子,孔子不见他,阳货便赠送给孔子一个熟小猪,想要孔子去见他。

孔子探听到阳货不在家时,去他家拜谢。

两人却在路上遇见了。

阳货对孔子说:"来!我同你说话。"(孔子走了过去。)阳货说:"你身藏道德宝货而听任国家迷乱失道,这可以说是仁吗?"(孔子没吭声。)阳货自问自答地说:"不可以。喜欢参与政事而又屡次错过机会,这可以说是智吗?"(孔子仍然没有吭声。)阳货又自问自答地说:"不可以。时光流逝,年岁是不等人的。"

孔子这才说道:"好吧,我打算做官了。"

公山弗扰①以费畔②,召,子欲往。

子路不说,曰:"末之也,已③,何必公山氏之之也④?"

子曰:"夫召我者,而岂徒哉⑤?如有用我者,吾其为东周⑥乎?"(《阳货·5》)

— 注释 —

①公山弗扰:人名,又称公山不狃,字子泄,季氏的家臣。疑即《左传》定公五年、八年、十二年及哀公八年之公山不狃(唯陈天祥的《四书辨疑》认为是两人)。不过《论语》所叙之事不见于《左传》,而《左传》定公十二年所叙的公山不狃反叛鲁国的事,不但没有叫孔子去,而且孔子当时正为司寇,命人打败了他。因此赵翼的《陔余丛考》、崔述的《洙泗考信录》都疑

心这段文字不可信。但是其后又有一些人，如刘宝楠《论语正义》，则说赵、崔不该信《左传》而疑《论语》。我们于此等处只能存疑。

②畔：毛奇龄说"畔是谋逆"。指公山弗扰伙同阳货在费邑图谋反叛季氏。

③末之也，已：旧作一句读，此依武亿《经读考异》作两句读。"末"，没有地方的意思；"之"，动词，往也；"已"，止也。

④何必公山氏之之也：即"何必之公山氏之也"的倒装，第一个"之"字只是帮助倒装用的结构助词，后一个"之"字是动词，去、到的意思。

⑤而岂徒哉："徒"下省略动宾结构，完整地说应是"而岂徒召我哉"。徒，徒然，白白地。

⑥为东周：传统上有两种解释：其一，何晏《论语集解》、朱熹《论语集注》认为，孔子是欲行周道于东方，建造一个东方的周王朝，指在鲁国复兴西周的礼乐制度。但绝不是把周公旦所制定的礼乐制度恢复原状。孔子知道时代不同，礼要有"损益"。他主张"行夏之时"，便是对周礼的改变。夏的历法是以立春之月为一年的第一月，周的历法是以冬至之月为一年的第一月。夏历便于农业生产，周历不便于农业生产。不能说孔子要"复礼"，要"为东周"，便是倒退。他在夹谷会上，不惜用武力对待齐景公的无礼，恐怕未必合乎周礼。由此看来，孔子的政治主张，尽管难免有些保守处，如"兴灭国，继绝世"，但基本倾向是进步的，和时代的步伐合拍的。其二，孙奕《示儿篇》、杨慎《升庵全集》以及程树德《论语集释》均认为，当时东周处于衰乱之世，孔子欲实现其王道思想，是不可能赞成东周那样礼崩乐坏的社会的。其，刘宝楠认为同"岂"，难道。

-- 译 文 --

公山弗扰据费邑反叛，来召孔子，孔子准备去。

子路很不高兴，说："没有地方去就算了，为什么一定要去公山弗扰那里呢？"

孔子说："那个叫我去的人，难道是白白召我吗？如果有人用我，我将使周文王武王之道在东方复兴。"

佛肸①召，子欲往。

子路曰："昔者由也闻诸夫子曰：'亲于其身为不善者，君子不入也。'佛肸以中牟②畔，子之往也，如之何？"

子曰："然，有是言也。不曰坚乎，磨而不磷③；不曰白乎，涅④而不

缁⁵。吾岂匏瓜⁶也哉？焉能系⁷而不食？"（《阳货·7》）

-- 注释 --

①佛肸：音 bì xī，晋国赵简子攻打晋国大夫范中行，佛肸是范中行家臣，为中牟的县长，因此依据中牟来抗拒赵简子。

②中牟：春秋时晋邑，故址当在今日河北省邢台和邯郸之间，跟河南的中牟了不相涉。

③磷：音 lìn，损伤，此为"薄"的意思。

④涅：音 niè，本是一种矿物，古人用作黑色染料，这里作动词，染黑的意思。

⑤缁：音 zī，黑色。

⑥匏瓜：匏，音 páo。葫芦中的一种。古代有甘、苦两种，苦的不能吃，但可以系在腰间，作泅渡用。

⑦系：音 jì，打结，扣。

-- 译文 --

佛肸来召孔子，孔子打算去。

子路说："从前我听老师说过：'亲自做坏事的人那里，君子是不去的。'现在佛肸据中牟反叛，您却要去，怎么说得过去呢？"

孔子说："对，我有过这话。但是，你不知道吗？最坚硬的东西磨也磨不薄，最洁白的东西染也染不黑。我难道是个不能吃的葫芦吗？怎么能只是悬挂着而不给人吃呢？"

子曰："礼云礼云，玉帛①云乎哉？乐云乐云，钟鼓云乎哉？"（《阳货·11》）

-- 注释 --

①玉帛、钟鼓：玉帛，礼之所用。钟鼓，乐之所用。人必先有敬心而将之以玉帛，始为礼。必先有和气而发之以钟鼓，始为乐。遗其本，专事其末，无其内，徒求其外，则玉帛钟鼓不得为礼乐。孔子认为礼乐不在形式，不在器物，而在于其本质。其本质就是仁。没有仁，也就没有真的礼乐。

-- 译文 --

孔子说："礼呀礼呀，只是说玉帛之类的礼器吗？乐呀乐呀，只是说钟鼓之类的乐器吗？"

子曰:"恶紫之夺朱①也,恶郑声②之乱雅乐③也,恶利口④之覆邦家者。"(《阳货·18》)

-- 注释 --

①恶紫之夺朱:恶,憎恶,厌恶。朱,正色。紫,间色。春秋时期,鲁桓公和齐桓公都喜欢穿紫色衣服,从《左传》哀公十七年卫浑良夫"紫衣狐裘"而被罪的事情来看,那时的紫色可能已代替了朱色而变为诸侯衣服的正色了。

②郑声:郑国的音乐,淫声也。郑国这个地方的音乐有一些旋律多变,虽然增加了其可听性,但在孔子看来这样会容易使人沉迷于欣赏音乐本身而忘记了先王制礼作乐的深层次思想,因而称"郑声淫",要人们远离"郑卫之声"。

③雅乐:正音。

④利口:佞也。

-- 译文 --

孔子说:"厌恶紫色篡夺了红色,厌恶郑国的曲调扰乱了典雅的正统乐曲,厌恶花言巧语倾覆国家的人。"

齐景公待孔子曰:"若季氏,则吾不能;以季、孟之间待之。"曰:"吾老矣,不能用也。"孔子行。①(《微子·3》)

-- 注释 --

①此非面语孔子,盖以私告其臣,而孔子闻之。

-- 译文 --

齐景公讲到怎样对待孔子时说:"像鲁君对待季氏那样,我做不到;用介于季氏、孟氏之间的待遇对待他。"又说:"我老了,不能用他了。"孔子就离开了齐国。

齐人归女乐①,季桓子②受之,三日不朝,孔子行。(《微子·4》)

-- 注释 --

①齐人归女乐:归,同"馈",赠送。此事可参阅《史记》和《韩非子·内储说》。《史记》:"鲁定公十年,孔子为鲁司寇,方当政,齐人谋沮之,馈鲁以女乐,定公与季孙君臣相与观之,废朝礼三日,孔子遂行。"

②季桓子：季孙斯，鲁国定公以至哀公初年时的执政上卿，死于哀公三年。

译文

齐国送来许多歌姬舞女给鲁国，季桓子接受了，三天不问政事，孔子就离职走了。

2. 生活

子华①使②于齐，冉子③为其母请粟④。子曰："与之釜⑤。"
请益⑥。曰："与之庾。"
冉子与之粟五秉。
子曰："赤之适齐也，乘肥马⑦，衣⑧轻裘。吾闻之也：君子周急不继富⑨。"（《雍也·4》）

注释

①子华：孔子学生，姓公西名赤，字子华，小孔子四十二岁。

②使：旧读去声，出使。这里指为孔子出使。

③冉子：《论语》中，孔子弟子称"子"的不过曾参、有若、闵子骞和冉有几个人，这里当指冉有。有人认为，此章乃冉求门人所记，故称冉子。《论语》何以独于此四人称子，未能得确解，但当存疑。

④粟：小米。古文粟米对用时，粟指带壳的谷粒，去了壳就叫作米。粟字单用时就是指米。

⑤釜（fǔ）、庾（yǔ）、秉（bǐng）：古代量名，六斗四升为一釜；二斗四升（或说十六斗，不取）为一庾；十斗为一斛（hú），十六斛为一秉。一秉合一百六十斗。古时六斗四升为一釜，折合为今量约合三斗二升，仅够一人终月之食。大概孔子认为子华家富有而少与之。

⑥益：增加。

⑦乘肥马：不能解释为"骑肥马"，因为孔子时穿着大袖子宽腰身的衣裳，是不便于骑马的。直到战国时的赵武灵王才改穿少数民族服装，学习少数民族的骑着马射箭，以便利于作战。在所有"经书"中找不到骑马的文字，只有《曲礼》有"前有车骑"一语，但《曲礼》的成书在战国以后。

⑧衣：去声，动词，当"穿"解。

⑨周急不继富：周，后人写作"赒"，救济，补其不足。继，续其有余。冉求想让孔子多给点，孔子没有多给。冉求以私意多给了一些，故孔子如此

直言告之。

-- 译文 --

子华出使到齐国去，冉求替子华的母亲向孔子请求补助一些小米。孔子说："给她一釜吧。"

冉求请求再增加一些。孔子说："再给她一庾。"

冉求却给了她五秉。

孔子说："公西赤到齐国去，坐着肥马驾的车子，穿着又轻又暖的皮袍。我听说过，君子是只救济急需的穷人而不接济富人的。"

原思①为之②宰③，与之粟九百④，辞⑤。子曰："毋⑥！以与尔邻里乡党⑦乎！"（《雍也·5》）

-- 注释 --

①原思：姓原名宪，字子思，家贫，鲁国人。孔子的学生，生于公元前515年。孔子在鲁国任司法官的时候，原思曾做他家的总管。

②之：用法同"其"，他的，指孔子而言。

③宰：家宰，管家。

④九百：下无量名，不知是斛是斗，还是别的。习惯上常把最通用的度、量、衡的单位省略不说，古今大致相同。古制大夫家宰，用上士为之，有常禄，原思家贫，孔子多与之。由此可知古人之所谓义，不是不计财利，也不是不近人情。

⑤辞：原思嫌孔子给得多，故请辞。

⑥毋：禁止辞，孔子命原思勿辞。

⑦邻里乡党：都是古代地方单位的名称。五家为邻，二十五家为里，一万两千五百家为乡，五百家为党。此处指原思的同乡，或家乡周围的百姓。

-- 译文 --

原思任孔子家的总管，孔子给他俸米九百，他推辞不要。孔子说："不要推辞！如果有多的，就给你的乡亲们吧！"

子食于有丧者之侧，未尝饱也。①（《述而·9》）

-- 注释 --

①丧者哀戚，于其旁不能饱食，此所谓恻隐之心。曰未尝，则非偶然。

— 译文 —

孔子在死了亲属的人旁边吃饭，从未吃饱过。

子于是日哭①，则不歌。（《述而·10》）

— 注释 —

①哭：指吊丧。一日之内，哭人之丧，余哀未息，故不歌。曰则不歌，斯日常之不废弦歌可知。此非礼制，乃人心之仁道。见圣人之心，即见圣人之仁。

— 译文 —

孔子在这一天为吊丧而哭过，就不再唱歌。

子钓而不纲①，弋②不射宿③。（《述而·27》）

— 注释 —

①纲：网上的大绳叫纲，上悬多钩、横断于水流而钓，能获得更多的鱼。在此用作动词。
②弋：音yì，用丝线系于箭而射。
③宿：指归巢歇宿的鸟儿。

— 译文 —

孔子钓鱼，不用大绳横断流水来捕鱼；用带生丝的箭射鸟，但不射归巢的鸟。

子与人歌而善，必使反①之，而后和②之。（《述而·32》）

— 注释 —

①反：反复，重复。意谓细听其妙处。
②和：音hè，跟着唱。

— 译文 —

孔子同别人一起唱歌，如果唱得好，一定请他再唱一遍，然后跟着他唱。

子曰："奢则不孙①，俭则固②。与其不孙也，宁固。"③（《述而·36》）

— 注释 —

①孙：同"逊"。不孙，骄傲，有越礼之意。

②固：固陋，寒伧。

③奢者常欲胜于人。务求于俭，事事不欲与人通往来，易陷于固陋。二者均失，但固陋病在己，不逊则凌人。孔子重仁道，故谓不逊之失更大。

-- 译文 --

孔子说："奢华就显得骄傲，节俭就显得寒伧。与其骄傲，宁可寒伧。"

子曰："麻冕①，礼也；今也纯②，俭③，吾从众。拜下④，礼也；今拜乎上，泰⑤也。虽违众，吾从下。"⑥（《子罕·3》）

-- 注释 --

①麻冕：麻料制成的礼帽。其工细，故贵。

②纯：黑色的丝。

③俭：省俭。按照规定，麻冕必须用二千四百缕经线织成，很费工，不如用丝省俭。可见，孔子并不是完全固执不变的人。他主张臣对君要行"拜下"之礼，但对"麻冕"却赞同实行变通，以求省俭。

④拜下：指臣子对君主的行礼，先在堂下磕头，然后升堂再磕头。《左传》僖公九年和《国语·齐语》都记述齐桓公不听从周襄王的辞让，终于下拜的事。到孔子时，下拜的礼似乎废弃了。

⑤泰：这里指骄纵、傲慢。

⑥礼俗随世而变，有可从，有不可从。孔子好古敏求，重在求其义，非一意遵古违今。此虽举其一端，然教俭戒骄，其意深微矣。

-- 译文 --

孔子说："用麻织帽子，这是礼的规定。现在改用黑丝，这样省俭些，我也照着大家的做法去做。臣见君，先在堂下磕头，这也是礼的规定。现在都到堂上磕头，这是骄纵的表现。虽然和大家的做法不一样，我还是先在堂下磕头。"

子见齐衰①者、冕衣裳者②与瞽③者，见之④，虽少⑤，必作⑥；过之，必趋。（《子罕·10》）

-- 注释 --

①齐衰：音 zī cuī，把边缝起来的丧服，古时用熟麻布制成。

②冕衣裳者：指衣冠整齐的贵族。冕是高等贵族所戴的礼帽，后来只有皇帝所戴才称冕。衣，上衣；裳，下衣，相当于现代的裙。古代男子上穿衣，

下着裙。

③瞽：音 gǔ，眼瞎。

④见之：此见字是人来见而孔子见之，上见字是孔子见其人。

⑤少：年轻，年龄小。

⑥作、趋：作，站起来；趋，快步走。这都是一种敬意的表示。

-- 译文 --

孔子遇见穿丧服的人、戴礼帽穿礼服的人和瞎了眼睛的人，他们若来见，虽然年轻，孔子也一定要站起来；从他们身旁走过，一定要快步走。

子在川上，曰："逝者如斯夫！不舍①昼夜。"（《子罕·17》）

-- 注释 --

①舍：动词，居住，停留。孔子这话不过是感叹光阴一去不复返，未必有其他深刻含义。《孟子·离娄下》、《荀子·宥坐篇》、《春秋繁露·山川颂》对此都各有阐发，很难说是孔子本意。

-- 译文 --

孔子在河边，叹道："消逝的时光就像这河水一样啊！日夜不停地流去。"

乡人饮酒①，杖者②出，斯出矣。（《乡党·13》）

-- 注释 --

①乡人饮酒：即行乡饮酒礼，据《礼记·乡饮酒义》："少长以齿。"《王制》也说："习乡尚齿。"既论年龄大小，所以孔子必须让杖者先出。

②杖者：拿拐杖的人，指老年人。古制，五十杖于家，六十杖于乡。蜡祭饮酒（乡饮酒礼的最后一部分，主于敬老），必序齿位，然及其礼末，则以醉为度。孔子年当不及六十，杖者出即随之，不与众皆醉。

-- 译文 --

行乡饮酒礼后，（孔子）要等老年人都出去了，自己这才出去。

乡人傩①，朝服而立于阼阶②。（《乡党·14》）

-- 注释 --

①傩：音 nuó，古代的一种风俗，迎神以驱逐疫鬼。

②阼阶：阼，音 zuò，东面的台阶。主人所立之地，在这里欢迎客人。

— 译文 —

乡里人举行迎神驱鬼的仪式时，孔子穿着朝服站在东边的台阶上。

问①人于他邦，再拜而送之②。（《乡党·15》）

— 注释 —

①问：问候。古代人在问候时往往要致送礼物以表情意，如《诗经·郑风·女曰鸡鸣》"杂佩以问之"，《左传》成公十六年"楚子使工尹襄问之以弓"，哀公十一年"使问弦多以琴"。
②再拜而送之：再，两次。拜，拱手并弯腰。

— 译文 —

（孔子）托人给在外国的朋友问好，向受托者拜两次给他送行。

康子①馈②药，拜而受之。曰："丘未达③，不敢尝④。"（《乡党·16》）

— 注释 —

①康子：季康子。
②馈：赠送。
③未达：未通达药之属性。
④尝：吃。

— 译文 —

季康子送药品来问候，孔子拜谢之后接受了。说："我对药性不了解，不敢试服。"

**见齐衰①者，虽狎②，必变。见冕者与瞽者③，虽亵④，必以貌。
凶服⑤者式⑥之。式负版者⑦。
有盛馔⑧，必变色而作⑨。
迅雷风烈⑩必变。**（《乡党·25》）

— 注释 —

①齐衰：zī cuī，用熟麻布做的缝边的丧服。
②狎：音 xiá，亲近而不庄重，指平常耍闹之人。

③瞽者：盲人，指乐师。
④亵：音 xiè，轻慢、不庄重，指平时不拘于礼节之人。
⑤凶服：送死人的衣服。
⑥式：同"轼"，车前扶手用的横木。这里作动词用，俯身伏在轼上的意思，是表示敬意的礼节。
⑦负版者：背负国家图籍的人。版，古代用木板写的国家图籍，如户籍册、疆域图等。
⑧馔：音 zhuàn，食物，多指美食。盛馔，盛大的宴席。
⑨作：站起来。主人设盛馔，见其对客礼重，故必于坐起身以敬主人，非为馔也。
⑩迅雷风烈：就是"迅雷烈风"的意思。

-- 译文 --

（孔子）看见穿丧服的人，即使是平日关系亲密的，也一定要把态度变得严肃起来。看见戴礼帽的和盲人，即使很熟悉，也一定要有礼貌。

在乘车时遇见送死人衣服的人，便把身体微微地向前一俯，伏在车前横木上（以示同情）。遇见背负国家图籍的人，也这样做（以示敬意）。

遇有丰盛的宴席，一定要改变神色，并站起来致谢。

遇见迅雷大风，一定要改变神色（以示对上天的敬畏）。

色斯举矣①，**翔而后集**②。**曰："山梁雌雉，时哉时哉**③**！"子路共**④**之，三嗅而作**⑤。（《乡党·27》）

-- 注释 --

①色斯举矣：色，脸色。举，起的意思。这句是说鸟看见人颜色不善就飞起来。
②翔而后集：飞翔一阵，然后落到一处。
③山梁雌雉，时哉时哉：孔子叹也。梁，水上架木作渡。孔子路见一雌雉在山梁之上，神态闲适，因叹曰：时哉时哉！虽雉之微，尚能知时，在此僻所，逍遥自得，叹人或不能然也。
④共：同"拱"。子路闻孔子赞叹此雉，竦手上拱作敬意。或说：共作"供"。子路闻孔子美之，投粮以供。
⑤三嗅而作：嗅应为臭字之误。臭，音 jù，鸟张开两翅。唐代石经《论语》中作"戛"（gā）字，鸟的长叫声。

-- 译文 --

（孔子在山谷中行走，看见几只野鸡）孔子的脸色一动，野鸡便飞向天空，盘旋一阵，又都停在一处。孔子说："这些山梁上的母野鸡，得其时呀！得其时呀！"子路听了向它们拱拱手，野鸡又振一振翅膀飞走了。

子曰："辞达①而已矣。"（《卫灵公·41》）

-- 注释 --

①辞达：可以和"文胜质则史"（《雍也·18》）参看。过于浮华的辞藻，是孔子所不同意的。

-- 译文 --

孔子说："言辞只要能表达意思就行了。"

"师冕①见，及阶，子曰：'阶也。'及席，子曰：'席也。'皆坐，子告之曰：'某在斯，某在斯。'

师冕出。子张问曰："与师言之道与？"子曰："然；固相②师之道也。"（《卫灵公·42》）

-- 注释 --

①师冕：乐师，名冕。古代乐师一般都是盲人。
②相：帮助。

-- 译文 --

乐师冕来见孔子，走到台阶沿，孔子说："这儿是台阶。"走到坐席旁，孔子说："这儿是坐席。"等大家都坐下来，孔子告诉他："某某在这里，某某在这里。"

师冕走后，子张问："这就是同盲人谈话的方式吗？"孔子说："对的；这本来就是帮助盲人的方式。"

（四）评述

1. 自述

子曰："十室之邑①，必有忠信如丘者焉，不如丘②之好学也。"（《公冶长·28》）

-- 注释 --

①十室之邑：只有十户人家的小村庄，极言地方之小，这是春秋战国时期常见的说法。上博简《君子为礼》："子赣（贡）曰'夫子治十室之邑亦乐，治万世之邦亦乐。'"忠信，人之天质，与生俱有。美质易得，须学而成。所谓"玉不琢，不成器。人不学，不知道。"学可以至圣人，不学不免为乡人。孔子自谓所异于人者惟在学。孟轲、荀卿为孔子之后的大儒，孟子性善，似偏重于发挥本章上句；荀子劝学，似偏重于发挥本章下句。各有偏失。本章浑括，乃益见其闳深。

②丘：孔子自称名。

-- 译文 --

孔子说："就是十户人家的地方，一定有像我这样又忠心又诚信的人，只是赶不上我的喜欢学问罢了。"

子见南子①，子路不说②。夫子矢③之曰："予所④否⑤者，天厌⑥之！天厌之！"（《雍也·28》）

-- 注释 --

①南子：卫灵公夫人，把持着当时卫国政治，而且有不正当的行为，名声不好。《史记》载：南子使人谓孔子曰："四方之君子，不辱欲与寡君为兄弟者，必见寡小君。寡小君愿见。"孔子辞谢，不得已，而见之。

②说：音 yuè，同"悦"。

③矢：同"誓"，发誓。因子路不悦，故孔子指天而誓。

④所：如果，假如。假设连词，但只用于誓词中。详阎若璩《四书释地》。

⑤否：不对，不是，指做事不合于礼。

⑥厌：厌弃。

-- 译文 --

孔子去见南子，子路不高兴。孔子指天发誓说："我假若不对的话，天厌弃我吧！天厌弃我吧！"

子曰："述而不作①，信而好古②，窃③比于我老彭④。"（《述而·1》）

-- 注释 --

①述而不作：述，传述旧闻。作，创始，制作。如周公制礼作乐，兼此

二义。孔子有德无位，故但述而不作。《述而·28》说："盖有不知而作之者，我无是也。"这个"作"，大概也是"不知而作"的涵义，但很难说孔子的学说中没有创造性。

②信而好古：人道非一圣之所建，乃历数千载众圣之所成。不学则不知，故贵好古敏求。

③窃：私，私自，私下。

④老彭：人名，商代一位"好述古事"的"贤大夫"，《大戴礼·虞戴德篇》有"商老彭"。有的说是老子和彭祖两个人，又有人说孔子说"我的老彭"，其人一定和孔子相当亲密，未必是古人。

-- 译文 --

孔子说："只传述旧闻而不创始制作，以相信的态度喜爱古代文化，我私下和我那老彭相比。"

叶公①问孔子于子路，子路不对②。子曰："女奚③不曰，其为人也，发愤忘食，乐以忘忧，不知老之将至云尔④。"（《述而·19》）

-- 注释 --

①叶公：叶，音 shè，楚国的大夫沈诸梁，字子高，为叶县尹（今河南叶县南），楚君称王，他便僭称公。《左传》定公、哀公之间有一些他的记载，在楚国当时还算是一位贤者。

②子路不对：圣人道大难名，子路骤不知所以答。

③奚：为什么。

④云尔：云，代词，如此的意思。尔，同"耳"，而已，罢了。

-- 译文 --

叶公向子路问孔子为人怎么样，子路一时答不上来。孔子（对子路）说："你为什么不这样说：他的为人啊，用功时连吃饭都忘了，快乐时把忧愁都忘了，连自己快要老了都不知道，如此而已。"

子曰："我非生而知之①者，好古，敏②以求之者也。"（《述而·20》）

-- 注释 --

①非生而知之：时人必有以为孔子是生而知之，故孔子直言其非。

②敏：勤勉敏捷之意。

译文

孔子说:"我不是生来就有知识的人,而是爱好古代文化,靠敏捷勤奋去求得知识的人。"

子曰:"文,莫①吾犹人也。躬行君子,则吾未之有得。"(《述而·33》)

注释

①文,莫:以前人都把"文莫"两字连读,看成忞慔的通假双音词,忞慔,努力的意思。吴检斋(承仕)先生在《亡莫无虑同词说》(载于前北京中国大学《国学丛编》第一期第一册)中以为"文"是一词,指孔子所谓的"文章","莫"是一词,"大约"的意思。关于"莫"字的说法在先秦古籍中虽然缺乏坚强的论证,但这个解释好于各家。朱熹《集注》亦云,"莫,疑辞。"

译文

孔子说:"就书本知识来说,大约我和别人差不多,做一个身体力行的君子,那我还没有成功。"

子曰:"若圣①与仁,则吾岂敢?抑②为之③不厌,诲人不倦,则可谓云尔已矣。"公西华曰:"正唯弟子不能学也。"(《述而·34》)

注释

①圣:《孟子·公孙丑上》载子贡对这事的看法说:"学不厌,智也;教不倦,仁也。仁且智,夫子既圣矣。"可见当时的学生就已把孔子看成圣人。圣、智古通称。
②抑:表示转折的语气助词,"不过是"的意思。
③为之:指前文圣与仁。

译文

孔子说:"如果说到圣和仁,那我怎么敢当!我不过是在这方面不厌地学,不倦地教,就是如此如此罢了。"公西华说:"这正是我们所学不到的。"

达巷党①人曰:"大哉孔子!博学而无所成名②。"子闻之,谓门弟子曰:"吾何执③?执御乎?执射乎?吾执御矣。"(《子罕·2》)

注释

①巷党:两字为一词,"里巷"的意思。《礼记·杂记》有"余从老聃助

葬于巷党"这样的话。

②博学而无所成名：历来有两解。一是：学问广博，不能用某一方面的专长来称赞他。皇侃《论语义疏》持此说。二是：学问广博，可惜没有一艺之长以成名。朱熹《论语集注》持此说。

③执：专执也。孔子自谦我将何执。射与御，皆属一艺，而御较卑。古人常为尊长御车，其职若为人下。又以较射择士，擅射则为人上。故孔子谦言若我能专执一艺而成名，则宜于执御也。

— 译文 —

达街的一个人说："孔子真伟大啊！学问渊博，可惜没有足以树立名声的专长。"孔子听说了，对他的学生说："我该专长于什么技艺呢？驾车呢？还是射箭呢？我还是驾车吧。"

太宰①问于子贡曰："夫子圣②者与？何其多能也？"子贡曰："固③天纵④之将⑤圣，又多能也。"

子闻之，曰："太宰知我乎！吾少也贱，故多能鄙事⑥。君子多乎哉？不多也。"（《子罕·6》）

— 注释 —

①太宰：官名，掌握国君宫廷事务。至于是哪一国人的姓甚名谁，历来学者有不同的说法。

②圣：圣字古人所指甚泛，自孔子后，儒家始尊圣人为德之最高者。太宰盖以多能为圣。

③固：同"故"，本来。

④纵：让，使。朱熹《论语集注》："纵，犹肆也，言不为限量也。"

⑤将：杨朝明《论语诠解》："将，将要。"钱穆《论语新解》："将，大义。将圣，犹言大圣。"取前解。

⑥鄙事：卑贱的技艺。孔子自谦，谓因少时贱，必执事为生，而所能又皆鄙事，非因己之圣而无所不能。

— 译文 —

太宰向子贡问道："孔夫子是位圣人吧？为什么这样多才多艺呢？"子贡说："这本是上天将让他成为圣人，又使他多才多艺。"

孔子听到，便说："太宰了解我呀！我小时候穷苦，所以学会了不少卑贱的技艺。真正的君子需要这么多的技艺吗？不必多能。"

牢①曰："子云，'吾不试②，故艺。'"(《子罕·7》)

-- 注释 --

①牢：郑玄说是孔子的学生，但《史记·仲尼弟子列传》无此人，当是偶阙。

②试：用。《尚书》曰："试者用也。"

-- 译文 --

牢说："老师曾说，'我因没被大用，所以学得许多技艺。'"

子曰："吾有知①乎哉？无知也。有鄙夫②问于我，空空如也③。我叩④其两端⑤而竭⑥焉。"(《子罕·8》)

-- 注释 --

①知：知识。

②鄙夫：指农夫，代指无文化知识的人。

③空空如也：有两种解释：一，指孔子自言无知。朱熹《论语集注》曰："孔子谦言己无知识，但其告人，虽于至愚，不敢不尽耳。"二，指来问的鄙夫心中空空。何晏《论语集解》："孔曰：'有鄙夫来问于我，其意空空然，我则发事之终始两端以语之。'"两者皆通，但就文理而言，前者更为合适。

④叩：叩问，询问。

⑤两端：朱熹《论语集注》："两端，犹如两头。言始终、本末、上下、精粗无所不尽。"

⑥竭：尽，尽量。

-- 译文 --

孔子说："我有知识吗？没有知识啊。有一个乡下人问我，我本来一点也不知道。我从他那个问题的首尾两头去盘问，（才得到很多意思，）然后尽量地告诉他。"

子曰："出①则事公卿，入则事父兄②，丧事不敢不勉③，不为酒困，何有于我哉④？"(《子罕·16》)

-- 注释 --

①出：是指在朝廷。

②父兄：孔子父亲早死，说这话的时候，或者他哥孟皮还在，"父兄"二字，只"兄"字有意，古人常有这种用法。"父兄"或者在此引申为长者之义。

③不勉：不敢不尽礼。

④何有于我哉：如果把"何有"看为"不难之词"，那这一句就当译为"这些事对我有什么困难呢？"这样，全文便由自谦变为自述了。

-- 译文 --

孔子说："在外服侍公卿，在家服侍父兄，有丧事不敢不尽礼，不被酒所困扰，这些事我做到了哪些呢？"

子曰："苟①有用我者，期月②而已可③也，三年有成。"（《子路·10》）

-- 注释 --

①苟：如果。

②期月：一年。期，同"朞"，音jī。有些版本即作"朞"。此章为卫灵公不能用而发。《史记·孔子世家》："灵公老，怠于政，不用孔子。孔子喟然而叹。"

③可：仅仅可以而还不足的意思。

-- 译文 --

孔子说："如果有用我主持国家政事的，一年便可以搞出个样子，三年就一定会有成效。"

2. 他述

子禽①问于子贡②曰："夫子③至于是邦④也，必闻其政，求之与⑤？抑与之⑥与？"子贡曰："夫子温、良、恭、俭、让⑦以得之。夫子之求之也，其诸⑧异乎人之求之与？"（《学而·10》）

-- 注释 --

①子禽：陈亢（gāng）字子禽。从《子张篇》所载的事看来，恐怕不是孔子的学生。《史记·仲尼弟子列传》也不载此人。但郑玄注《论语》和《檀弓》都说他是孔子学生，不知有何根据。（臧庸的《拜经日记》说子禽就是《仲尼弟子列传》的原亢籍，简朝亮的《论语集注补疏》曾加以辩驳。）

②子贡：姓端木名赐，字子贡，卫国人，比孔子小三十一岁，是孔子的

学生,生于公元前 520 年。子贡能言善辩,善于经商。据《史记》记载,子贡在卫国做了商人,家有财产千金,成了有名的商业家。

③夫子:这是古代的一种敬称,凡是做过大夫的人都可以取得这一称谓。孔子曾为鲁国司寇,所以他的学生们称他为"夫子"。后来,因此而沿袭以称呼老师。在一定场合下,也用以特指孔子。

④邦:诸侯国。

⑤求之与:与,同"欤",疑问语气词。

⑥抑与之:抑,表示选择的文言连词,有"还是"的意思。与之,谓人君与之。与,给。

⑦温、良、恭、俭、让:就字面理解即为:温和、善良、庄敬、节制、谦逊。这是孔子弟子对他的赞誉。五者就其表露在外之态度,可以想见其蕴蓄在心之德养。孔子以此德养,能不言而使人以和,故所至获人敬信。闻其政,乃是自然得之。仔细玩味,亦知人间自有不求自得之道,此与巧言令色之所为相去远矣。然而孔子未曾真获时君之信用而使其道大行于世,孔子之温、良、恭、俭、让,是己心自修使然,而非有愿于其外。

⑧其诸:是齐鲁间语,用来表示不肯定的揣度语气,意为"或者"、"莫非"。黄家岱《嬹艺轩杂著》。

-- 译文 --

子禽向子贡问道:"老师一到这个国家,一定听到这个国家的政事。求来的呢?还是别人主动告诉他的呢?"子贡说:"老师是靠温和、善良、庄敬、节制、谦逊来取得的。老师这种求得的方法,或许和别人求得的方法不同吧?"

子入太庙①,每事问②。或曰:"孰谓鄹人③之子④知礼乎?入太庙,每事问。"子闻之⑤,曰:"是礼也⑥。"(《八佾·15》)

-- 注释 --

①太庙:古代开国之君叫太祖,太祖之庙就叫太庙。周公旦是鲁国最初受封之君,所以这太庙就是周公庙。

②每事问:祭事中礼乐仪式,乃至礼器所陈,孔子每事必问,若皆不知。

③鄹人:指孔子父亲叔梁纥。叔梁纥曾经做过鄹大夫,古代经常把某地的大夫称为某人,所以这里也把鄹大夫叔梁纥称为"鄹人"。鄹,音 zōu,又写作"陬",春秋时鲁国地名,《史记·孔子世家》:"孔子生鲁昌平乡陬邑。"

有人说，这地就是今天山东省曲阜县东南十里的西邹集。

④鄹人之子：指孔子，不仅指其少年，亦为轻视之辞。当时孔子已经以知礼而出名，而又在太庙中问这问那，若不知，故有人疑之。

⑤子闻之：事后孔子听说有人说此话。

⑥是礼也：是，指示代词，"这"。三字为正面自述语，乃孔子敬谨自谦，知而犹问，即此是礼。《论语新解》解释，也，通"邪"，疑问词。说孔子每事问，是因为太庙中有许多僭礼之处，孔子提问是"极委婉而又极深刻的讽刺与抗议"。浅人不识，疑孔子不知礼，孔子亦不明辨，只是反问：这是礼吗？孔子明知故问，正是希望人们有所省悟。两说相较，所辨只在一"也"字之正反语气上，而孔子在当时之神情意态，判若两人。

-- 译文 --

孔子到了周公庙，每件事都要问。有人说："谁说叔梁纥的这个儿子懂得礼呀，他到了太庙，每件事都要问别人。"孔子听到这话，便说："这就是礼呀。"

仪封人①请见②，曰："君子之至于斯③也，吾未尝不得见也。"从者④见之。出曰："二三子⑤何患于丧⑥乎？天下之无道也久矣，天将以夫子为木铎⑦。"（《八佾·24》）

-- 注释 --

①仪封人：仪，卫国边境的小城，今址不详。封人，官名。《左传》有颍谷封人、祭封人、萧封人、吕封人，系镇守边疆的官。说本方观旭《论语偶记》。

②请见、见之：两个"见"字从前都读去声，xiàn。"请见"是请求接见。孔子过其地，故请见。"见之"是使孔子接见了他。何焯《义门读书记》云："古者相见必由绍介，逆旅之中无可因缘，故称平日未尝见绝于贤者，见气类之同，致词以代绍介，故从者因而通之。夫子亦不拒其请，与不见孺悲异也。"

③斯：指仪邑。

④从者：跟随孔子的弟子。从，去声，zòng。

⑤二三子：仪封人呼孔子弟子而语之。

⑥丧：去声，sàng，失掉官位。孔子为鲁司寇，离开鲁国去了卫国，又离开卫国去陈国，仪封人告诉孔子弟子，不必以孔子失掉官位而忧愁。

⑦木铎：木舌的铜铃。古代天子发布政教，先振木铎以警众。今天下无道，天意似欲以夫子为木铎，使其宣扬大道于天下，故使之不安于位，出外周游。

── 译文 ──

仪这个地方的边防官请求见孔子,他说:"凡是有道德学问的人到这里来,我从没有不和他见面的。"孔子的随从学生请求孔子接见了他。见过孔子出来,他说:"诸位,何必为你们老师失掉官位而发愁呢?天下无道已经很久了,天意将把你们的老师当作木铎来传道于天下呀。"

颜渊喟然①叹曰:"仰之弥②高,钻③之弥坚。瞻④之在前,忽焉在后。夫子循循然善诱人⑤,博我以文,约我以礼,欲罢不能。既竭吾才,如有所立卓尔⑥。虽欲从之,末由⑦也已。"(《子罕·11》)

── 注释 ──

①喟然:叹气的样子。喟,音 kuì。
②弥:音 mí,更加,越发。
③钻:钻研。
④瞻:音 zhān,视,看。
⑤循循然善诱人:循循然,有次序地。诱,劝导,引导。
⑥卓尔:高高直立的样子。尔,同"然"。颜子因孔子之循循善诱,而欲罢不能,但已竭己才,仍见前面如有所立卓尔者。此卓尔,亦指孔子之道,乃至孔子之人格气象。卓尔,峻绝义。所谓高山仰止,望见之而力不能至。
⑦末由:末,无,没有。由,途径,路径。悦之深而力已尽,虽欲再进,而已无路可由,亦所谓犹天之不可阶而升。

── 译文 ──

颜渊感叹地说:"老师的学问道德,我抬头仰望,越看越觉得高;我深入钻研,越钻越觉得深。看着它好像在前面,忽然又像在后面。老师善于一步一步地诱导人,用文献来丰富我的知识,用礼节来约束我的行为,使我想停止学习都不可能。我已经用尽我的才力,像是见到它高高地矗立在前,我虽然想追随上去,却没有前进的路径了。"

子路宿于石门①。晨门②曰:"奚自?"子路曰:"自孔氏。"曰:"是知其不可而为之者与?"(《宪问·38》)

── 注释 ──

①石门:郑玄《论语注》云:"石门,鲁城外门也。"
②晨门:早上看守城门的人。此人大概是一个隐者。

― 译文 ―

子路在石门住了一夜。第二天清早进城的时候，看门的人问："从哪里来？"子路说："从孔子那里来。"看门的人说："就是那个明知做不到却硬要去做的人吗？"

子击磬①于卫，有荷蒉②而过孔氏之门者，曰："有心哉，击磬乎！"既而曰："鄙哉！硁硁③乎！莫己知也，斯已④而已矣。深则厉，浅则揭⑤。"

子曰："果哉！末⑥之难⑦矣。"（《宪问·39》）

― 注释 ―

①磬：音 qìng，一种打击乐器，用玉或石制成。

②荷蒉：荷，肩扛。蒉，音 kuì，草筐，盛土用。肩背着草筐。

③硁硁：音 kēng，击磬发出来的抑而不扬的声音。此荷蒉者亦一隐士。过孔子之门，闻乐而知心，知其非常人矣。孔子击磬，其声坚确，荷蒉谓其不随世宜而通变，故曰鄙哉也。

④斯已：就停止。有的版本作"斯己"：就为自己。

⑤深则厉，浅则揭：见于《诗经·卫风·匏有苦叶》。水深比喻社会非常黑暗，只得听之任之；水浅比喻社会黑暗的程度不深，还可以使自己不受沾染，便无妨撩起衣服，免得濡湿。厉，不脱衣服涉水。揭，撩起衣服过河。此讥孔子人不已知而不知止，不能适浅深之宜。

⑥末：无。

⑦难：责问，说服。谓此荷蒉者果决于忘世，则亦无以难之。此所谓道不同不相为谋。

― 译文 ―

孔子在卫国，一天正在击磬，有一位肩背草筐的人从门前走过，说："有心思呀，这人击磬！"一会儿又说："磬声硁硁的，可鄙呀（它好像在说，没有人知道我呀！）没有人了解自己，这就罢休好了。（好像涉水一样）水深就穿着衣服过，水浅就撩起衣服过。"

孔子说："说得真坚决，没有办法说服他了。"

楚狂接舆①歌而过孔子曰："凤②兮凤兮！何德之衰③？往者不可谏④，来者犹可追⑤。已而⑥，已而！今之从政者殆⑦而！"

孔子下，欲与之言。趋而辟之，不得与之言。（《微子·5》）

-- 注释 --

①楚狂接舆：楚狂，楚之贤人，佯狂避世。接舆，曹之升《四书摭余说》云："《论语》所记隐士皆以其事名之。门者谓之'晨门'，杖者谓之'丈人'，津者谓之'沮'、'溺'，接孔子之舆者谓之'接舆'，非名亦非字也。"

②凤：凤凰。传说凤鸟是一种灵禽，在有道之世才出现。这里以凤鸟比孔子，世无道而不能隐，为德衰。

③何德之衰：你的德行为什么如此衰微？这句讽刺孔子在无道之世出来奔走游说。

④谏：劝阻。

⑤犹可追：赶得上、来得及的意思，谓今尚可以隐世而去。

⑥已而：罢了。已，止。而，语气词。

⑦殆：危险。今之从政者皆危殆不可复救治，不足与有为。或谓孔子若从政，则有仕路风波之忧。

-- 译文 --

楚国的狂人接舆唱着歌从孔子的车旁走过，他唱道："凤凰啊，凤凰啊，你的德运怎么这么衰弱？过去的已经无可挽回，未来的还可追。算了吧，算了吧！今天的执政者危乎其危！"

孔子下车，想同他交谈，他却快步避开，孔子没能和他谈上。

长沮、桀溺①耦而耕②，孔子过之，使子路问津③焉。

长沮曰："夫执舆④者为谁？"

子路曰："为孔丘。"

曰："是鲁孔丘与？"

曰："是也。"

曰："是知津矣。"

问于桀溺。

桀溺曰："子为谁？"

曰："为仲由。"

曰："是鲁孔丘之徒与？"

对曰："然。"

曰："滔滔者⑤天下皆是也，而谁以易之⑥？且而⑦与其从辟⑧人之士也，岂若从辟世之士哉？"耰⑨而不辍。

子路行以告。

夫子怃然⑩曰:"鸟兽不可与同群,吾非斯人⑪之徒与而谁与?天下有道,丘不与易也。"(《微子·6》)

-- 注释 --

①长沮(jù)、桀溺:两位隐士,真实姓名和身世不详。沮,沮洳,由腐烂植物埋在地下而形成的泥沼。桀,同"杰",魁梧高大的意思。溺,浸在水中。长沮,站在泥沼里的高个子。桀溺,浸在水中的大个子。子路当时看见他们,无暇问其姓名,一人颀然而长,一人高大而健,故以他们的形象称呼他们。

②耦而耕:两人并耕。耦耕是古代耕田的一种方法。春秋时代已经用牛耕田,不但由冉耕字伯牛、司马耕字子牛的现象可以看出,《国语·晋语》云:"其子孙将耕于齐,宗庙之牺为畎亩之勤",尤为确证。耦耕的方法说法不少,都难说很精确。

③津:渡口。

④执舆:即执辔,拉着马的缰绳。这本是子路干的,因子路下车问路,暂时由孔子代替。

⑤滔滔者:滔滔,水流貌。水之长流,尽日不息,皆是此水,因在水边,随指为喻。如同今日之俗话天下乌鸦一般黑。

⑥谁以易之:以,与。和下文"不可与同群"、"斯人之徒与而谁与"、"丘不与易也"的"与"字同义。易,改变。言一世皆浊,将与谁而变易之。

⑦且而:且,而且。而,同"尔",你。

⑧辟:同"避"。辟人之士指孔子。避世之士,沮溺自谓。人尽相同,不胜避,故不如避世。

⑨耰:音yōu,用土覆盖种子。

⑩怃然:怅然失意的样子。怃,音wǔ。

⑪斯人:指世人。孔子谓我自当与天下人同群,隐居山林,是与鸟兽同群。

-- 译文 --

长沮、桀溺在一起耕田,孔子路过,让子路去问渡口。

长沮问子路:"那个拿着缰绳的人是谁?"

子路说:"是孔丘。"

长沮说:"是鲁国的那位孔丘吗?"

子路说:"是的。"

长沮说:"那他早已知道渡口在哪儿了。"

去问桀溺。

桀溺说:"你是谁?"

子路说:"我是仲由。"

桀溺说:"你是鲁国孔丘的门徒吗?"

子路说:"是的。"

桀溺说:"像洪水一般的坏东西到处都是,你们同谁去改变它呢?而且你与其跟着(孔丘那种)躲避无道君主的人,还不如跟着(我们这些)逃避社会的人呢?"说完,不停地用土覆盖播下去的种子。

子路回来报告给孔子。

孔子很失望地说:"人是不能同鸟兽同群的,我不同世上这些人同群又和谁同群呢?如果天下政治清明,我就不会同他们一起去改变这个世道了。"

卫公孙朝[①]问于子贡曰:"仲尼[②]焉[③]学?"子贡曰:"文武之道,未坠于地,在人[④]。贤者识其大者[⑤],不贤者识其小者。莫不有文武之道焉。夫子焉不学?而亦何常[⑥]师之有?"(《子张·22》)

-- 注释 --

①卫公孙朝:卫国的大夫公孙朝。翟灏《四书考异》云:"春秋时鲁有成大夫公孙朝,见昭二十六年《传》;楚有武城尹公孙朝,见哀十七年《传》;郑子产有弟曰公孙朝,见《列子》。记者故系'卫'以别之。"

②仲尼:孔子的字。

③焉:"于何"义。公孙朝以孔子之学博而大,故问于何而学得之。

④未坠于地,在人:坠,坠落,引申为失传。历史已往之迹,虽若过而不留,但文化之大传,则仍在现社会,仍在人身。若国亡众灭,仅于古器物或文字记载求而想见之,则可谓坠地矣。

⑤贤者识其大者:识,音 zhì,记住,了解。历史往事,多由前代之所传而记忆认识之。贤与不贤,各有所识,惟大小不同。贤者识其大纲领,从讲究来。不贤者,记其小节目,从闻见来。孔子学于此文化传统之大道,故可无所遇而非学。孔子即其未坠于地而在人者学之,文武大道之传如在目前。旧传言孔子问礼于老聃,访乐于苌弘,问官于郯子,学琴于师襄,即其无常师之证。学于众人而益见其仁,益明其道。

⑥常:固定的。

── 译文 ──

卫国的公孙朝向子贡问道:"仲尼的学问是从哪里学来的?"子贡说:"文王、武王的大道,并没有失传,仍在现今活着的人身上。贤能的人了解道的根本,不贤的人只了解道的末节,在他们身上无不都传有文王、武王之道。我的老师何处不学,而又哪里有固定的老师呢?"

叔孙武叔①语大夫于朝曰:"子贡贤于仲尼。"
子服景伯②以③告子贡。
子贡曰:"譬之宫墙④,赐之墙也及肩,窥见室家之好。夫子之墙数仞⑤,不得其门而入,不见宗庙之美⑥,百官之富。得其门者或寡矣。夫子⑦之云,不亦宜乎!"(《子张·23》)

── 注释 ──

①叔孙武叔:鲁国大夫,名州仇。
②子服景伯:名何,鲁国大夫。
③以:把。
④宫墙:"宫"也是墙的意思,不指房屋。宫墙犹如今天的围墙。
⑤仞:音 rèn,七尺曰仞(据程瑶田《通艺录·释仞》之说)。或说八尺,或说五尺六寸。
⑥宗庙之美,百官之富:美,言其光辉,富,言其充实。官,本义是房舍,其后才引申为官职之义(说见俞樾《群经平议》卷三)。这里用其本义指房舍。古者家室与宗庙相连,百官乃家中治事之府,贵家大室始有此制。与上言室家,大小浅深悬殊。
⑦夫子:这里指叔孙武叔。前一个"夫子之墙数仞"的"夫子"指孔子。

── 译文 ──

叔孙武叔在朝廷上对大夫们说:"子贡比仲尼更强些。"
子服景伯把这话告诉了子贡。
子贡说:"拿围墙来做比喻,我家的围墙只有肩膀那么高,人们在墙外可以看到房屋的美好。老师家的围墙却有几丈高,如果找不到门进去,你就看不到宗庙的富丽堂皇,房屋的多种多样。能够找到门的人或许不多吧。叔孙武叔那么讲,不也很自然吗?"

叔孙武叔毁仲尼。子贡曰:"无以为也①!仲尼不可毁也。他人之贤者,丘陵也②,犹可逾也;仲尼,日月也③,无得而逾焉。人虽欲自绝④,其何伤于日月乎?多⑤见其不知量⑥也。"(《子张·24》)

-- 注释 --

①无以为也:以,此也,作副词用。不要这样做。

②丘陵也:土高曰丘,大阜曰陵。人之贤者,其才智虽亦高出于他人,犹如丘陵之与平地,他人犹得循道而上,则更逾越之矣。

③日月也,无得而逾:人每不觉日月之高,然人既不可阶天而升,斯终无以逾日月矣。

④虽欲自绝:毁人者不啻欲自绝于此人。若人欲自绝于日月,只是自逃光明,自甘黑暗,于日月何所伤损乎。

⑤多:用作副词,只是的意思。

⑥不知量也:朱熹《集注》:"不知量,谓不自知其分量。"皇侃《义疏》解此句为"不知圣人之度量。"也,用法同"耳"。

-- 译文 --

叔孙武叔毁谤仲尼。子贡说:"不要这样做!仲尼是毁谤不了的。别人的贤德好比丘陵,还可超越过去,仲尼的贤德好比太阳和月亮,是无法超越的。虽然有人要自绝于日月,对日月又有什么损害呢?只是表明他自不量力罢了。"

陈子禽谓子贡曰:"子为恭也,仲尼岂贤于子乎?"

子贡曰:"君子一言以为知,一言以为不知,言不可不慎也。夫子之不可及也,犹天之不可阶①而升也。夫子之得邦家②者,所谓立之斯立③,道之斯行④,绥之斯来⑤,动之斯和⑥。其生也荣,其死也哀,如之何其可及也?"(《子张·25》)

-- 注释 --

①阶:犹梯。孔子之高,无梯可升,即无道可从。

②邦家:封国和采(cài)邑。这里偏指国。孔子未得大用,故世人莫知其圣而或毁之。子贡晚年见用于鲁,鲁人遂谓其贤于仲尼。孟子谓子贡智足以知圣人。

③立之斯立:扶而立之而皆立,即己欲立而立人,民无信不立之立。

④道之斯行:导之使行而皆行,即己欲达而达人,道之以德之道。道,

同"导"，引导，教化。

⑤绥之斯来：绥，安抚。安其民而远者闻风悦来。

⑥动之斯和：动，动员，鼓舞。悦以使民，民忘其劳，故动员鼓舞之而民莫不同心协力。

-- 译文 --

陈子禽对子贡说："你是出于对老师的尊敬吧，难道仲尼真的比你还强吗？"

子贡说："高贵人物由一句话表现他的有知，也由一句话表现他的无知，所以说话不可不谨慎。我的老师没人能赶得上，正像青天不能用梯子爬上去。我的老师如果得国而为诸侯，或得到采邑而为卿大夫，那正如人们所说的那样，他叫百姓人人能立足于社会，百姓自会人人能立足于社会；他引导百姓，百姓自会前进；他安抚百姓，百姓自会从远方来投靠；他动员百姓，百姓自会同心协力。他老人家，生得光荣，死得可惜，我怎么能够赶得上呢？"

九、论评人

（一）圣贤

子曰："伯夷、叔齐①不念旧恶②，怨是用希③。"（《公冶长·23》）

-- 注释 --

①伯夷、叔齐：殷朝末年孤竹（国名）君的两个儿子。父亲死后，二人互相让位，都逃到周文王那里。周武王起兵伐纣，他们认为这是以臣弑君，是不忠不孝的行为，他们拦住车马劝阻。周灭商统一天下后，他们以吃周朝的粮食为耻，逃进深山中以野草充饥，饿死在首阳山中。《史记》卷六十一有传。

②不念旧恶：不记住或不计较过去的仇怨。恶，仇怨，仇恨。

③怨是用希："怨"存在歧义：一说是别人对伯夷、叔齐的怨恨。一说是伯夷、叔齐自己心中的怨恨。武王伐纣，二子犹非之，然二子能不念旧恶，乃己心自不怨。《述而·15》记载："入，曰：'伯夷、叔齐何人也？'曰：'古之贤人也。'曰：'怨乎？'曰：'求仁而得仁，又何怨？'"这两处"怨"的主语应该是一致的，都是指伯夷、叔齐。如孔子不怨天，不尤人。是用，连词，所以，因此。希，同"稀"，很少，罕见。

-- 译文 --

孔子说："伯夷、叔齐不记过去的仇恨，他们心中的怨恨也就少了。"

冉有曰："夫子为①卫君②乎？"子贡曰："诺③；吾将问之。"

入，曰："伯夷、叔齐④何人也？"曰："古之贤人也。"曰："怨乎？"曰："求仁⑤而得仁，又何怨？"

出，曰："夫子不为也。"（《述而·15》）

-- 注释 --

①为：动词，去声，本意是帮助，这里译为"赞成"似乎更合原意。

②卫君：卫出公辄，是卫灵公之孙，太子蒯（kuǎi）聩之子。公元前492

年——前481年在位。他的父亲蒯聩得罪了卫灵公的夫人南子，逃到晋国。灵公死后，辄被立为国君，晋国又把其父蒯聩送回卫国，与他争夺君位，蒯辄拒不让位。父子争夺君位，和伯夷、叔齐两兄弟的互相推让最后都抛弃了君位相比，正好相反。时孔子居卫，其弟子不知孔子是否赞成卫君出公辄的做法，所以子贡用伯夷、叔齐的事来试探孔子的态度。孔子赞美伯夷、叔齐，自然就是不赞成出公辄了。

③诺：答应的声音（表示同意）。

④伯夷、叔齐：其父孤竹君将死，遗命立叔齐，叔齐让其兄伯夷，伯夷尊父命逃去，叔齐亦不立而逃之。子贡不欲直问卫君事，故借问伯夷、叔齐是何等人。

⑤仁：仁德。钱穆解为心安，可备一说。父命叔齐立为君，若伯夷违父命而立，在伯夷将心感不安，此伯夷之能孝。但伯夷是兄，叔齐是弟，兄逃而己立，叔齐亦心感不安，遂与其兄偕逃，此叔齐之能弟。孝弟之心，即仁心。孝弟之道，即仁道。夷齐在当时，逃国而去，只求心安，故曰求仁而得仁，何怨也。

-- 译文 --

冉有说："老师赞成卫君吗？"子贡道："好罢；我去问问他。"

子贡进到孔子屋里，问孔子："伯夷、叔齐是什么样的人？"孔子说："古代的贤人。"子贡又问："（他们两人互相推让，都不肯做孤竹国的国君，结果都跑到国外，）他们有没有怨悔呢？"孔子说："他们求仁德便得到了仁德，又怨悔什么呢？"

子贡出来说："老师不赞成卫君。"

子曰："泰伯①，其可谓至德也已矣。三②以天下③让，民无得而称焉④。"（《泰伯·1》）

-- 注释 --

①泰伯：亦作"太伯"。周朝祖先古公亶父的长子。古公有三子，太伯、仲雍、季历。季历的儿子就是姬昌（周文王）。传说，古公预见到昌的圣德，因此想打破惯例，把君位不传长子太伯，而传给幼子季历，从而传给昌。太伯为实现父亲的意愿，便偕同仲雍出走至勾吴。古公亶父死，太伯不回来奔丧，后来又断发文身，表示终身不返，终于把君位传给季历，季历传给姬昌，即周文王。昌后来扩张国势，竟有天下的三分之二，到他儿子姬发（周武王）

时，便灭了殷商，统一了天下。

②三：多次的意思。

③天下：当古公、泰伯之时，周室仅是一个小的部落，谈不上"天下"。这"天下"两字可能即指其当时的部落而言。也有人说，是预指以后的周部落统一了中原的天下而言。

④民无得而称焉：有两种解释：一、百姓找不到合适的词语来赞扬他。二、太伯让君位事迹不明显，"无迹可见"，因此百姓找不到什么事实来称赞他。

-- 译文 --

孔子说："泰伯可以说是品德最高尚的人了，屡次把天下让给季历，老百姓简直找不到合适的词语来称赞他。"

子曰："巍巍①乎，舜禹②之有天下也而不与③焉！"（《泰伯·18》）

-- 注释 --

①巍巍：高大的样子。

②舜禹：禹是夏朝开国之君，又是中国主持水利工程最早的有着功勋的人物。舜是传说中的圣君，尧禅让帝位给舜，舜又禅让帝位给禹。

③与：参与，这里指夺取。

-- 译文 --

孔子说："多么崇高啊！舜和禹得到天下，不是夺取来的。"

子曰："大哉尧①之为君也！巍巍乎！唯天为大，唯尧则②之。荡荡③乎，民无能名④焉。巍巍乎其有成功也，焕⑤乎其有文章⑥！"（《泰伯·19》）

-- 注释 --

①尧：中国古代传说中的圣君。

②则：有两解：一、准则。尧之德可与天准。二、法则，言尧取法于天。

③荡荡：广大的样子。

④名：形容，称赞。

⑤焕：光辉。

⑥文章：指礼仪典章制度。

-- 译文 --

孔子说："伟大啊，尧这样的君主！多么崇高啊！只有天最高大，只有尧能效法天的高大。他的恩德多么广大啊，百姓们不知道该用什么语言来称赞他。他的功绩是多么崇高呀，他制定的礼仪制度是多么光辉呀！"

舜有臣五人①而天下治。武王②曰："予有乱臣③十人。"孔子曰："才难④，不其然乎？唐虞之际⑤，于斯⑥为盛。有妇人焉⑦，九人而已。三分天下有其二⑧，以服事殷。周之德，其可谓至德也已矣。"（《泰伯·20》）

-- 注释 --

①舜有臣五人：传说是禹、稷、契、皋陶、伯益等五人。契，音 xiè；陶，音 yáo。

②武王：即周武王，姓姬名发，西周的开国君主。

③乱臣：《说文》："乱，治也。"《尔雅·释诂》同。《左传》昭公二十四年引《大誓》说："余有乱臣十人，同心同德。"则"乱臣"就是"治国之臣"。近人周谷城（《古史零证》）认为"乱"有"亲近"的意义，则"乱臣"相当于《孟子·梁惠王下》"王无亲臣矣"的"亲臣"，虽然言之亦能成理，但和下文"才难"之意不吻合，恐非孔子原意。

④才难：人才难得。古有此语，孔子引之，谓其信然。

⑤唐虞之际：指唐尧、虞舜的时候。传说尧在位的时代叫唐，舜在位的时代叫虞。

⑥斯：这，指周武王时代。

⑦有妇人焉：或说是文母太姒，或说是武王妻邑姜。当以指邑姜为是。妇女不正式参加朝廷。

⑧三分天下有其二：殷朝末年，纣王无道，周文王的势力很大，天下归顺他的诸侯有三分之二，号称"三分天下有其二。"《逸周书·程典篇》说："文王合九州之侯，奉勤于商。"相传当时分九州，文王得六州，是有三分之二。

-- 译文 --

舜有五位贤臣，天下便太平。周武王也说过："我有治国之臣十人。"孔子说："人才难得，不正是这样吗？唐尧和虞舜之间及周武王那时候，人才算是最盛了。然而武王十个大臣中有一妇女，实际上只有九人而已。周文王得了天下的三分之二，仍然向商纣称臣。周朝的道德，可以说是最高的了。"

子曰:"无为而治①者其舜也与?夫②何为哉?恭己③正南面而已矣。"
(《卫灵公·5》)

-- 注释 --

①无为而治:指国君不必亲自有所作为而可以天下太平。舜何以能如此?一般儒者都以为他能"所任得其人,故优游而自逸也。"(《三国志·吴志·楼玄传》)如《大戴礼·主言篇》云:"昔者舜左禹而右皋陶,不下席而天下治。"《新序·杂事三》云:"故王者劳于求人,佚于得贤。舜举众贤在位,垂衣裳恭己无为而天下治。"赵岐《孟子注》也说:"言任官得其人,故无为而治。"

②夫:代词,他。

③恭己:容貌端正庄严,这里指能够克己修身,有德行的表现。朱熹《论语集注》云:"恭己者,圣人敬德之容。"

-- 译文 --

孔子说:"能够从容安静而使天下太平的人大概只有舜吧?他做了什么呢?只是庄严端正地坐在朝廷的王位上罢了。"

周有八士①:伯达、伯适、仲突、仲忽、叔夜、叔夏、季随、季骁②。
(《微子·11》)

-- 注释 --

①八士:此八士已不可考。前人看见此八人两人一列,依伯、仲、叔、季排列,而且各自押韵(达适一韵,突忽一韵,夜夏一韵,随骁一韵),便说这是四对双生子。盖维持世道者在人,世衰而思人益切也。本章特记八士集于一家,产于一母,祥和所钟,玮才蔚起,编者附诸此,思其盛,亦所以感其衰。

②骁:音 guā,黑嘴的黄马。

-- 译文 --

周朝有八个有教养的人:伯达、伯适、仲突、仲忽、叔夜、叔夏、季随、季骁。

尧曰:"咨①!尔舜!天之历数在尔躬②,允执③其中。四海困穷,天禄永终。"

舜亦以命禹。

曰:"予小子履④敢用玄牡⑤,敢昭告于皇皇后帝:有罪不敢赦。帝臣不蔽，简在帝心⑥。朕⑦躬有罪，无以万方；万方有罪，罪在朕躬。"

周有大赉⑧，善人是富。"虽有周亲⑨，不如仁人。百姓有过，在予一人。"

谨权量，审法度⑩，修废官⑪，四方之政行焉。兴灭国，继绝世，举逸民⑫，天下之民归心焉。

所重⑬：民、食、丧、祭。

宽则得众，信则民任焉⑭，敏则有功，公则说。⑮（《尧曰·1》）

-- 注释 --

①咨：即"啧"，感叹词，表示赞誉。

②历数在尔躬：历，犹次也。历数，谓帝王相继之次第，犹岁时节气之先后。历数在尔躬，犹云天命在尔身。

③允执：允，诚实。执，坚持，保持。

④予小子履："予小子"和"予一人"都是上古帝王自称之词。从《史记·殷本纪》中知道汤名天乙，甲骨卜辞作"大乙"，相传汤又名履。这一段是商汤向天祈祷求雨之词。

⑤玄牡：玄，黑色谓玄。牡，公牛。《鲁论》、《齐论》皆无"敢用玄牡"四字。

⑥帝臣不蔽，简在帝心：《墨子·兼爱下篇》此句作"有善不敢蔽"，但郑玄《注》此句云："言天简阅其善恶也。"译文从郑。《墨子·兼爱下篇》和《吕氏春秋·顺民篇》都说这是成汤战胜夏桀以后，遭逢大旱，五年不收，汤以身祷于桑林。《国语·周语上》引汤誓"余一人有罪，无以万夫"，和这"朕躬有罪，无以万方"义近。简，阅，计数，引申为明白的意思。

⑦朕：我。古者贵贱皆自称朕，秦以后始定朕为至尊之自称。

⑧赉：音 lài，赏赐。周有大赉以下几句是说周武王的事。

⑨周亲：至亲。周亲不如仁人，文武用心如此，故能特富于善人。

⑩谨权量，审法度：权，秤锤。量，斗斛。谨权量就是认真整顿量衡使之统一公平。"法度"即度，量长短的丈尺，一字未足成句，故配以法字，不是法律制度的意思。《史记·秦始皇本纪》和秦权、秦量的刻辞中都有"法度"一词，都是指长度的分、寸、尺、丈、引而言。所以"谨权量，审法度"两句只是"齐一度量衡"一个意思。这一说法，清初阎若璩的《四书释地又续》已发其端。这以下都是孔子的话。从文章的风格来看，也和尧告舜、成汤求雨、武王封诸侯的文诰体不同。历代注释家多以为是孔子的话，大致可信。

⑪废官：赵佑《四书温故录》云："或有职而无其官，或有官而不举其职，皆曰废。"

⑫兴灭国，继绝世，举逸民：兴灭国，如周初封建，立黄帝、尧、舜、夏、商之后是也。继绝世，谓贤人世绝不祀，为之立后，使仍得享祀也。举逸民，谓才行超特不仕者，举而授之官爵也。

⑬所重：民、食、丧、祭：民、食、丧、祭四者，民为首，民以食为天，故重食。重丧以尽哀，重祭以致敬。重食，重在生民。重丧、祭，则由生及死，由今溯往，民生于是见悠久。或说：民食连文，是一事，与丧、祭为三事。

⑭信则民任焉：《汉石经》无此五字，《天文本校勘记》云："皇本、唐本、津藩本、正平本均无此句。"足见这一句是因《阳货篇》"信则人任焉"而误增的。《阳货篇》作"人"，"人"是领导。此处误作"民"，"民"指百姓。有信实，就会被百姓任命，这种思想绝非孔子所能有，尤其可见此句不是原文。

⑮这一章的文字前后不相连贯，从宋朝苏轼以来便有许多人疑心它有脱落。尧曰：是尧在禅让帝位时给舜说的话。

--- 译文 ---

尧说："啧啧！你这位舜！天命已经落在你的身上了。诚实地保持着那正确吧。假如天下百姓都陷于贫困，上天赐给你的禄位也就永远终止了。"

舜（让位给禹的时候）也这样告诫禹。

商汤说："我小子履谨用黑色的公牛来祭祀，明白地禀告光明而伟大的天帝：有罪的人我不敢擅自赦免。您的臣仆（的善恶）我也不隐瞒掩盖，您心里也是早就明白的。我本人若有罪，不要牵连天下万方，天下万方若有罪，都归我一个人承担。"

周朝大封诸侯，使善人都富贵起来。武王说："纵然有至亲，不如有仁人。百姓有过错，都在我一人。"

检验并审定度量衡器，恢复废弃了的官职，全国的政令就通行了。恢复被灭亡了的国家，承续已经断绝了的世族，提拔被遗落的人才，天下百姓就会真心归服了。

执政者所重视的是：人民、粮食、丧礼、祭祀。

宽厚就能得到群众的拥护，诚信就能得到别人的任用，勤敏就能取得成绩，公平就能使百姓高兴。

（二）先人

子曰："管仲①之器②小哉！"

或曰："管仲俭乎？"曰："管氏有三归③，官事不摄④，焉得俭？"

"然则管仲知礼乎⑤？"曰："邦君树塞门⑥，管氏亦树塞门。邦君⑦为两君

之好⑧，有反坫⑨，管氏亦有反坫。管氏而⑩知礼，孰不知礼？"（《八佾·22》）

—— 注释 ——

①管仲：姓管名夷吾，春秋时齐国人，做了齐桓公的宰相，辅助齐桓公成为春秋时有名的霸主，公元前645年死。桓公尊之曰仲父。

②器：器量，器度。器之容量有大小，心之容量亦有大小。识深则量大，识浅则量小，故人之胸襟度量在其识。管仲器小，由其识浅。

③三归：市租。

④摄：兼职。管仲奢侈不俭，器小易盈，是一种自满心理之表现。

⑤知礼乎：有人听孔子所言，知道管仲不节俭，但或许知礼，故再问。

⑥树塞门：树，动词，树立。塞门，用在大门口以间隔内外视线的一种东西，相当于屏风、照壁等。天子诸侯树塞门，而管仲亦如之，此见管仲之骄僭不逊，亦其器小易盈之证。

⑦邦君：诸侯国的国君。

⑧好：旧读去声，友好。

⑨反坫：坫，音diàn，台名，用土筑成，形似土堆，筑于两楹之间。古代君主招待别国国君，置放礼器或献过酒的空酒杯（详全祖望《经史问答》）。管仲乃大夫，而堂上也有反坫，怎么能说知礼？管仲相桓公，霸诸侯，孔子盛称其功业，但又讥其器小，即指管仲以功业自满。若以管仲比之周公，高下显见矣。

⑩而：假设连词，如果，假如。

—— 译文 ——

孔子说："管仲的器量真小呀！"

有人问："管仲节俭吗？"孔子说："他收取了民众大量的市租，他手下的人员（一人一职）从不兼任，怎么能说是节俭呢？"

那人又问："那么，管仲懂得礼节吗？"孔子回答："国君大门口设立照壁，管仲在大门口也设立照壁。国君为了与友邦国君交好在堂上有放置酒杯的设备，管仲也有这样的设备。如果说管仲懂得礼节，那么还有谁不懂得礼节呢？"

子谓子产①有君子之道四焉：其行己也恭，其事上也敬，其养民也惠，其使民也义。（《公冶长·16》）

—— 注释 ——

①子产：名公孙侨，字子产，因居东里，又称东里子产。郑国大夫，郑

穆公之孙，为春秋时郑国的贤相，郑简公、郑定公之时执政二十二年。其时，正是晋楚两国争战不息的时候，子产周旋于两大强国之间却能不低声下气，也不妄自尊大，使国家得到尊敬和安全，的确是古代中国的一位杰出的政治家和外交家。孔子十分推崇他，称他"惠人"、"古之遗爱"。

— 译文 —

孔子评论子产有君子的四种道德：他自己行为庄重，他事奉君主恭敬，他养护百姓有恩惠，他役使百姓合于道理。

子张问曰："令尹子文①三仕②为令尹，无喜色；三已之，无愠色。旧令尹之政，必以告新令尹。何如？"子曰："忠矣③。"曰："仁矣乎？"曰："未知④；焉得仁？"

"崔子弑齐君⑤，陈文子⑥有马十乘⑦，弃而违之⑧。至于他邦，则曰：'犹吾大夫崔子⑨也。'违之。之一邦，则又曰：'犹吾大夫崔子也。'违之。何如？"子曰："清矣⑩。"曰："仁矣乎？"曰："未知；焉得仁？"（《公冶长·19》）

— 注释 —

①令尹子文：令尹，楚国的官名，相当于宰相。子文姓斗名谷于菟（gòu wū tù），是楚国的著名宰相。

②三仕："三仕"和"三已"的"三"不一定是实数，可能只是表示那事情的次数之多。已，罢免。根据《左传》，子文于鲁庄公三十年开始做令尹，到僖公二十三年让位给子玉，其中相距二十八年。在这二十八年中可能有几次被罢免又被任命，《国语·楚语下》说："昔子文三舍令尹，无一日之积"，也就可以证明。

③忠矣：子文三为令尹，三去职，人不见其喜、愠，是其不以私人得失萦心，并以旧政告新尹，宜可谓之忠。

④未知：和《公冶长·5》的"不知其仁"、《公冶长·8》的"不知也"相同，不是真的"不知"，只是委婉否定的一种方式，孔子停了一下，又说"焉得仁"，如同说焉得俭，焉得刚，乃决绝辞。仁为全德，亦即完人之称，而子文之不得为全德完人，则断然也。

⑤崔子弑齐君：齐国大夫崔杼（音 zhù）曾杀死齐庄公，在当时引起极大反应。弑，地位在下的人杀了地位在上的人。齐君，即指被崔杼所杀的齐庄公。"崔子弑齐君"的事见《左传》襄公二十五年。

⑥陈文子：齐国的大夫，陈完之曾孙，名须无，谥文。《左传》没有记载

他离开的事，却记载了他以后在齐国的行为很多，可能是一度离开，后来又回到本国。

⑦有马十乘：当时贵族以四马驾一车。十乘，有马四十匹，盖下大夫之禄，故无力讨贼也。

⑧弃而违之：违，离去义。弃其禄位而去。

⑨犹吾大夫崔子：乃谓其虽未弑君作乱，但亦如崔子之不逊。

⑩清矣：陈文子弃其禄位如敝屣，洒然一身，三去乱邦，心无窒碍，可称为清。而其人是否为全德完人，则未知也。

-- 译文 --

子张问孔子说："令尹子文几次担任令尹，没有显出高兴的样子；几次被免职，也没有显出怨恨的样子。（每次交接）一定把自己的一切政事全部告诉接位的人。这个人怎么样？"孔子说："可算尽忠了。"子张问："算得上仁吗？"孔子说："不知道。这怎么能算得上仁呢？"

子张又问："崔杼无理地杀了他的君主齐庄公，陈文子有四十匹马，都舍弃不要了，离开了齐国。到了另一个国家，他说，'这里的执政者和我们齐国大夫的崔子差不多。'就离开了。到了另一个国家，又说，'这里的执政者和我们齐国的大夫崔子差不多。'又离开了。这个人怎么样？"孔子说："算得上清高了。"子张说："算得上仁吗？"孔子说："不知道。这怎么能算得上仁呢？"

季文子①三思而后行②。子闻之，曰："再③，斯④可矣。"（《公冶长·20》）

-- 注释 --

①季文子：鲁国大夫季孙行父，历仕鲁国文公、宣公、成公、襄公诸代。孔子说这话的时候，文子已死很久了。"文"是谥号。

②三思而后行：此乃时人称诵季文子之语。三思，指多次考虑。"三"是虚指。

③再：两次。"再"在古文中一般只当副词用，其下承上文省去了动词"思"字。《唐石经》作"再思"，"思"字不省。凡事三思，一般总是利多弊少，为什么孔子却不同意季文子这样做呢？宦懋庸《论语稽说》："文子生平盖祸福利害之计太明，故其美恶两不相掩，皆三思之病也。其思之至三者，特以世故太深，过为谨慎；然其流弊将至利害徇一己之私矣"。若以《左传》所载文子先后行事证明，此话不为无理。孔子曰："由也果，于从政乎何有。"

事有贵于刚决，多思转多私，无足称。

④斯：就。

── 译文 ──

人们称道季文子，说他临事总要考虑多次才行动。孔子听到了，说："考虑两次也就可以了。"

子曰："宁武子①，邦有道，则知；邦无道，则愚②。其知可及也，其愚不可及也。"（《公冶长·21》）

── 注释 ──

①宁武子：春秋中期卫国大夫，姓宁名俞，"武"是谥号。

②愚：谓之愚者，乃其韬晦沉冥，不自曝其贤知，存身以求济大事。孔安国以为这"愚"是"佯愚似实"，这里是装傻的意思。

── 译文 ──

孔子说："宁武子这个人，当国家太平时，便聪明；当国家昏暗时，便装傻。他那聪明别人赶得上，他那装傻别人就赶不上了。"

子曰："孰谓微生高①直？或乞醯焉②，乞诸③其邻而与之。"（《公冶长·24》）

── 注释 ──

①微生高：姓微生名高，鲁国人。以直爽著称。《庄子》、《战国策》诸书载有尾生高守信的故事。说这人和一位女子相约，在桥梁之下见面。到时候，女子不来，他却老等，水涨了都不走，终于抱柱淹死。"微"、"尾"古音相近，字通，因此很多人认为微生高就是尾生高。

②或乞醯焉：醯，音 xī，醋。乞，讨义。人来乞醯，有则与之，无则辞之。今微生不直告以无，又转乞诸邻而与之，此似曲意徇物。微生索有直名，孔子从此微小处断其非为直人。微生殆委曲世故，以博取人之称誉者。孔子最不喜此类人，所谓乡愿难与入德。此章亦观人于微，品德之高下，行为之是非，固不论于事之大小。

③诸："之于"的合音。朱熹《论语集注》："夫子言此，讥其曲意徇物，掠美市恩，不得为直也。"孔子认为微生高之举是沽名钓誉，不能说是直。

── 译文 ──

孔子说："谁说微生高这个人直率？有人向他讨点醋，他（不直说没有）

却到他邻居家里讨了点给人家。"

子曰:"巧言、令色、足恭①,左丘明②耻之,丘亦耻之。匿怨③而友其人,左丘明耻之,丘亦耻之。"(《公冶长·25》)

-- 注释 --

①足恭:"足"字旧读去声,zù。有两解。一说朱熹《论语集注》认为"足"是过分的意思,即过分地恭顺。另一说邢昺《论语注疏》、钱穆《论语新解》认为,巧言,以言语悦人;令色,以颜色容貌悦人;足恭,从两足行动上悦人。意思是说用两只脚做出恭敬逢迎的姿态来讨好别人。《小戴礼·表记》云:"君子不失足于人,不失色于人,不失口于人。"《大戴礼记·曾子立事》:"足恭而口圣……君子弗与也。""足恭"与"口圣"相对成文。《论语》中也有将此三者并列的例子,如《乡党·4》:"过位,色勃如也,足躩如也,其言似不足者。"从"色、足、言"三个方面强调对国君的尊敬。

②左丘明:姓左丘名明,鲁国人。历来相传左丘明为《左传》的作者,又因为司马迁在《报任安书》中说过:"左丘失明,厥有《国语》。"又说他是《国语》的作者。这一问题,经过很多人的研究,下面的两点结论是可以肯定的:一、《国语》和《左传》的作者不是一人。二、两书都不可能是和孔子同时甚或较早于孔子(因为孔子这段言语把左丘明放在自己之前,而且引以自重)的左丘明所作。

③匿怨:内心藏有怨恨而不形于色。藏怨于心,诈亲于外。

-- 译文 --

孔子说:"花言巧语,伪善的面貌,十足的恭顺,这种态度,左丘明认为可耻,我也认为可耻。心里藏着怨恨,表面上却同他友好,这种行为,左丘明认为可耻,我也认为可耻。"

或问子产①。子曰:"惠人②也。"
问子西③。曰:"彼哉!彼哉④!"
问管仲⑤。曰:"人也⑥。夺伯氏骈邑三百⑦,饭疏食,没齿无怨言⑧。"(《宪问·9》)

-- 注释 --

①子产:郑国的大夫,曾主持郑国的政治,使郑国富强。
②惠人:其人存心惠爱于民。《左传》:"子产卒,仲尼闻之出涕,曰:

'古之遗爱也。'"子产为政严，而孔子特以惠爱许之，此即所谓特识也。

③子西：春秋时有三个子西。一子产之同宗兄弟，此两人常以同事见优劣，且相继执政，齐、鲁间人熟知此两人，故连带问及，此子西必系郑子西可知。其他二子西，皆楚大夫。一宜申，谋乱被诛；一公子申，后孔子死。《论语》记孔子评骘（zhì）当时人物，多在齐、晋、郑、卫诸邦，并多在定、哀以前，公子申既楚人，又当时尚在，孔子弟子当不以为问。

④彼哉，彼哉：《公羊传》定公八年记载阳虎谋杀季孙的事，说阳虎谋杀未成，在郊外休息，忽然望见公敛处父领着追兵而来，便道："彼哉！彼哉！"毛奇龄《论语稽求篇》因云："此必古成语，而夫子引以作答者。"案：这是当时表示轻视的习惯语。

⑤管仲：名夷吾，齐桓公的宰相，曾辅佐桓公称霸诸侯。

⑥人也：或说人前脱一夫字。或说人当作仁。或说：依上惠人也之例，当作仁人也，脱一仁字。

⑦夺伯氏骈邑三百：伯氏，齐国的大夫。骈邑，骈，音pián，齐国地名，伯氏的采邑，今山东临朐县柳山寨（阮元《积古斋钟鼎彝器款识》）。三百，当时骈邑户数。夺，削夺义。伯氏有罪，管仲为相，削夺其采邑。

⑧没齿无怨言：齿，训年。没齿犹云终身。伯氏虽以此毕生疏食，然于管仲无怨言。因管仲执法公允，故得罪者无怨。

-- 译文 --

有人问子产是个怎样的人。孔子说："是个能给人恩惠的人。"

又问子西。孔子说："他呀！他呀！"

又问管仲。孔子说："他是人才。他剥夺了伯氏骈邑三百户的封地，使伯氏只能吃粗粮，但伯氏至死没有怨言。"

子曰："晋文①公谲②而不正，齐桓公正而不谲。"（《宪问·15》）

-- 注释 --

①晋文、齐桓：晋文公姓姬名重耳，齐桓公姓姜名小白，二者是春秋五霸中最有名声的两位霸主。晋文公，公元前636—前628年在位。晋文公曾召周天子而使诸侯朝之，故孔子认为他"谲而不正"。齐桓公，公元前685—前643年在位。他讨伐楚国，用的也是周天子的名义，但对周天子还是比较谦恭的。

②谲：音jué，欺诈，玩弄权术阴谋。

-- 译文 --

孔子说:"晋文公诡诈而不正派,齐桓公正派而不诡诈。"

子路曰:"桓公杀公子纠,召忽死之,管仲不死①。"曰:"未仁乎?"子曰:"桓公九合诸侯②,不以兵车③,管仲之力也。如其仁④,如其仁。"(《宪问·16》)

-- 注释 --

①管仲不死:齐桓公和公子纠都是齐襄公的弟弟。齐襄公无道,两人都怕牵连,桓公便由鲍叔牙侍奉逃往莒(jǔ)国,公子纠也由管仲和召忽侍奉逃往鲁国。襄公被杀以后,桓公先入齐国,立为君,便兴兵伐鲁,逼迫鲁国杀了公子纠,召忽自杀以殉,管仲却归服齐桓公,做了宰相。见《左传》庄公八年和九年。

②九合诸侯:齐桓公召集诸侯盟会共计十一次。"九"是虚数,指多次。

③不以兵车:即不用武力。管仲之相桓公,不惟成其大功之为贵,而能纳于正道以成其大功之为更可贵。

④如其仁:有两种解释:一、谁有他这样仁?二、这就是他的仁。能不失正道而合天下,此非仁道而何?王引之《经传释词》云:"如犹乃也。"

-- 译文 --

子路说:"齐桓公杀了公子纠,召忽自杀以殉,管仲却活着。"接着又说:"管仲不仁德吧?"孔子说:"桓公多次主持诸侯间的盟会,不用武力,都是管仲的功劳啊。这就是他的仁德,这就是他的仁德。"

子贡曰:"管仲非仁者与?桓公杀公子纠,不能死,又相之。"子曰:"管仲相桓公,霸诸侯,一匡天下,民到于今受其赐。微①管仲,吾其被发左衽②矣。岂若匹夫匹妇之为谅③也,自经④于沟渎⑤而莫之知也?"(《宪问·17》)

-- 注释 --

①微:"如果没有"的意思,只用于和既成事实相反的假设句之首。

②被发左衽:被,同"披"。衽,衣襟。"被发左衽"是当时的夷狄之俗,这里指落后,不开化。

③谅:小信。不问是非地死守信用。孔子认为如果苛求管仲遵守小节小信,最终他只能放弃大仁大德。人道之大,则尚有大于君臣之分者。华夷之防,事关百世。使无管仲,后世亦不复能有孔子。故知子路、子贡所疑,徒

见其小，而孔子之言，实树万世之大教，非为管仲一人辩白也。

④自经：自缢。

⑤沟渎：犹《孟子·梁惠王》的"沟壑"。渎，音 dú，小沟渠。舍小节，论大功，孔子之意至显。论仁道之大，则此章见其一例。

— 译文 —

子贡问："管仲不是仁人吧？桓公杀了公子纠，他不但不以身殉死，还去辅佐他。"孔子说："管仲辅佐桓公，称霸诸侯，匡正了天下，老百姓直到今天还受到他的好处。如果没有管仲，我们恐怕都会披散着头发，衣襟向左开（沦为落后民族）了。他难道要像普通百姓那样恪守小节小信，自杀在小山沟里，而没有人知道他吗？"

子曰："臧文仲①其窃位②者与！知柳下惠③之贤而不与立④也。"（《卫灵公·14》）

— 注释 —

①臧文仲：鲁国大夫臧孙辰，历任庄、闵、僖、文四朝。

②窃位：身居官位而不称职。

③柳下惠：姓展名获，字禽，又叫展季，鲁国贤者。"柳下"可能是其住所；据《列女传》，"惠"是由他妻子的倡议给他的私谥（不由朝廷授予的谥号）。

④立：同"位"，指禄位、官位。详见俞樾《群经平议》。

— 译文 —

孔子说："臧文仲大概是个做官不管事的人吧！他明知柳下惠贤良却不给他官位。"

齐景公有马千驷①，死之日，民无德而称焉。伯夷、叔齐饿于首阳②之下，民到于今称之。其斯之谓与③？（《季氏·12》）

— 注释 —

①千驷：四千匹马。即谓有千乘之国。古代一般用四匹马驾一辆车，所以一驷就是四匹马。《左传》哀公八年："鲍牧谓群公子曰：'使女有马千乘乎？'"这"千乘"就是景公所遗留的"千驷"。

②首阳：山名。现在何地，古今传说纷歧。《说文》谓首阳山在辽西。

夷、齐居首阳，采薇而食，故曰饿。夷、齐让国而饿，齐景公踞位而富。然民之所称，在彼不在此。

③其斯之谓与：朱熹《答江德功书》云："此章文势或有断续，或有阙文，或非一章，皆不可考。"

-- 译文 --

齐景公有马四千匹，死的时候，百姓们觉得他没有什么德行可以称颂。伯夷、叔齐饿死在首阳山下，百姓们到现在还在称颂他们。大概说的就是这个意思吧！

微子①去之，箕子②为之奴，比干③谏而死。孔子曰："殷有三仁焉。"（《微子·1》）

-- 注释 --

①微子：名启，纣王的同母兄。当他出生时，他的母亲尚为帝乙之妾，其后才立为妻，然后生了纣，所以帝乙死后，纣得嗣立，而微子不得立。事见《吕氏春秋·仲冬纪》。

②箕子：箕，音jī，纣王的叔父。纣王无道，他曾进谏而不听，被纣王囚禁，降为奴隶，披发装疯而受辱。

③比干：纣王的叔父。力谏纣王，纣王说，我听说圣人有七个心眼，于是被剖腹而死。三人之仁，非指其去与奴与死。以其能忧乱，求欲安民，而谓之仁。殷之亡乃因不用贤，伤今思古，所以叹孔子之道穷而斯民之不能脱于祸乱。

-- 译文 --

（纣王昏乱残暴）微子离开了他，箕子做了他的奴隶，比干强谏而被杀。孔子说："殷朝有三位仁人。"

柳下惠为士师①，三黜②。人曰："子未可以去乎？"曰："直道而事人，焉往而不三黜？枉③道而事人，何必去父母之邦？"（《微子·2》）

-- 注释 --

①士师：掌管刑狱的小官。

②黜：罢免不用。举世浊乱，不容正直，将何往而不被黜。

③枉：曲。欲求不黜，惟有枉道。苟能枉道，则不必去父母之邦亦可不被谴黜。

— 译文 —

柳下惠做法官，多次被撤职。有人对他说："你不可以离开鲁国吗？"柳下惠说："按照正道侍奉君主，到哪里去不被多次撤职？按照邪道侍奉君主，又何必要离开祖国呢？"

大师挚①适②齐，亚饭③干适楚，三饭缭适蔡，四饭缺适秦，鼓方叔④入于河，播鼗武⑤入于汉，少师阳⑥、击磬襄⑦入于海。（《微子·9》）

— 注释 —

①大师挚：大，同"太"。太师是鲁国乐官之长，挚是人名。《泰伯·15》有"师挚之始"，不知是不是此人。

②适：往，到。

③亚饭：古代天子诸侯用饭都得奏乐，以乐侑食，所以乐官有亚饭、三饭、四饭之名。干、缭、缺是人名。

④鼓方叔：击鼓的乐师，名方叔。

⑤播鼗武：播，摇。鼗，音 táo，小鼓，即现在的拨浪鼓。武，人名。

⑥少师阳：副乐师，名阳。

⑦击磬襄：击磬的乐师，名襄，即孔子所从学琴者。鲁衰，乐官四散，云天苍凉，斯人寥落。

— 译文 —

太师挚逃到了齐国，二饭乐师干逃到了楚国，三饭乐师缭逃到了蔡国，四饭乐师缺逃到了秦国，打鼓的方叔入居黄河之滨，摇小鼓的武入居汉水之涯，少师阳和击磬的襄入居海边。

（三）时人

孔子谓①季氏②，"八佾③舞于庭④，是可忍⑤也，孰不可忍也？"（《八佾·1》）

— 注释 —

①谓：说，评论。

②季氏：根据《左传》昭公二十五年的记载和《汉书·刘向传》，此处季氏可能是指季平子，即季孙意如，昭公臣，鲁国正卿，谥平，子是尊称。但《韩诗外传》认为此处季氏好像是季康子，马融《注》则认为是季桓子，此两说恐不足信。

③八佾：佾，音 yì，古代舞蹈奏乐，八个人为一行，这一行叫一佾。八佾是八行，八八六十四人，只有天子才能用。诸侯用六佾，即六行，四十八人。大夫用四佾，三十二人。士用二佾，即两行十六人。季氏是正卿，只能用四佾。季孙氏于其家庙之庭作八佾之舞，是以大夫而僭用天子之礼。

④庭：堂下庭院。

⑤忍：有两解：一、容忍。季孙氏以大夫而僭天子之礼，此事可忍，何事不可忍。此乃孔子不满于鲁君不能制裁其大夫之僭肆。二、忍心。季氏八佾舞于庭，上僭天子，近蔑其君，此事尚忍为，将何事不忍为。此指斥季氏。从后解。《贾子·道术篇》："恻隐怜人谓之慈，反慈为忍。"这"忍"字正是此意。忍心，狠心。

── 译文 ──

孔子谈到季氏，说，"他竟用八佾的规格在自己的庭院中奏乐舞蹈，这样违礼的事他都能忍心做出来，还有什么事情不能忍心做出来呢？"

三家①者以《雍》②彻③。子曰："'相维辟公，天子穆穆④'，奚⑤取于三家之堂⑥？"（《八佾·2》）

── 注释 ──

①三家：鲁国当政的三家：孟孙氏、叔孙氏、季孙氏。他们都是鲁桓公的后代，又称"三桓"。

②《雍》：《诗经·周颂》中的一篇。《雍》之篇为周天子举行祭礼临撤所唱之诗，三家撤祭品竟也唱《雍》诗。

③彻：同"撤"，撤除。

④相维辟公，天子穆穆：《雍》诗中的两句。相，音 xiàng，助祭者。维，语助词，无意义。辟公，指诸侯。天子，指主祭的周天子。穆穆，态度庄严肃穆。周天子行祭礼，诸侯皆来助祭，天子则穆穆然，至美至敬。

⑤奚：何。

⑥堂：祭祖的庙堂。《雍》诗所咏，于三家之庙堂无所取义。

── 译文 ──

仲孙、叔孙、季孙三家，当他们祭祀祖先时候，（也用天子的礼）唱着《雍》这篇诗来撤除祭品。孔子说："（《雍》诗上有这样的话）'助祭的是诸侯，天子严肃静穆地在那里主祭。'这两句话，用在三家祭祖的堂上在意义上取它哪一点呢？"

子贡问曰:"孔文子①何以谓之'文'也?"子曰:"敏②而好学,不耻下问③,是以谓之'文'④也。"(《公冶长·15》)

-- 注释 --

①孔文子:卫国大夫孔圉(音 yǔ)。考孔文子死于鲁哀公十五年,或者在此稍前,孔子卒于十六年夏四月,这次问答一定是在鲁哀公十五年到十六年初的一段时间内。"文"是谥号,"子"是尊称。《左传》载其人私德有秽,子贡疑其何以得谥为文,故问。

②敏:疾速,勤敏。孔子好古敏以求之是也。

③不耻下问:以能问于不能,以多问于寡,皆称下问,不专指位与年之高下。敏而好学,不耻下问,则其进于善也不难矣。

④是以谓之文:孔子说如此便可谥为文,足见孔子不没人善,与人为善,此乃孔子道大德宏的表现。

-- 译文 --

子贡问道:"为什么给孔文子一个'文'的谥号呢?"孔子说:"他为人勤敏,爱好学问,不以向不如他的人请教为耻,所以给他谥号叫'文'。"

仲弓问子桑伯子①。子曰:"可也,简②。"

仲弓曰:"居敬而行简③,以临④其民,不亦可乎?居简而行简⑤,无乃⑥大⑦简乎?"子曰:"雍之言然。"(《雍也·2》)

-- 注释 --

①子桑伯子:人名,此人已无可考。既然称"伯子",很大可能是卿大夫。仲弓说"以临其民"。够得上卿大夫才能临民。仲弓之问,乃问伯子是否也可使南面,非泛问其为人。有的版本将此章与《雍也·1》合为一章。

②可也,简:简,简要,不烦琐。朱熹以为"简"之所以"可",在于"事不烦而民不扰",颇有道理。子桑伯子能简,故曰可,亦指可使南面。

③居敬而行简:居敬,心存恭敬,为人严肃认真,依礼严格要求自己。行简是指推行政事简而不烦。上不烦则民不扰,如汉初除秦苛法,与民休息,遂至平安,故治道贵简,然须居心敬。

④临:面临,面对。此处有"治理"的意思。

⑤居简而行简:其行简,其心亦简,则有苟且轻率之弊。

⑥无乃:相当于"岂不是",只用于反问句。

⑦大:同"太"。

— 译文 —

仲弓问到子桑伯子这个人。孔子说:"还可以,办事简而不烦。"

仲弓说:"居心恭敬严肃而行事简要,这样来治理百姓,不是也可以吗?而居心简行事也简,岂不是太简了吗?"孔子说:"你说得对。"

子曰:"孟之反①不伐②,奔③而殿④,将入门,策其马,曰:'非敢后也,马不进也。'"(《雍也·15》)

— 注释 —

①孟之反:名侧,鲁国大夫。《左传》哀公十一年有鲁齐交战,鲁军大败的记载,书中作"孟之侧"。

②伐:自我夸耀。

③奔:败走。

④殿:殿后,在全军最后做掩护。军败殿后者有功。

— 译文 —

孔子说:"孟之反不喜欢夸耀自己。打仗败退时,他留在最后掩护全军,快进城门的时候,他鞭打着自己的马说,'不是我敢于殿后,是马不肯快跑呀。'"

子曰:"不有①祝鮀②之佞③,而④有宋朝⑤之美,难乎免于今之世矣。"(《雍也·16》)

— 注释 —

①不有:这里用以表示假设语气,"假若没有"的意思。

②祝鮀:鮀,音 tuó,字子鱼,卫国贤大夫。

③佞:有口才。以能言善辩受到卫灵公重用。《左传》定公四年曾记载着他的外交辞令。定州汉简作"仁"。

④而:在此应为转折连词,相当于"却"。有人解释为"与",不通。

⑤宋朝:宋国的公子朝(zhāo),出奔在卫,容貌很美。《左传》昭公二十年和定公十四年都曾记载他因美貌而惹乱的事情。昭公二十年中:"公子朝通于(灵公嫡母)襄夫人宣姜,惧,而欲以作乱。故齐豹、北宫喜、褚师圃、公子朝作乱。"定公十四年中:卫侯为夫人南子召宋朝,会于洮。太子蒯聩献盂于齐,过宋野。野人歌之曰:"既定尔娄猪,盍归吾艾豭。"太子羞之……太子奔宋,尽逐其党。本章感叹时人好佞、好色之风,所重在佞美之品行,不在鮀朝之为人。

-- 译文 --

孔子说:"如果没有祝鮀那样的口才,却仅有宋朝的美貌,那在当今的社会就难免受害了。"

陈司败①问昭公②知礼乎,孔子曰:"知礼。"

孔子退,揖③巫马期④而进之,曰:"吾闻君子不党⑤,君子亦党乎?君取于吴⑥,为同姓⑦,谓之吴孟子⑧。君而知礼,孰不知礼?"

巫马期以告。子曰:"丘也幸,苟有过⑨,人必知之。"(《述而·31》)

-- 注释 --

①陈司败:陈,国名。司败,官名,即司寇。也有人说是人名。

②昭公:鲁国的君主,名裯,音 chóu,襄公庶子,继襄公而为君。公元前541—前510年在位。"昭"是谥号。

③揖:作揖,行拱手礼。

④巫马期:姓巫马名施,字子期,孔子的学生,比孔子小三十岁。

⑤党:偏袒、包庇的意思。

⑥君取于吴:取,同"娶"。吴,当时的国名,拥有今天淮水、泗水以南以及浙江的嘉兴、湖州等地。哀公时,为越王勾践所灭。

⑦为同姓:鲁为周公之后,姓姬;吴为太伯之后,也姓姬。周礼规定,同姓不婚,昭公娶同姓女,是违礼的行为。

⑧吴孟子:鲁昭公夫人。春秋时代,称呼国君夫人一般是以她出生的国名加上她的本姓,鲁昭公娶于吴,姓姬,这位夫人应称吴姬,为了掩盖同姓通婚的事实,故称为吴孟子。"孟子"可能是这位夫人的字。《左传》哀公十二年亦书曰:"昭夫人孟子卒。"

⑨苟有过:根据《荀子·子道篇》关于孔子的另一段故事,和《史记·仲尼弟子列传》对这一事"臣不可言君亲之恶,为讳者礼也"的解释,则孔子对鲁昭公所谓不合礼的行为不是不知,而是不说,最后只得归过于自己。

-- 译文 --

陈司败向孔子问鲁昭公懂不懂礼,孔子说:"懂礼。"

孔子出来后,陈司败向巫马期作了个揖,请他走近自己,然后说:"我听说,君子无所偏袒,难道孔子还偏袒吗?鲁君从吴国娶了位夫人,吴和鲁是同姓国家,(不便叫她吴姬)称她为吴孟子。如果鲁君懂得礼,还有谁不懂得礼呢?"

巫马期把这句话转告给孔子。孔子说："我真是幸运。如果有错，人家一定会知道。"

子谓卫公子荆①，"善居室②。始有，曰：'苟③合④矣。'少有⑤，曰：'苟完矣。'富有⑥，曰：'苟美矣。'"（《子路·8》）

-- 注释 --

①卫公子荆：卫国大夫，字南楚，卫献公的儿子。因鲁亦有公子荆，所以加卫字以别。吴季札曾把他列为卫国的君子，见《左传》襄公二十九年。有人说："此取荆之善居室以讽有位者也。"因为当时的卿大夫，不但贪污，而且奢侈成风，所以孔子"以廉讽贪，以俭讽侈。"

②善居室：善于居家理财过日子，指不奢侈浪费，不贪得无厌。

③苟：将就，苟且，差不多。

④合：给也，足也。此依俞樾《群经平议》说。家之百物必相配，故曰合。

⑤少有：稍增义。

⑥富有：继续多增义。

-- 译文 --

孔子谈到卫国的公子荆，说："他善于居家过日子。刚有一点，他说：'差不多够了。'稍微多一点时，他说：'差不多完备了。'更多一点时，他说：'差不多完美了。'"

子贡问曰："何如斯可谓之士①矣？"子曰："行己有耻②，使于四方，不辱君命，可谓士矣。"

曰："敢问其次。"曰："宗族称孝焉，乡党称弟焉。"

曰："敢问其次。"曰："言必信，行必果③，硁硁④然小人哉！抑亦可以为次矣。"

曰："今之从政者何如？"子曰："噫⑤！斗筲之人⑥，何足算也？"（《子路·20》）

-- 注释 --

①士：士在周代贵族中位于最低层。此后，士成为古代社会知识分子的通称。

②行己有耻：心知有耻，则有所不为。此指其志有所不为，而其才足以有为者。使于四方不辱君命，即其足以有为。孝弟之士，其本已立，而才或

九、论评人

不足，故其次。

③果：果断，坚决，必行之义。孟子曰："大人者，言不必信，行不必果，唯义所在。"

④硁硁：音 kēng，象声词，敲击石头的声音，引申为像石块那样坚硬，这里有固执的意思。不务求大义，而专自守于言行之必信必果，此见其识量之小，而才亦无足称，故称之曰小人。然虽乏才识，亦尚有行，故得为孝弟之次。

⑤噫：内心不平的叹息声。

⑥斗筲之人：斗，容量单位，一斗十升。筲，音 shāo，古代竹制的饭筐，能容五升。斗筲之人是比喻器量狭小的人。

-- 译文 --

子贡问道："怎样才可以叫作士？"孔子说："自己为人有知耻之心，出使外国能完成君主的使命，可以叫作士了。"

子贡说："请问次一等的呢？"孔子说："宗族人称赞他孝敬父母，乡党们称赞他尊敬兄长。"

子贡又说："请问再次一等的呢？"孔子说："言语一定信实，行为一定坚决，不问是非地固执己见，那是小人啊！不过也可以说是再次一等的士了。"

子贡又问："现在的执政者怎么样？"孔子说："咳！这些器量狭小的人算得什么？"

子曰："孟公绰①为赵魏②老③则优④，不可以为滕薛⑤大夫。"（《宪问·11》）

-- 注释 --

①孟公绰：鲁国大夫。朱熹认为孟公绰性格寡欲，才能不够。《史记·仲尼弟子列传》说他是孔子所尊敬的人。盖公绰是一廉静之人，为大国上卿之家臣，望尊而职不杂。小国政烦，人各有能有不能，故贵因材善用。

②赵魏：皆晋国卿大夫。

③老：古代，大夫的家臣称老，也称室老。

④优：有余。

⑤滕薛：当时的小国，都在鲁国附近。

-- 译文 --

孔子说："孟公绰做晋国赵氏、魏氏的家臣，是才力有余的，但不能做滕、薛这样小国的大夫。"

子问公叔文子①于公明贾②曰:"信乎,夫子③不言,不笑,不取乎?"

公明贾对曰:"以④告者过也。夫子时然后言,人不厌⑤其言;乐然后笑,人不厌其笑;义然后取,人不厌其取。"

子曰:"其然?岂其然乎⑥?"(《宪问·13》)

-- 注释 --

①公叔文子:卫国大夫公孙拔,卫献公之子。谥号"文"。《檀弓》载有他的故事。

②公明贾:姓公明名贾(jiǎ),卫国人。

③夫子:文中指公叔文子。

④以:代词,此也,"这个"的意思。

⑤不厌:厌者,苦其多而恶之。若所言能适得其可,则不起人厌,亦若不觉其有言矣。

⑥其然,岂其然乎:其然,美其能然。岂其然,疑其不能诚然。

-- 译文 --

孔子向公明贾问到公叔文子,说:"先生他不说、不笑、不取钱财,是真的吗?"

公明贾回答道:"这是传话的人说错了。先生他到该说时才说,因此别人不厌恶他说话;快乐时才笑,因此别人不厌恶他笑;合于道义的钱财他才取,因此别人不厌恶他取。"

孔子说:"是这样吗?难道真是这样吗?"

子曰:"臧武仲以防①求为后于鲁,虽曰不要②君,吾不信也。"(《宪问·14》)

-- 注释 --

①防:臧武仲的封地。臧武仲因为得罪孟孙氏而逃到邻国,后回到防邑,向鲁君要求,以立臧氏之后作卿大夫为条件,自己离开防邑。为后,立后的意思。事见《左传》襄公二十三年。

②要:音 yāo,要挟。

— 译文 —

孔子说:"臧武仲凭借防邑请求鲁君立他的后代为鲁国的卿大夫,虽然有人说他不是要挟君主,我可不相信。"

公叔文子之臣大夫僎①与文子同升诸公②。子闻之,曰:"可以为'文③'矣。"(《宪问·18》)

— 注释 —

①臣大夫僎:毛奇龄《四书剩言》云:"臣大夫即家大夫也。"今不取。《后汉书·吴良传》李贤《注》说:"文子家臣名僎"云云,也可见唐初人不以"臣大夫"为一词。僎:音 xún,人名。公叔文子的家臣。

②升诸公:诸,用法同"于"。公,公室。经公叔文子推荐,僎由家臣升为大夫,与公叔文子同位。

③文:据《礼记·檀弓》,公叔文子实谥为贞惠文子。郑玄《礼记》注说:"不言'贞惠'者?'文'足以兼之。"忘己推贤,孔子称之,谓有此美德,宜可得"文"之美谥。

— 译文 —

公叔文子的家臣僎(由于文子的推荐)和文子一道做了国家的大臣。孔子知道这事,说:"可以给他'文'的谥号了。"

子言卫灵公之无道也,康子曰:"夫如是,奚而不丧①?"孔子曰:"仲叔圉②治宾客,祝鮀治宗庙,王孙贾治军旅,夫如是,奚其丧?"(《宪问·19》)

— 注释 —

①奚而不丧:奚而,俞樾《群经平议》云:"奚而犹奚为也。"不丧有两解:一谓不亡其国。一谓不失其位。

②仲叔圉:圉,音 yǔ,即孔文子。他与后面提到的祝鮀、王孙贾都是卫国的大夫。孔子平日说到此三人,皆有所不许,但孔子论人不以所短弃所长。孔子屡称卫国多君子,若蘧伯玉、史鱼诸人得用,卫国当犹不止此,故知人才之关国运。

— 译文 —

孔子讲到卫灵公的昏乱,季康子说:"既然如此,为什么不败亡呢?"孔子说:"因为他有仲叔圉接待宾客,祝鮀管理祭祀,王孙贾统率军队,像这样，怎么会败亡呢？"

蘧伯玉①使人于孔子。孔子与之坐②而问焉，曰："夫子③何为？"对曰："夫子欲寡其过而未能④也。"

使者出。子曰："使乎！使乎！"（《宪问·25》）

-- 注释 --

①蘧伯玉：蘧，音 qú，卫国的大夫，名瑗。伯玉始见于《春秋》鲁襄公十四年，其时已在大夫之位。越此八年，孔子始生。孔子到卫国住他家时，伯玉当逾百龄之寿矣。孔子回鲁国后，蘧伯玉派人来拜访孔子。

②与之坐：敬其主，以及其使。

③夫子：指伯玉。

④欲寡其过而未能：言只欲寡过而犹未能也。不曰"欲无过"，而曰"欲寡过"，又曰"未能焉"。使者言愈卑，而其主之贤愈益彰，所以孔子连声称赞："使乎！使乎！"《淮南子·原道篇》："蘧伯玉年五十而知四十九年非。"大概这人是位求进甚急善于改过的人。

-- 译文 --

蘧伯玉派使者去拜访孔子。孔子给他座位，然后问道："他老人家在做什么？"使者回答说："他老人家想减少过错却还没能做到。"

使者走后。孔子说："好一位使者啊，好一位使者啊！"

微生亩①谓孔子曰："丘何为是②栖栖③者与？无乃为佞乎？"孔子曰："非敢为佞也，疾固④也。"（《宪问·32》）

-- 注释 --

①微生亩：姓微生，名亩。大概是一个隐士。

②是：副词，当"如此"解。

③栖栖：音 xī，忙碌不安，不安定的样子。

④疾固：疾，恨。固，有两解：一、固执，指固执的人（隐指微生亩）；二、指世道的固陋。

-- 译文 --

微生亩对孔子说："你为什么这样东奔西跑到处游说呢？不就是要显示自己的口才吗？"孔子说："我不敢显示口才，只是痛恨那种固执不通的人而已。"

原壤①夷俟②。子曰："幼而不孙弟③，长而无述④焉，老而不死⑤，是为贼⑥。"以杖叩其胫⑦。(《宪问·43》)

-- 注释 --

①原壤：鲁国人，孔子的旧友。《礼记·檀弓》记载，说他母亲死了，孔子去帮助他治丧，他却站在棺材上唱起歌来，孔子也只好装作没听见。礼度详密，仪文繁缛，积久人厌，立意反孔另有主张的原壤之流乘衰而起。然谓原壤乃老子道家，则非。

②夷俟：夷，箕踞，臀坐地，前伸两脚，形如箕，是谓箕踞。东方落后民族的习俗坐法，故谓夷。俟，音 sì，等待。夷俟，谓箕踞以待，不出迎，亦不正坐，表现出轻浮，或对别人的蔑视。

③孙弟：同"逊悌"。

④无述：述，称述。人在幼年，当知逊悌。既长，当有所称述以教导后进。

⑤老而不死：无益于世，苟且偷生。相传原壤习于吐故纳新之术，有延年养生之道。

⑥贼：害人的人。

⑦叩其胫：膝下曰胫。此乃相亲狎，非挞之。

-- 译文 --

原壤叉开双腿坐着等待孔子。孔子说："年幼时，不守逊悌之礼；年长了，又没有称述来教导后辈。老而不死，真是个害人精。"说着，用手杖敲了敲他的小腿。

阙党①童子将命②。或问之曰："益者与③？"子曰："吾见其居于位④也，见其与先生并行⑤也。非求益者也，欲速成⑥者也。"(《宪问·44》)

-- 注释 --

①阙党：即阙里。《荀子·儒效篇》有孔子"居于阙党"的记载，可见阙党为孔子所居之地名。

②将命：在宾主之间传话。

③益者与：人见此童子能为宾主传辞，幼年敏慧，因问此童子是否有长进之望。益，长进义。益者与，问辞。

④居于位：根据《礼记玉藻》的记载，"童子无事则立主人之北，南面"，则"居于位"是不合当日礼节的。古礼，童子当隅坐，无席位。此童子

不知让，乃与成人长者并居于位。

⑤与先生并行：《礼记·曲礼》上篇说："五年以长，则肩随之"（"肩随"就是与之并行而稍后）。先生者，先我而生，指长辈言。童子当随行，此童子乃与年长者并行，不差在后，亦是不知让。

⑥欲速成：孔子谓此童子无求长益之意，只求快点像个成人。

— 译文 —

阙里的一个童子来向孔子传话。有人问："这小孩是要求上进的人吗？"孔子说："我看见他坐在成年人的位子上，又见他和长辈并肩而行，他不是要求上进的人，只是个急于求成的人。"

子曰："直哉史鱼①！邦有道，如矢②；邦无道，如矢。君子哉蘧伯玉③！邦有道，则仕；邦无道，则可卷④而怀⑤之。"（《卫灵公·7》）

— 注释 —

①史鱼：卫国大夫，名鳅，字子鱼。他临死前嘱咐儿子说："我数言蘧伯玉之贤而不能进，弥子瑕不肖而不能退。为人臣生不能进贤而退不肖，死不当治丧正堂，殡我于室足矣。"他儿子遵遗嘱治丧，卫国国君问为什么不在正堂治丧，他儿子便把父亲的遗嘱告诉卫国国君，卫国国君便召蘧伯玉而退弥子瑕。史鱼生以身谏，死以尸谏，人们赞扬他正直。事见《韩诗外传》卷七。

②矢：箭，形容其直。矢行直前，无纡回。

③蘧伯玉：蘧，音 qú，卫国的大夫，名瑗。

④卷：同"捲"，收。

⑤怀：意为藏。

— 译文 —

孔子说："多么正直啊，史鱼！国家政治清明，他像箭一样直；国家政治黑暗，他也像箭一样直。好一位君子啊，蘧伯玉！国家政治清明就出来做官，国家政治黑暗就把自己的主张隐藏起来。

（四）弟子

1. 颜渊

子曰："吾与回①言终日，不违②，如愚。退而省其私③，亦足以发④，回也不愚⑤。"（《为政·9》）

― 注释 ―

①回：姓颜名回，字子渊，鲁国人，孔子最得意之门生。据《史记·仲尼弟子列传》，颜回生于公元前521年，比孔子小三十岁。根据毛奇龄《论语稽求篇》和崔适《论语足征记》的考证，《史记》的"三十"应为"四十"之误，颜渊实比孔子小四十岁，公元前511—480年。

②不违，如愚：不违，意不相背，不提出不同意见和问题。有听受，无问难。如愚，即默而识之。

③退而省其私：退，退自师处。私，谓颜子离师后之言行。朱熹的《集注》认为是孔子退而省颜回的私，"则见其日用动静语默之间，皆足以发明夫子之道。"用颜回的实践来证明他能发挥孔子之道，说也可通。

④发：发明。于师说能有所发明、发挥。

⑤回也不愚：孔子称其不愚，正是深赞其聪慧。此章是颜子刚开始从学于孔子时，孔子称之。

― 译文 ―

孔子说："我整天给颜回讲学，他从来没提出不同意见，好像很蠢笨。等他退下之后，我考察他私下的言行，发现他对我所讲授的内容也能发挥，颜回呀，并不愚笨。"

子谓子贡曰："女①与回也孰②愈③？"对曰："赐也何敢望回？回也闻一以知十④，赐也闻一以知二⑤。"子曰："弗⑥如也；吾与⑦女弗如也。"（《公冶长·9》）

― 注释 ―

①女：同"汝"，你。

②孰：谁。

③愈：胜过。

④闻一以知十：十者数之全。颜渊闻其一节，能推其全体。

⑤闻一以知二：二者一之对。子贡闻此，能推以至彼。

⑥弗：不。颜渊由一得全，能直入事理之内，浑然见其大通。子贡由此及彼，则从事理之对立上比较，所知仍在外，故孔子说弗如也。

⑦与：动词，同意，赞同。这里不应该看作连词。此章可见孔门之多贤，亦可见两千五百年前一大教育家之气象，与其弟子间一片融和快乐之精神，尽在眼前。

── **译文** ──

孔子对子贡说:"你和颜回谁强一些?"子贡回答说:"我怎么敢和颜回比?颜回他能闻一知十,推知全体,我却只能闻一知二,由此及彼。"孔子说:"是不如他呀,我同意你说的不如他。"

哀公问:"弟子孰为好学?"孔子对曰:"有颜回者好学,不迁怒①,不贰过②。不幸短命死矣③,今也则亡④,未闻好学者也。"(《雍也·3》)

── **注释** ──

①不迁怒:不把对此人的怒气发泄到彼人身上。迁,转移。

②不贰过:"贰",重复的意思。贰过,重复犯错误。孔子称颜渊为好学,而特举不迁怒、不贰过二事。可见孔门之学,主要在何以修心,何以为人。《公冶长·26》颜渊言其志:"愿无伐善,无施劳。"志之所在,即学之所在。若不得孔门之所志与所学,而仅在言辞间求解,则不足贵矣!

③短命死矣:《公羊传》把颜渊的死列在鲁哀公十四年(公元前481年),其时孔子年七十一,依《史记·仲尼弟子列传》,颜渊小孔子三十岁,则死时年四十一。但据《孔子家语》等书,颜回卒时年仅三十一,因此毛奇龄(《论语稽求篇》)谓《史记》"少孔子三十岁,原是四十之误"。

④亡:同"无"。深惜颜子之死,又叹好学之难得。

── **译文** ──

鲁哀公问孔子:"你的学生中哪个好学?"孔子回答说:"有个叫颜回的好学,不拿别人出气,也不再犯同样的过错。不幸短命死了,现在没有这样的人了,没有听说谁是好学的。"

子曰:"回也,其心三月①不违②仁,其余则日月至焉③而已矣。"(《雍也·7》)

── **注释** ──

①三月、日月:这种词语必须活看,不要被字面所拘束。三月是说其长久,日月是说其短暂。

②违:离。

③不违、至焉:不违,是居仁也。至焉,是欲仁也。颜渊已能以仁为安宅,余人则欲仁而屡至。日月至,谓一日来至,一月来至。所异在尚不能安。《孟子·告子上》曰:"仁,人心也。"然有此心,未必即成此德,其要在能好学。

--译文--

孔子说:"颜回呀,他的心长久都不离开仁德,其余的人则只是在短时间内做到仁罢了。"

子曰:"贤哉,回也!一箪①食,一瓢饮,在陋巷②,人不堪③其忧,回也不改其乐④。贤哉,回也!"(《雍也·11》)

--注释--

①箪:音 dān,古代盛饭用的竹器,圆形。
②巷:古时巷有两个含义:一、村中的小道,即今之小胡同;二、人的住处。这里的陋巷指颜回所住的陋室。
③堪:忍受。
④乐:有的说是乐于道,有的说是乐于学。

--译文--

孔子说:"颜回多么有修养呀!一箪饭,一瓢水,住在简陋的小屋里,别人都忍受不了那穷困的忧愁,颜回却不改变他自有的快乐。颜回多么有修养呀!"

曾子曰:"以能问于不能,以多问于寡;有若无,实若虚;犯而不校①。昔者吾友②尝从事于斯矣。"(《泰伯·5》)

--注释--

①校:音 jiào,同"较"。朱熹《论语集注》:"校,计较也。"
②吾友:我的朋友。历来的注释家都认为是指颜渊。

--译文--

曾子说:"有能力却向无能力的人请教,知识丰富却向知识贫乏的人请教;有学问像没学问一样,满腹知识像空虚无有一样;被人侵犯也不计较。从前我的朋友就曾这样做过了。"

子曰:"语①之而不惰②者,其回也与!"(《子罕·20》)

--注释--

①语:音 yù,告诉。
②惰:懈怠也。朱熹《论语集注》引范氏曰:"颜子闻夫子之言,而心解

力行，造次颠沛未尝违之。如万物得时雨之润，发荣滋长，何有于惰，此群弟子所不及也。"

-- 译文 --

孔子说："听我说话始终不懈怠的，大概只有颜回吧！"

子谓①**颜渊，曰："惜乎！吾见其进也，未见其止也。"**（《子罕·21》）

-- 注释 --

①谓：说，常用于评论人物。如《公冶长·16》："子谓子产，有君子之道四焉。"颜渊既死，孔子惜之而叹。

-- 译文 --

孔子说到颜渊，叹道："可惜呀（他死了）！我只见他进步，没见他停步。"

子曰："回也非助我①**者也，于吾言无所不说**②**。"**（《先进·4》）

-- 注释 --

①助我：朱熹《论语集注》："助我，若子夏之起予，因疑问而有以相长也。颜子于圣人之言，默识心通，无所疑问，故夫子云然。其辞若有憾焉，其实乃深喜之。"

②说：同"悦"。

-- 译文 --

孔子说："颜回不是一个有助于我的人，他对我的话没有不喜欢的。"

季康子问①**："弟子孰为好学？"孔子对曰："有颜回者好学，不幸短命死矣，今也则亡。"**（《先进·7》）

-- 注释 --

①季康子问：此问与鲁哀公所问（《雍也·3》）相同，而孔子回答有详有略。可见，君臣之分不同。

-- 译文 --

季康子问孔子："你的学生中谁好学？"孔子回答说："有一个叫颜回的很

好学,不幸短命死了,现在没有了。"

颜渊死,子哭之恸①。从者曰:"子恸矣!"曰:"有恸乎?非夫人之为恸②而谁为?"(《先进·10》)

── 注释 ──

①恸:音 tòng。马融《注》:"恸,哀过也。"

②非夫人之为恸:是"非为夫人之恸"的倒装形式。夫,音 fú,指示代词,夫人指颜渊。"之"是帮助倒装用的,无实际意义。后面的"谁为",也是倒装,即"为谁",不过在古代,如果介词或者动词的宾语是疑问代词,一般都放在介词或者动词之前。

── 译文 ──

颜渊死了,孔子哭得过分悲痛。跟随的人说:"您悲痛过度了!"孔子说:"我是悲痛过度了吗?我不为他悲痛过度,又为谁呢?"

子畏于匡①,颜渊后②。子曰:"吾以女③为死矣。"曰:"子在,回何敢死④?"(《先进·23》)

── 注释 ──

①子畏于匡:《檀弓》:"死而不吊者三,畏、厌、溺。"畏,乃民间私斗。孔子为匡人所围,亦如一种私斗。匡,地名,在今河南省长垣县西南。孔子离开卫国去陈国时,经过匡地。匡地的群众曾经遭受过鲁国阳虎的掠夺与残杀,孔子的相貌和阳虎相似,因而匡地的群众误认孔子为阳虎,故将孔子围困。

②后:孔子既避去,颜渊相失在后。

③女:同"汝",你。颜渊失群后至,孔子疑其与匡人斗而死矣。此惊喜交集之辞。

④子在,回何敢死:何敢死,言不敢轻身赴斗。有三层意思:一、孔子尚在,明道传道之责任大,不敢轻死。二、弟子事师如事父,父母在,子不敢轻死。三、颜子虽失在后,然明知孔子之不轻死,故已亦不敢轻身赴斗。

── 译文 ──

孔子在匡被围困,颜渊失散了,最后才逃出来。孔子说:"我以为你已经死了呢。"颜渊说:"您还活着,我哪敢轻易去死呢?"

2. 闵子骞

季氏使闵子骞①为费宰②。闵子骞曰:"善③为我辞焉!如有复我④者,则吾必在汶上⑤矣。"(《雍也·9》)

-- 注释 --

①闵子骞:姓闵名损,字子骞,鲁国人,孔子早年弟子,小孔子十五岁(公元前515—?)。

②费宰:季氏的封邑,故城在今山东费县西北二十里。宰,县长。

③善:婉言,好言。

④复我:再来召我。

⑤汶上:汶,音 wèn,水名,即今山东大汶河。桂馥《札朴》云:"水以阳为北,凡言某水上者,皆谓水北。""汶上"暗指齐国之地。因为季氏不忠于鲁国国君而有叛逆之心,所以闵子骞坚决不仕季氏。

-- 译文 --

季氏派人请闵子骞去做费邑的长官。闵子骞对来人说:"好好替我辞掉吧!如果再来召我,那我一定跑到汶水之北去了。"

子曰:"孝哉闵子骞!人不间①于其父母昆②弟之言。"(《先进·5》)

-- 注释 --

①间:音 jiàn,非难、批评的意思。与《泰伯·21》:"禹吾无间然矣"之"间"同义。

②昆:兄。

-- 译文 --

孔子说:"真孝顺呀,闵子骞!人们对于他父母兄弟夸奖他的话从来没有异议。"

鲁人①为长府②。闵子骞曰:"仍旧贯③,如之何?何必改作?"子曰:"夫人④不言,言必有中。"(《先进·14》)

-- 注释 --

①鲁人:鲁人指三家。昭公居长府以攻季氏,三家共逐公,公败逃于齐。大概鲁人之见长府,犹如见昭公,故要改作以毁其迹。闵子微言讽之,长府

应依旧贯，君臣也应遵循旧贯。故孔子深赏其言。

②为长府：为，改建。长府，国家贮藏财货或文书的地方叫府。长府是府名。

③仍旧贯：仍，因，按照。贯，事，例。沿袭老样子。指修新即可，不必改建。

④夫人：夫，音 fú，这个人，指闵子。

—— 译文 ——

鲁国要改建长府。闵子骞说："照老样子，怎么样？为什么一定要改建呢？"孔子说："这个人平日不爱说话，一说话一定是中肯的。"

3. 冉伯牛

伯牛①有疾②，子问之，自牖③执其手，曰④："亡之⑤，命矣夫⑥！斯⑦人也而有斯疾也！斯人也而有斯疾也！"（《雍也·10》）

—— 注释 ——

①伯牛：姓冉名耕，字伯牛，鲁国人，孔子认为他有德行。

②疾：恶疾，今之麻风病。

③牖：音 yǒu，窗户。因为伯牛得了恶疾，不愿见人，所以孔子从窗户伸手进去握他的手。

④曰：此曰字不连上文，孔子既退，有此言。

⑤亡之：亡有两解：一作丧失讲，一作死亡讲，两意相近。之，不是代词，不是"亡"（死亡之意）的宾语，因为"亡"字在这里不应该有宾语，无意义，只是凑成一个音节罢了，古代常有这种形似宾语而实非宾语的"之"字。见杨伯峻《文言语法》。

⑥矣夫：句末语气助词，无实际意义，表感叹。此病不可治，故孔子叹曰"命矣夫"。

⑦斯：这。

—— 译文 ——

伯牛病了，孔子前去探望他，从窗户伸手进去与他握手诀别。说："要死了，这是命呀！这样的人竟得这样的病！这样的人竟得这样的病！"

4. 仲弓

或曰："雍①也仁而不佞②。"子曰："焉用佞？御人以口给③，屡憎于

人④。不知其仁⑤，焉用佞？"（《公冶长·5》）

-- 注释 --

①雍：姓冉名雍，字仲弓，生于公元前522年。

②佞：音nìng，古佞字有"多才"的意思，也有"巧"的意思。此处指口才之美。或人之问，可见时风尚佞。而孔子称雍也简，回也如愚，参也鲁，此三人皆孔门高第弟子，皆不佞。知孔门所重，在德不在佞。

③御人以口给：用伶牙俐齿来应对别人。御：抵挡，应对。给：音jǐ，足也。"口给"，言语便捷，犹如后来所说"言辞不穷"。何晏《论语集解》："佞人口辞捷给，数为人所憎恶。"

④屡憎于人：屡，数也。憎，厌恶义。口给易起人厌。

⑤不知其仁：孔子说不知，不是真的不知，只是一种委婉的表达方式，实际上是说冉雍还没有达到"仁"的水平。《公冶长·8》："孟武伯问子路仁乎？子曰："'不知也。'"这个"不知"也是这个意思。

-- 译文 --

有人说："冉雍这个人有仁德但没有口才。"孔子说："何必要口才呢？专用口快来对付人，常常被人讨厌。我不知道冉雍是不是有仁德，但何必要口才呢？"

子曰："雍①也可使南面②。"（《雍也·1》）

-- 注释 --

①雍：姓冉，名雍，字仲弓。

②南面：面向南，人君听政之位。古人早就知道坐北朝南的方向是最好的，因此也以这个方向的位置最为尊贵，无论天子、诸侯、卿大夫，当他作为长官出现的时候，总是面南而坐的。说见王引之《经义述闻》和凌廷堪《礼经释义》。使南面，意思是说冉雍之德才，可以使任诸侯这样的大官。

-- 译文 --

孔子说："冉雍呀，可以让他做大官。"

5. 宰我

哀公①问社②于宰我③。宰我对曰："夏后氏以松，殷人以柏，周人以栗④，曰，使民战栗⑤。"子闻之，曰："成事不说，遂事不谏，既往不咎⑥。"（《八

佾·21》)

—— 注释 ——

①哀公：姓姬名蒋，鲁国的国君。

②社：土神叫社，祭土神的庙也称社。古时立国都要建社，选用宜于当地生长的树木做社主（土地神的牌位）。从宰我的答话中可以推知哀公所问是用什么木头做社主。社主是神灵之所凭依。如果国家有对外战争，还必须载这一社主而行。详见俞正燮《癸巳类稿》。

③宰我：名予，字子我。

④夏后氏以松，殷人以柏，周人以栗：三代做社主选用的木头不同。夏居河东，其野宜松。殷居亳（bó），其野宜柏。周居酆镐，其野宜栗。此皆苍老坚久之材，故用以为社主。特指三代之都，不是说天下各地皆以此三树为社主。

⑤战栗：栗，同"慄"，恐惧，发抖。宰我解释周朝用栗木做社主是为了使百姓恐惧。一说这是宰予欲劝哀公用严政；一说，时三桓专政，哀公欲讨之，故以问社相暗示，宰予所答，暗示赞成。时孔子犹在陈，故下文曰"子闻之"。

⑥成事不说，遂事不谏，既往不咎：事已成，不再说之。遂，行义。谏，规劝君主、尊长或朋友，使之改正错误。事已行，不复谏。咎，责备。事既往，不追咎。这三句话是说：孔子既闻哀公与宰我此番之隐谋，知哀公无能，不欲其轻率行动。三家擅政，由来已久，不可急切纠正。后哀公终为三家逼逐，宰我亦以助齐君谋攻田氏被杀。

—— 译文 ——

鲁哀公向宰我问，作社主用什么木。宰我回答："夏代用松木，商代用柏木，周代用栗木，意思是使人民战战栗栗。"孔子听到这话，（责备宰我）说："已经做了的事不便再解释了，已经完成的事不便再挽救了，已经过去的事不便再追究了。"

宰予①昼寝②。子曰："朽木③不可雕也，粪土④之墙不可杇⑤也；于予与何诛⑥？"子曰⑦："始吾于人也，听其言而信其行；今吾于人也，听其言而观其行。于予与改是⑧。"（《公冶长·10》）

—— 注释 ——

①宰予：孔子学生，名予，字子我。《论语》记诸弟子，惯例不直书名，此处当作宰我才合适。或曰：宰我得罪于孔子，故书名以贬之，然如此则是

记者之辞，未必孔子当时有此意。

②昼寝：大白天睡觉。曰昼，非晚起。曰寝，亦非假寐。《韩诗外传》卫灵公昼寝而起，志气益衰。宋玉《高堂赋》楚王昼寝于高堂之台。知昼寝在古人不做佳事看。孔子在此责宰予志气昏惰。此二字有数说，不取。

③朽木：腐烂之木。

④粪土：腐土、脏土。

⑤杇：音wū，同"圬"，泥工抹墙的工具叫杇，把墙壁抹平也叫杇。依上文意思为涂墙，这里指"粉刷"。

⑥与何诛：与，语气词。诛，责备。直译是"责备什么呢？"谓对宰我不必再责，犹言宰我不可再教诲。

⑦子曰：以下的话虽然也是针对"宰予昼寝"而发出，但这句话是孔子在另一个时候说的，所以加"子曰"两字以示区别。古人常用这种修辞。俞樾《古书疑义举例》卷二"一人之辞而加曰字例"曾有所阐述。

⑧是：这。指上文听其言而信其行，孔子说因于宰我而改变此态度。宰我乃孔门之四科，与子贡齐称，亦孔门高第弟子。此章孔子责之已甚，甚为可疑。或因宰我负大志，居常好大言，而志大行疏，孔子故作严词以戒。他日，宰我仕于齐，助齐君，排田氏，终为田氏所杀。然此非宰我之过。

── 译文 ──

宰予白天睡觉。孔子说："腐朽了的木头是没法雕刻的，腐土筑的墙是没法粉刷的。对于宰予，有什么值得责备的？"孔子说："先前我对人，听了他的话就相信他的行为；现在我对人，听了他的话还要观察一下他的行为。从宰予这件事我改变了这个态度。"

宰我问曰："仁①者，虽告之曰：'井有仁焉。'其从之也②？"子曰："何为其然也？君子可逝③也，不可陷④也；可欺也，不可罔⑤也。"（《雍也·26》）

── 注释 ──

①仁：即"仁人"的意思，和《学而·6》"泛爱众而亲仁"的"仁"用法相同。

②从之也：从之，谓从入井中。也，同"邪"，疑问词。

③逝：往。

④不可陷：陷，陷害。不可被陷害，自投入井。

⑤欺、罔：欺，被骗。罔，迷惑。仁者闻人之告，可被骗去看，不致迷

惑自投井中。本章问答，皆设喻。身在井上，乃可救井中之人。身入井中，则自陷，不复能救人。或说：宰我之问，可能是担心孔子遭遇灾祸而微讽之。如子欲赴佛肸、公山弗扰之召，子路不说。宰我言语之科，不直谏而婉辞以讽。

--- 译文 ---

宰我问道："有仁德的人，就是告诉他：'井里掉下去一位仁人啦。'他会跟着下去吗？"孔子说："为什么要这样做呢？君子可以到井边去救，但不会被陷入井中；他可能受骗，但不会被迷惑。"

6. 子贡

子贡问曰："赐①也何如？"子曰："女，器也②。"曰："何器也③？"曰："瑚琏④也。"（《公冶长·4》）

--- 注释 ---

①赐：子贡姓端木，名赐。与师言，自称名，敬也。子贡闻孔子历评诸弟子，问己如何。
②女，器也：女，同"汝"，指子贡。言汝乃有用之材。
③何器也：也，同"邪"，疑问辞。
④瑚琏：古代祭祀时盛粮食的器皿，竹制，上面用玉装饰，是祭器中贵重而华美的一种。如后世言廊庙之材。

--- 译文 ---

子贡问："赐怎么样？"孔子说："你是一件有用之器。"子贡又问："什么器？"孔子说："你像是宗庙里盛粮食的瑚琏。"

子贡曰："我不欲人之加①诸②我也，吾亦欲无加诸人。"子曰："赐也，非尔③所及也。"（《公冶长·12》）

--- 注释 ---

①加：驾凌，凌辱。
②诸："之于"的合音。
③尔：你。

--- 译文 ---

子贡说："我不想别人欺侮我，我也不想欺侮别人。"孔子说："赐，这不

是你能做到的。"

子贡方人①。子曰:"赐也贤乎哉②?夫我则不暇。"(《宪问·29》)

-- 注释 --

①方人:此有两说:一、比方。比方人物,较其长短,犹言批评。二、即谤字。声近通借,谓言人过恶。郑玄注的《论语》作"谤人",郑《注》云"谓言人之过恶。"

②赐也贤乎哉:疑问语气,批评子贡不贤。

-- 译文 --

子贡讥评别人。孔子说:"你就那么好吗?我可没这闲工夫。"

7、冉求

冉求曰:"非不说①子之道,力不足也②。"子曰:"力不足者,中道而废。今女③画④。"(《雍也·12》)

-- 注释 --

①说:音yuè,同"悦"。
②力不足者:"者"这一表示停顿的语气词,有时兼表假设语气。
③女:同"汝",你。
④画:同"划"。中途停止,不欲再进,如划地自限。孔子之道高远,颜渊也有"末由也已"(《子罕·11》)之叹,然颜渊叹于既竭吾才之后。正如孔子说:"吾见其进,未见其止。"又说:"求也退,故进之。"颜回、冉求之异,正在一进一退之间。孔子曰:"有能一日用其力于仁矣乎,我未见力不足者。"此即孟子不为不能之辨。

-- 译文 --

冉求说:"我不是不喜欢您的学说,是我力量不够。"孔子说:"如果真是力量不够,是到半路才停下来。现在你是给自己划定了界限不想前进。"

季氏富于周公①,而求也为之聚敛②而附益③之。子曰:"非吾徒也。小子④鸣鼓而攻⑤之,可也。"(《先进·17》)

-- 注释 --

①周公：指周公旦次子世袭为周公而留于周之王朝者。今季氏以诸侯之卿而富过于王朝之周公。

②聚敛：收集。《左传》哀公十一年和十二年记载，季氏要用田赋制度增加赋税，使冉求征求孔子意见，孔子则主张"施取其厚，事举其中，敛从其薄。"结果冉求仍旧听从季氏，实行田赋制度。《礼记·大学》说："百乘之家，不畜聚敛之臣。与其有聚敛之臣，宁有盗臣。"可见儒家为了维护统治，反对对人民的过分剥削。其思想渊源或者本于此章。

③附益：增加。冉有善理财，为季氏多方聚敛以增加更多财富。

④小子：指学生。

⑤攻：攻击。攻冉求，实指季氏。

-- 译文 --

季氏比周公还有钱，而冉求还帮他搜刮来增加更多的财富。孔子说："他不是我们的人，你们可以大张旗鼓地去攻击他。"

冉子①退朝②。子曰："何晏也③？"对曰："有政④。"子曰："其事⑤也。如有政，虽不吾以⑥，吾其与⑦闻之。"（《子路·14》）

-- 注释 --

①冉子：冉有，当时任鲁国大夫季氏的家臣。此称冉子，或说乃其门人所记。

②朝：指季氏之私朝。

③何晏也：晏，迟，晚。也，同"邪"，疑问词。冉有仕于季氏而犹在孔门，退朝稍晚，孔子问之。

④政：国政。

⑤事：家事。

⑥吾以："以吾"的倒装，即用我。以，用。

⑦与：音 yù，参与。《左传》哀公十一年曾有记载，季氏以用田赋的事征求孔子意见，并且说："子为国老，待子而行。"可见孔子"如有政，吾其与闻之"这话是有根据的。孔子如为不知，必为季氏家事，冉有不明"政"与"事"的区别，孔子严而婉教之。

-- 译文 --

冉求从办公的地方回来。孔子说："怎么这么晚呀？"冉求说："有政务。"孔子说："那是季氏的家事吧。如果有政务，虽然不用我了，我也会知道的。"

8. 子路

子曰："道不行，乘桴①浮于海。从我者，其由与②？"子路闻之喜。子曰："由也好勇过我，无所取材③。"（《公冶长·7》）

— 注释 —

①桴：音fú，古代把竹子或者木头编成排，以当船用，大的叫筏，小的叫桴，也就是现在的木排。孔子伤道不行，言欲乘桴浮海。《子罕·14》说"子欲居九夷"，此章浮海，亦指渡海去九夷。孔子自叹不能行道于中国，犹当行之于蛮夷，故此章之浮海，绝非高蹈出尘，绝俗辞世之意。

②从我者，其由与：从，旧读去声，动词，跟随。海上风波险恶，岂可乘桴长游，孔子之言，深叹吾道之不行，欲济无舟楫也。子路勇决，故说其能从己，此亦假托之微词耳。

③材：同"哉"，古字有时通用。有人解做木材，说是子路以为孔子真要到海外去，孔子便说，"没地方去取得木材"。这种解释一定不符孔子原意。也有人把"材"看作"剪裁"的"裁"，说是"子路太好勇了，不知道节制、检点"，这种解释不知把"取"字置于何地，所以也不采用。

— 译文 —

孔子说："主张行不通了，我想乘上木排到海外去。跟随我的大概只有仲由吧！"子路听到这话很高兴。孔子说："仲由这个人太好勇敢了，好勇的精神大大超过了我，这就没有什么可取的呀！"

子路有①闻，未之能行，唯恐有闻。（《公冶长·14》）

— 注释 —

①有：后一个有，同"又"。子路曾问："闻斯行诸？"子路乃有闻即行者。前有所闻，未及行，恐复又闻，行之不迭。此见子路之有闻而必行，非真恐复又闻。曰唯恐有闻，乃代述子路之用心。

— 译文 —

子路听到一条道理，还没有能够去做，只怕又听到新的道理。

子疾病①，子路使门人为臣②。病间③，曰："久矣哉，由之行诈也④！无臣而为有臣⑤。吾谁欺？欺天乎！且予与其死于臣之手也，无宁⑥死于二三子⑦之手乎！且予纵不得大葬⑧，予死于道路⑨乎？"（《子罕·12》）

-- 注释 --

①疾病：病得很重。疾，病，名词。病，病情严重，形容词。

②臣：家臣。大夫家才有家臣。大夫之丧，由家臣治其礼。

③病间：间，间隙。指病情减轻。

④久矣哉！由之行诈也：孔子病重时不知子路如此做法，病情减轻后才知道。责备子路行诈道，谓其不自今日始，盖子路咎在不知，其所不知则非自今日始。

⑤无臣而为有臣：孔子曾做大夫时，有家臣。今已退位，没有家臣，子路叫门人充当家臣，故曰无臣而作为有臣，是准备孔子死时按大夫之礼举行安葬。按照规定，孔子退位后只能用士的礼节安葬，所以孔子对子路的做法进行责备。

⑥无宁：宁可。"无"是发语词，没有意义。

⑦二三子：孔门弟子。孔子此番病时，当时还没有士丧礼可循。今孔子若病而卒，在当时实亦无礼可循，无丧可治。子路心尊孔子，谓不宜临丧无礼，乃欲以大夫礼治孔子之丧，而不知其不可。孔子此处之所以告子路，则尤有深意。孔子之道之尊，在其有门人弟子，岂在其能有家臣？孔子心之所重，亦重在其有诸弟子，岂重在其能有家臣？子路泥礼未达，使诸弟子作为孔子之家臣，欲以大夫礼丧孔子，即诸弟子殆亦与子路同此见解。至于孔子之可尊，其所以为百世之圣者，在其创师道，不在其曾为大夫。此在今日，人尽知之。然在当时，即孔子弟子，或所不知。然孔子亦不欲明白以此自尊，而此一问，则已深切道出此意。

⑧大葬：指大夫的隆重葬礼。旧注：谓以君臣之礼。

⑨死于道路：谓弃于道路，无人葬之。或说：此章乃孔子将返鲁，于道中适得病，故有死于道路之语。

-- 译文 --

孔子病情严重，子路叫孔子的学生充当家臣准备料理丧事。孔子病情减轻以后知道这事，说："很久了吧，仲由做这种弄虚作假的事。没有家臣而装作有家臣。我骗谁呢？骗天吗？我与其死在家臣的手里，宁肯死在你们这些学生们的手里，不更好吗？即使不能按大夫之礼安葬，难道我会死在路上没人埋吗？"

子曰："衣①敝缊袍②，与衣狐貉③者立，而不耻者，其由也与？'不忮不求，何用不臧④？'"子路终身诵之。子曰："是道也，何足以臧⑤？"（《子罕·27》）

-- 注释 --

①衣：去声，动词，"穿"的意思。
②敝缊袍：敝，坏。缊，音 yùn，旧絮。一曰，乱麻也。这里指破旧的丝棉袍。
③狐貉：貉，音 hé，这里指用狐皮、貉皮做的皮袍，裘之贵者。
④不忮不求，何用不臧：两句见《诗经·邶风·雄雉》篇。忮，音 zhì，害。嫉人之有而欲加以害伤之心也。求，贪求。耻己之无而欲求取于人。臧，善，好。若能不忮不求，则何为而不善？
⑤是道也，何足以臧：子路以一善沾沾自喜，将不复于道更求进，故孔子复言此以警之。

-- 译文 --

孔子说："穿着破旧的丝棉袍，和穿着狐貉皮袍的人站在一起而不觉得惭愧的，大概只有仲由吧！'不害人，不贪求，怎么会不善呢？'"子路老是叨念着这两句诗。孔子又说："仅仅把这作为修身之道，怎么足以成就大善呢？"

子曰："由之瑟①奚为于丘之门②？"门人不敬子路。子曰："由也升堂③矣，未入于室也。"（《先进·15》）

-- 注释 --

①瑟：音 sè，古代的乐器，和琴同类。
②奚为于丘之门：奚，为什么。为，弹。为什么在我这里弹呢？这里指孔子不满意他所弹的音调。《说苑·修文》中记载"子路鼓瑟有北鄙之声"，不合《雅》、《颂》，故孔子批评他。
③升堂入室：这是比喻话，喻入道深浅。"堂"是正厅，"室"是内室，先入门，次升堂，最后入室，表示做学问的几个阶段。"入室"犹如今天的俗语"到家"。已升堂而未入室，比喻已得大体而还不精深。

-- 译文 --

孔子说："仲由弹瑟，为什么在我这里来弹呢？"因此孔子的学生们瞧不起子路。孔子说:"由嘛,学问已经不错了,只是还不够精深罢了。"

子路①使子羔②为费宰③。子曰:"贼夫人之子④。"
子路曰:"有民人⑤焉,有社稷⑥焉,何必读书,然后为学⑦?"
子曰:"是故恶夫佞者⑧。"(《先进·25》)

-- 注释 --

①子路:即仲由。当时为季氏家臣,所以能推荐人去季氏的封邑费县做官。
②子羔:即高柴。
③宰:县长。
④贼夫人之子:贼,害。夫人之子,指子羔,当时子羔年岁尚小,故称。孔子认为,他学未成熟就去从政,这会害了他。
⑤民人:平民和贵族。这里偏指老百姓。
⑥社稷:社,土神。稷,谷神。土神和谷神共祭于社稷坛。古代国都及各地都设立社稷坛,分别由国君和地方长官主祭,故社稷成为国家政权的象征。
⑦何必读书,然后为学:子路说为宰治民,临祀事神都是学习,问什么一定要读书才叫学习。
⑧恶夫佞者:恶,音 wù,憎恶。佞者,以口辨应人者。

-- 译文 --

子路让子羔去做费地的长官。孔子说:"这是害了别人的儿子。"
子路说:"那地方有老百姓,有社稷,治理百姓和祭祀神灵都是学习,为什么一定要读书才算是学习呢?"
孔子说:"所以我讨厌那种利口善辩的人。"

子曰:"片言①可以折狱②者,其由也与③?"
子路无宿诺④。(《颜渊·12》)

-- 注释 --

①片言:即片面之词,诉讼双方中一方的言辞,古时也叫"单辞"。
②折狱:狱,案件。即断案。
③其由也与:历来断案都要听原被告双方陈述,为什么子路单凭一方之辞就可断案?有三种解释:一、子路明快,凭单辞就可作出判断;二、子路为人

忠信，人们信服他，在他面前不讲假话，因此他可以只听一面之词来断案；三、子路忠信，所说的话绝无虚假，所以只听子路的一面之词，就可断案。

④宿诺：有两解：一、宿解释为预，预先的许诺；二、宿解释为留，拖延诺言的实现。

-- 译文 --

孔子说："只听一方的话就可以断案的，大概只有仲由吧。"

子路从不拖延诺言。

子曰："由①！知德者鲜②矣。"（《卫灵公·4》）

-- 注释 --

①由：子路。

②鲜：少。孔子告诉子路说，懂得德的人很难得。德必修于己而得于心，非己之实有之。

-- 译文 --

孔子说："由啊！懂得'德'的人太少了。"

9. 子游

子之①武城②，闻弦歌③之声。夫子莞尔④而笑，曰："割鸡焉用牛刀⑤？"

子游对曰："昔者偃也闻诸夫子曰：'君子学道则爱人，小人学道则易使⑥也。'"

子曰："二三子⑦！偃之言是也。前言戏之耳⑧。"（《阳货·4》）

-- 注释 --

①之：往，去。

②武城：鲁国的一个小城，当时子游是武城宰。

③弦歌：弦，指琴瑟。古人以《诗》配乐，弹琴瑟并歌唱《诗》。子游对邑人施以礼乐教育。

④莞（wǎn）尔：微笑的样子。

⑤割鸡焉用牛刀：此有两解。一、治理小邑，何必用礼乐大道。其实则深喜之。二、以子游之大才而用于治理武城之小邑，则是深惜之也。然承上莞尔而笑，则终是喜深于惜。

⑥君子学道则爱人，小人学道则易使：君子、小人，分别指执政者和平

民百姓。此乃孔子教学中常说的两句话，无论君子、小人都应学道。

⑦二三子：从行者。

⑧前言戏之耳：戏言盖出于嘉喜之情。之字指子游。子游、子夏皆孔门后进弟子，均列文学科。子游宰武城时尚年轻，已能行礼乐之教，可见孔门四科皆能付诸实践，即便是文学，也不是空谈。

-- 译文 --

孔子到武城，听见弹琴瑟唱诗歌的声音。孔子微笑着说："宰鸡何必用宰牛的刀呢？（治理这个小地方，用得着礼乐教育吗？）"

子游回答说："以前我听先生说过，'做官的学了道就能爱人，百姓学了道就容易指使。'"

孔子对从游的人说："诸位！言偃的话是对的。我刚才那句话，不过同他开玩笑罢了。"

10. 子夏

子夏问曰："'巧笑倩兮，美目盼兮，素以为绚兮①。'何谓也？"子曰："绘事后素②。"

曰："礼后③乎？"子曰："起予者商也④！始可与言《诗》已矣。"（《八佾·8》）

-- 注释 --

①巧笑倩兮，美目盼兮，素以为绚兮：前两句见《诗经·卫风·硕人》篇，第三句可能是逸句，王先谦《三家诗义集疏》以为《鲁诗》有此一句。倩，音 qiàn，面颊长得好。兮，语助词，相当于"啊"。盼，眼睛黑白分明。《集解》：盼，动目貌。此处形容眼睛转动时之美好貌。素，白色。绚，有文采。此喻美女有巧笑之倩，美目之盼，复加以素粉之饰，将益增面容之绚丽。子夏不明此三句诗意而问于孔子。

②绘事后素：绘，绘画。素，白色。古人绘画，先布五采，再以粉白线条加以勾勒。

③礼后：子夏因此悟出人有忠信之质，必有礼以成之。礼加于忠信之美质，犹以素色间于五采而益增五采之鲜明。

④起予者商也：起，启发。予，我，孔子自指。商，子夏名商。子夏因论《诗》而及礼，孔子喜而赞之，谓其能启发我之心意。必如此，乃可与言《诗》。礼必有本，孔门论《诗》，必推明之于人事。文学本原在人生，故治

文学者，必本于人生而求之，乃能发明文学之真蕴。此皆孔门论学要义。

-- 译文 --

子夏问："'笑容是多么美好啊，眼睛是多么动人啊，用素粉来打扮啊。'这几句诗是什么意思？"孔子说："你看绘画，不也是临后始加素色吗？"

子夏问："是不是礼乐在仁义之后呢？"孔子说："启发了我的是商呀！现在可以同你讨论《诗经》了。"

子谓子夏曰："女①为君子儒②！无为小人儒！"（《雍也·13》）

-- 注释 --

①女：同"汝"，你。

②儒：《说文》术士之称，谓士之具六艺之能以求仕于时者。儒在孔子时，本属一种行业，同一行业，亦有人品高下、志趣大小、君子小人之分，孔门设教，必为君子儒，无为小人儒，乃有此一派学术。魏·何晏《论语集解》说：君子为儒将以明道，小人为儒则矜（夸耀）其名。朱熹《论语集注》说：君子儒为己，小人儒为人。儒，后来逐渐发展成为学派之称，孔子乃创此学派者，孔门称儒家。此后，只辨儒之真伪，不再有君子儒、小人儒之分。因凡为儒者，则必然为君子。

-- 译文 --

孔子对子夏说："你要做个君子式的儒者，不要做那小人式的儒者！"

11. 其他

德行①：颜渊，闵子骞，冉伯牛，仲弓。言语②：宰我，子贡。政事③：冉有，季路。文学④：子游，子夏。⑤（《先进·3》）

-- 注释 --

①德行：道德和品行。《周官·师氏》注云："德行，内外之称。在心为德，施之为行。"这也是孔门四科中最为重要的一科。

②言语：指善于辞令，能办理外交。

③政事：治国之政。

④文学：指古代文献，即孔子所传的《诗》、《书》、《易》等。文学与言语政事相通，本章文学特成一科，乃若与言语政事两科有异。子游、子夏于此最为擅长，故游夏得于三科之外特标文学一目。此可见孔门晚年文胜之风。

⑤此章非孔子语，乃弟子因孔子言而记之，若为孔子语，则诸弟子当称名，不称字。朱熹《论语集注》说这十人即当在陈、蔡之时随行的人，是错误的。这几句话不过是孔子对这十个学生一时的叙述，由弟子转述下来的记载而已。

—— 译文 ——

（孔子的学生各有所长。）德行好的：颜渊、闵子骞、冉伯牛、仲弓。会说话的：宰我、子贡。能办理政事的：冉有、季路。熟悉古代文献的：子游、子夏。

子曰："回也其庶①乎，屡空②。赐不受命③，而货殖④焉，亿⑤则屡中。"（《先进·19》）

—— 注释 ——

①庶：庶几，差不多。一般用在称赞的场合，这里指颜渊的学问道德接近于完善。

②空：兼有"贫"和"穷"两方面的意思。财货的缺少叫"贫"，生活无着（zhuó）落，前途无出路叫"穷"。故译为"穷得没有办法"。

③赐不受命："命"字有不同的解释。一、禄命，"不受命"即为"不做官"。子贡并不是不曾做官。《史记·仲尼弟子列传》说他"常相鲁卫"，《货殖列传》又说他"既学于仲尼，退而仕于卫"。二、天命。皇侃《义疏》、朱熹《集注》说。三、古之经商皆受命于官，子贡则是没有受命于官而自己去做买卖，是谓不受命而货殖。俞樾《群经平议》说。后两说皆言之有理，而未知孰是，故以"不安本分"译之。

④货殖：做买卖。

⑤亿：同"臆"，臆测，猜测。

—— 译文 ——

孔子说："颜回的学问道德差不多了吧，可是常常穷得没有办法。端木赐不安本分而去做买卖，猜测行情，却常能猜中。"

闵子①侍侧，訚訚②如也；子路，行行③如也；冉有、子贡，侃侃④如也。子乐⑤。"若由⑥也，不得其死然⑦。"（《先进·13》）

—— 注释 ——

①闵子：即闵子骞。

②訚訚：音 yín，正直而恭敬的样子。
③行行：音 hàng，刚强的样子。
④侃侃：音 kǎn，温和而快乐的样子。
⑤子乐：乐得英才而教之，使各尽其性。
⑥由：仲由，即子路。
⑦不得其死然：谓不得以寿终。得死，当时俗语，谓得善终。《左传》僖公十九年"得死为幸"；哀公十六年"得死，乃非我"。然，语气词，用法同"焉"。这话是孔子批评子路有勇无谋，怕是不得好死。后来子路最终在卫国内乱中被杀身亡，应验了孔子的判断。

-- 译文 --

闵子骞侍立在孔子身旁，正直而恭敬的样子；子路很刚强的样子；冉有、子贡温和而快乐的样子。孔子高兴了。说："不过，像仲由吧，怕得不到好死。"

季康子①问："仲由可使从政也与？"子曰："由也果②，于从政乎何有③？"

曰："赐也可使从政也与？"曰："赐也达④，于从政乎何有？"

曰："求也可使从政也与？"曰："求也艺⑤，于从政乎何有？"（《雍也·8》）

-- 注释 --

①季康子：他在公元前 492 年继其父为鲁国正卿，此时孔子正在各地游说。八年以后，孔子返回鲁国，冉求正在帮助季康子推行革新措施。孔子于是对此三人做出了评价。
②果：有决断。
③何有：何难。
④达：通达事理。
⑤艺：多才能。

-- 译文 --

季康子问孔子："仲由这个人，可以让他管理政事吗？"孔子说："仲由做事果断，对于管理政事有什么困难呢？"

季康子又问："端木赐这个人，可以让他管理政事吗？"孔子说："端木赐通达事理，对于管理政事有什么困难呢？"

又问:"冉求这个人,可以让他管理政事吗?"孔子说:"冉求多才多艺,对于管理政事有什么困难呢?"

孟武伯[①]问子路仁乎?子曰:"不知也[②]。"又问[③]。子曰:"由也,千乘之国,可使治其赋[④]也,不知其仁也。"

"求也何如?"子曰:"求也,千室之邑[⑤],百乘之家[⑥],可使为之[⑦]宰[⑧]也,不知其仁也。"

"赤[⑨]也何如?"子曰:"赤也,束带立于朝,可使与宾客言也[⑩],不知其仁也。"(《公冶长·8》)

-- 注释 --

①孟武伯:姓孟孙,名彘(zhì),"武"是谥号。孟孙氏是鲁国执政的三家(孟孙氏、叔孙氏、季孙氏)之一。

②不知也:仁道至大,仁德至高,孔子不以轻许人,故说不知。犹《公冶长·5》说冉雍"不知其仁"之义。

③又问:孟武伯又问,然则子路为何等人。

④治其赋:古者征兵员及修武备皆称赋。治赋,即治军也。

⑤千室之邑:邑,《左传》庄公二十八年云:"凡邑,有宗庙先王之主曰都,无曰邑。"邑是古代居民聚居的地方,大致相当于后来城镇,包括它周围的土地。千室之邑,于时为大邑,指卿大夫的领地。

⑥百乘之家:其时诸侯有车千乘,卿大夫家则百乘。

⑦之:用法同"其",他的。

⑧宰:古代一县的县长、大夫家的总管,都做"宰",有家宰、邑宰之分。"原思为之宰"(《雍也·5》)的宰为"总管","季氏使闵子骞为费宰"(《雍也·9》)的"宰"是"县长"。

⑨赤:姓公西名赤,字子华,孔子早年弟子,生于公元前509年。

⑩束带立于朝,可使与宾客言:指穿着礼服立于朝廷。古人平时居住时缓带,低在腰间,遇有礼事,则束带在胸口,高而紧。宾者大客,如国君上卿。客者小宾,国君上卿以下。两字分用有别,合用则通。公西华有外交之才,可使束带在朝,与宾客相应对。

-- 译文 --

孟武伯向孔子问子路有没有仁德。孔子说:"不知道。"他又问。孔子说:"仲由嘛,在拥有一千辆兵车的国家里,可以让他管理兵役和军政工作,但我不知道他是否有仁德。"

孟武伯继续问："冉求这个人怎么样？"孔子说："冉求嘛，千户人口的县，可以叫他当县长；百辆兵车的大夫封地，可以叫他当总管，但我也不知道他是否有仁德。"

"公西赤又怎么样呢？"孔子说："公西赤嘛，穿着礼服，立于朝廷之中，可以让他接待客人，办理交涉，但我也不知道他是否有仁德。"

子路①、曾晳、冉有、公西华侍坐。

子曰："以吾一日长乎尔②，毋吾以也③。居④则曰'不吾知也！'如或知尔，则何以哉⑤？"

子路率尔⑥而对曰："千乘之国，摄⑦乎大国之间，加之以师旅，因⑧之以饥馑⑨；由也为之，比及⑩三年，可使有勇，且知方⑪也。"

夫子哂⑫之。

"求！尔何如？"

对曰："方六七十⑬，如⑭五六十，求也为之，比及三年，可使足民。如其礼乐，以俟⑮君子。"

"赤！尔何如？"

对曰："非曰能之，愿学焉。宗庙之事⑯，如会同⑰，端章甫⑱，愿为小相⑲焉。"

"点！尔何如？"

鼓瑟希⑳，铿尔㉑，舍瑟而作㉒，对曰："异乎三子者之撰㉓。"

子曰："何伤乎？亦各言其志也。"

曰："莫㉔春者，春服㉕既成㉖，冠者㉗五六人，童子六七人，浴乎沂㉘，风㉙乎舞雩㉚，咏而归。"

夫子喟然㉛叹曰："吾与㉜点也！"

三子者出，曾晳后。曾晳曰："夫㉝三子者之言何如？"

子曰："亦各言其志也已矣。"

曰："夫子何哂由也？"

曰："为国以礼，其言不让，是故哂之。"

"唯求则非邦也与㉞？"

"安见方六七十如五六十而非邦也者？"

"唯赤则非邦也与㉟？"

"宗庙会同，非诸侯而何？赤也为之㊱小，孰能为之大？"（《先进·26》）

九、论评人

251

注释

①子路：即仲由。曾皙：名点，字子皙，曾参的父亲。冉有：即冉求。公西华：即公西赤。

②尔：你们。

③毋吾以也：毋，同"无"。以，同"已"，止。一说，"以"作"用"解，"毋吾以"即"不用我"。"毋吾以也"是"毋以吾也"的倒装形式。孔子言，我虽年长于尔辈，然勿以我长而难言。

④居：义同唐、宋人口语"平居"，平日、平常的意思。

⑤则何以哉：以，用义。言如有知尔者，则何以为用。

⑥率尔：轻率而急忙的样子。

⑦摄：迫，犹言夹在大国之间。

⑧因：继。

⑨饥馑（jǐn）：饥荒。

⑩比及：比，音 bì，等到。

⑪方：方向。这里指礼义。

⑫哂：音 shěn，微笑。孔子许其能，哂其不逊。按照古礼，回答者应先左右观看有没有其他人发言，而子路却"率尔而对"，旁若无人，毫不谦让，脱口而出。

⑬方六七十：纵横各六七十里。

⑭如：或者。

⑮俟：等待。

⑯宗庙之事：祭祀之事。

⑰会同：诸侯会盟之事。

⑱端章甫：端，玄端，古代礼服之名。章甫，古代礼帽之名。"端章甫"为修饰句，在古代可以不用动词。

⑲相：音 xiàng，傧相，祭祀和会盟时主持赞礼和司仪的官。相分卿、大夫和士三级，小相是最低的"士"这一级。

⑳希：同"稀"，指弹瑟的速度放慢，节奏逐渐稀疏。

㉑铿尔：铿的一声，指弹瑟完毕时的最后一声高音。

㉒作：站起来。曾点答孔子之问站了起来，可以推知其他学生亦如此。

㉓撰：当作僎，读为诠，郑玄训为善。曾点谓所言不能如三人之善。孔子曰："何伤"，犹云无害。或曰，撰同"譔"，撰述，陈说义。

㉔莫：同"暮"。暮春，三月近末，时气方暖。

㉕春服：单夹衣。

㉖成：定也。《国语·吴语》："吴晋争长未成"，就是吴晋争为盟主而未定的意思。

㉗冠者：成年人。古代男子二十岁行冠礼，表示已经成年。

㉘浴乎沂：浴，盥濯（guàn zhuó），洗。沂，音 yí，水名，源出山东邹县东北，西流经曲阜与洙水合，入于泗水。也就是《左传》昭公二十五年"季平子请待于沂上"的"沂"。就水边洗头面两手。

㉙风：迎风乘凉。动词。

㉚舞雩：雩，音 yú，地名，沂水南有雩坛，坛高三丈，即曾点所欲风处。鲁国祭天求雨的地方，当在今曲阜县南。

㉛喟然：深深地叹息的样子。

㉜与：赞许，同意。子路强调强兵，冉有强调富民，公西华强调知礼，其志向都与治国有关，三者加起来正是孔子的为政之道，然而道消世乱，所志未必能遂。所以孔子独赞曾点。朱熹《论语集注》引程子曰："孔子与点，盖与圣人之志同，便是尧、舜气象也。"又曰："三子皆欲得国而治之，故夫子不取。曾点，狂者也，未必能为圣人之事，而能知夫子之志。故曰浴乎沂，风乎舞雩，咏而归，言乐而得其所也。孔子之志，在于老者安之，朋友信之，少者怀之，使万物莫不遂其性。曾点知之，故孔子喟然叹曰'吾与点也。'"

㉝夫：音 fú，这。

㉞唯求则非邦也与：唯，语首词，无意义。此为曾皙再问，孔子再答。盖曾皙虽已知孔子深许子路确有治国之才，而未知对冉求、公西华两人亦许之否，故再问也。一说，乃孔子自问自答。

㉟与：同"欤"。

㊱之：用法同"其"。

译文

子路、曾皙、冉有、公西华四个人陪孔子坐着。

孔子说："因为我比你们年纪都大，不要因为我年长而不敢说。你们平日说：'没有人了解我呀！'假如有人了解你们，那你们怎么办呢？"

子路不假思索地答道："一个有兵车一千辆的国家，局促地夹在大国中间，大国军队常来侵犯，加上国内又闹饥荒，我去治理，等到三年，就可以使百姓勇敢，而且懂得礼义。"

孔子微微一笑。

又问："冉求！你怎么样？"

答道:"国土纵横各六七十里或五六十里的小国家,我去治理,等到三年,可以使百姓富足。至于礼乐教化,那只有等待君子了。"

又问:"公西赤,你怎么样?"

答道:"我不敢说有能力做到,我愿意这样学习:祭祀的工作,或者同别国盟会,我愿意穿着礼服,戴着礼帽,做一个小司仪者。"

又问:"曾点,你怎么样呢?"

曾点弹瑟声调逐渐稀疏,最后"铿"的一声结束,他放下瑟站起来,回答说:"我不能像他们三人说的那样好。"

孔子说:"那有什么妨碍呢?也就是各人讲自己的志向而已。"

曾晳说:"暮春三月,已经穿得上春装了,约上五六位成年人,六七个少年,一起到沂河边洗洗澡,在舞雩台吹吹风,一路唱着歌走回来。"

孔子长叹一声说:"我赞成曾晳的想法呀!"

子路、冉有、公西华三人都出来了,曾晳后走。曾晳问:"那三位同学的话怎么样?"

孔子说:"也就是各自谈谈自己的志向罢了。"

曾晳说:"您为什么要笑仲由呢?"

孔子说:"治国要讲礼让,仲由说话不谦让,所以我笑他。"

曾晳又问:"难道冉求讲的就不是国家吗?"

孔子说:"怎么见得纵横各六七十里或五六十里的土地就不够是一个国家呢?"

曾晳又问:"公西赤所讲的不是国家吗?"

孔子说:"有宗庙祭祀,有诸侯会盟,不是国家是什么?公西赤如果只能做一个小司仪,那谁又能做大司仪呢?"

子贡问:"师与商①也孰贤?"子曰:"师也过,商也不及。"
曰:"然则师愈②与③?"子曰:"过犹不及④。"(《先进·16》)

——注释——

①师与商:师,颛孙师,即子张。商,卜商,即子夏。子张才高意广,所失常在于过之。子夏笃信谨守,所失常在于不及。

②愈:胜过,强些。子贡疑过者胜于不及,故疑师应贤乎商。

③与:同"欤"。

④过犹不及:孔子主张"中庸"之道,因此认为过分和不及都不妥善。

-- 译文 --

子贡问孔子:"子张和子夏二人谁更好一些呢?"孔子回答说:"子张有些过分,子夏有些赶不上。"

子贡说:"那么子张强一些吗?"孔子说:"过分和赶不上是一样的。"

柴①也愚②,参也鲁③,师也辟④,由也喭⑤。(《先进·18》)

-- 注释 --

①柴:高柴,字子羔,比孔子小三十岁,公元前521年出生。

②愚:何晏《论语集解》注云:愚直之愚,指愚而耿直。朱熹《论语集注》:"愚者,知不足而厚有余。"

③鲁:迟钝。

④辟:音pì。有两种解释:一、偏,邪。黄式三《论语后案》云:"偏也。以其志过高而流于一偏也。"二、只注意外表形式而内心不诚实。朱熹《论语集注》:"辟,便辟也。谓习于容止,少诚实也。"

⑤喭:音yàn,粗俗,鲁莽。也有的解释为刚猛。

-- 译文 --

高柴愚直,曾参迟钝,颛孙师偏激,仲由粗俗。

子游曰:"吾友张①也为难能也,然而未仁。"(《子张·15》)

-- 注释 --

①张:子张。子张高广,人所难能;仁道平实,人人可能。若心存高广,务求人所难能,即不得谓仁。

-- 译文 --

子游说:"我的朋友子张是难能可贵的了,然而还不能做到仁。"

曾子曰:"堂堂①乎张②也,难与并为仁矣。"(《子张·16》)

-- 注释 --

①堂堂:高大开广之貌。朱熹《论语集注》引范氏曰:"子张外有余而内不足,故门人皆不与其为仁。子曰:'刚毅木讷近仁。'宁外不足而内有余,庶可以为仁矣。"《荀子·非十二子篇》云:"弟佗其冠,神禫其辞,禹行而舜趋,是子张氏之贱儒也。"这是对子张学派的具体描写。根据《论语》和后

九、论评人

代儒家诸书，可以证明曾子的学问重在"正心诚意"，而子张则重在言语形貌，所以子游也批评子张"然而未仁"。

②张：子张。

-- 译文 --

曾子说："子张外表堂堂，很难与他一起做到仁德。"

子谓公冶长①，"可妻②也。虽在缧绁③之中，非其罪也。"以其子④妻之。（《公冶长·1》）

-- 注释 --

①公冶长：姓公冶名长，齐国人。其人在《论语》唯此一见。孔子千古大圣，而其择婿条件，极为平易。学圣人亦当在平易近人处。

②妻：音 qì，动词，把女子嫁给某人。

③缧绁：音 léi xiè，捆绑犯人用的绳索，这里借指牢狱。

④子：古时儿女都称作子，此处指的是女儿。

-- 译文 --

孔子说公冶长，"可以把女儿嫁给他。他虽然曾被关在牢狱里，但并不是他的罪过。"便把自己的女儿嫁给了他。

子谓南容①，"邦有道，不废②；邦无道，免于刑戮③。"以其兄之子妻之④。（《公冶长·2》）

-- 注释 --

①南容：姓南宫名适（音 kuò），字子容。通称南容。

②不废：废，废弃。国家有道，必任用，不废弃。

③免于刑戮：刑，刑罚。戮，诛戮。国家无道，南容谨于言行，也可免于刑戮。

④兄之子妻之：孔子有兄孟皮，早卒，所以孔子替他女儿主婚，嫁给南容。

-- 译文 --

孔子说南容，"国家政治清明，（总有官做，）不被废弃；国家政治黑暗，也不至被刑罚。"于是把自己的侄女嫁给了他。

南容三复白圭①，孔子以其兄之子妻之。(《先进·6》)

-- 注释 --

①白圭：白圭是一种珍贵而莹洁的玉器。这里是指《诗经·大雅·抑》的诗句："白圭之玷，尚可磨也，斯言之玷，不可为也。"意思是白玉上的污点还可以磨掉，我们言语中的污点是无法去掉的。告诫人们言语要谨慎。南容大概是一个谨小慎微的人，所以能做到"邦有道，不废；邦无道，免于刑戮。"

-- 译文 --

南容把"白圭之玷，尚可磨也；斯言不玷，不可为也"的几句诗读了又读，孔子把侄女嫁给了他。

南宫适①问于孔子曰："羿②善射，奡③荡舟④，俱不得其死然。禹稷⑤躬稼而有天下。"夫子不答⑥。

南宫适出，子曰："君子哉若人！尚德哉若人⑦！"(《宪问·5》)

-- 注释 --

①南宫适：适，音 kuò，同"括"，孔子的弟子南容。
②羿：音 yì，在古代传说中有三个羿，都是射箭能手。一为帝喾的射师，见于《说文》；二为唐尧时人，见《淮南子·本经训》；此羿为夏代有穷国的君主，见《左传》襄公四年。曾夺夏太康的王位，后被其臣寒浞所杀。
③奡：音 ào，字又作"浇"，夏代寒浞的儿子。传说中奡力大，善于水战。后来为夏少康所杀。
④荡舟：用舟师冲锋陷阵。荡，古人以左右冲杀为荡。
⑤禹稷：禹，夏朝的开国之君，善于治水，注重发展农业。稷，传说是周朝的祖先，又为谷神，教民种植庄稼。
⑥夫子不答：南宫适之意，羿与奡皆恃强力，能灭人国，但不能以善终。禹治水，稷教稼，有大功德于人，故有天下。可见力不足恃而惟德为可贵。
⑦君子哉若人！尚德哉若人：南宫适借古代的事来问孔子，意谓当今社会尚力不尚德，从历史看，尚力者不得善终，尚德者终有天下。所以孔子称赞他。

-- 译文 --

南宫适向孔子问道："羿善于射箭，奡善于水战，最后都不得好死。禹和稷都亲自种植庄稼，却得到了天下。"孔子没有回答。

南宫适出去后，孔子说："这个人真是个君子啊！这个人多么崇尚道德啊！"

子谓子贱①**，"君子哉若人**②**！鲁无君子者，斯焉取斯**③**？"（《公冶长·3》）**

—— 注释 ——

①子贱：姓宓（音 fú）名不齐，字子贱。生于公元前521年，比孔子小三十岁。

②若人：这个，此人。

③斯焉取斯：斯，此。前"斯"指子贱，后"斯"指子贱的品德。焉，哪里。孔子之于人，每不称其质美，而深称其好学，如颜渊。此章言君子成德，有赖于尊贤取友之益，亦称子贱之善学。

—— 译文 ——

孔子评论子贱说："这人是君子呀！如果鲁国没有君子，他从哪里学到这种好品德呢？"

子使漆彫开①**仕。对曰："吾斯之未能信**②**。"子说**③**。（《公冶长·6》）**

—— 注释 ——

①漆彫开：姓漆彫名开，字子开，一说字子若，生于公元前540年。

②吾斯之未能信：吾，漆彫开自称。或说：弟子在师前自称名，漆彫开名啟，古写作启，后人误书为吾。斯，这，指出仕。出仕将以行道，漆彫开不愿急着出仕，言对此事未能自信，愿学问修养益求自进，是其志大不欲小试。"吾斯之未能信"是"吾未能信斯"的倒装形式，"之"是用来倒装的词。

③说：音 yuè，同"悦"。孔子并不以不仕为高，而是不愿其弟子仅仅热衷利禄，汲汲追求仕进，故闻漆彫开之谦退而喜悦。

—— 译文 ——

孔子让漆彫开去做官。他回答说："我对这个还没有信心。"孔子听了很高兴。

子曰："吾未见刚①**者。"或对曰："申枨**②**。"子曰："枨也欲，焉得刚**③**？"（《公冶长·11》）**

――注释――

①刚：刚毅。人之德行，以刚为难能可贵，故孔子叹其未见。孔子认为一个人私欲太多就做不到刚毅。

②申枨：枨，音chéng，姓申名枨，字周。《史记·仲尼弟子列传》有申党，古音"党"和"枨"相近，"申枨"就是"申党"。

③枨也欲，焉得刚：欲，欲望，私欲。人多嗜欲，则屈意徇物，不得刚毅。孔子极重刚德。刚德之人，能伸乎事物之上，而无所屈挠。富贵贫贱，威武患难，乃至利害毁誉之变，皆不足以摄其气，动其心。凡儒家所重之道义，皆赖有刚德以达成之。人若多欲，则世情系恋，心存求乞，刚大之气馁矣。值得注意的是，孔子仅言多欲不得为刚，非谓无欲即是刚。

――译文――

孔子说："我没见过刚毅不屈的人。"有人回答说："申枨是这样的人。"孔子说："申枨欲望太多，怎么能刚毅不屈？"

子游为武城①宰②。子曰："女得人焉耳乎③？"曰："有澹台灭明④者，行不由径⑤，非公事，未尝至于偃之室也⑥。"（《雍也·14》）

――注释――

①武城：鲁国的小城邑，在今山东费县西南。

②宰：县长。

③焉耳乎：此三字都是语气助词。耳，通行本作"尔"，这里依据《唐石经》、《宋石经》、皇侃《义疏》本作"耳"。

④澹台灭明：姓澹（tán）台名灭明，字子羽，武城人，为人公正，后来成为孔子弟子。从子游答话的语气来看，这时澹台灭明还没有向孔子受业。因为"有……者"的提法，是表示这人是听者以前所不知道的。

⑤径：小路，捷径。小路可以捷至，灭明不从。

⑥非公事，未尝至于偃之室也：偃，言偃，即子游，这是他自称其名。灭明从不以私事至。即此两事，其人之品格心地可知。

――译文――

子游做了武城的县长。孔子说："你在这里求得人才了吗？"子游说："有一个叫澹台灭明的人，走路不插小道，不是公事从不到我屋里来。"

子在陈①，曰："归与②！归与！吾党之小子③狂简④，斐然⑤成章，不知

所以裁之⑥。"(《公冶长·22》)

-- 注释 --

①子在陈：陈，古国名，姓妫。周武王灭殷以后，求得舜的后代叫妫满的封于陈。春秋时拥有现在河南开封以东，安徽亳县以北一带地方。都于宛丘，即今天的河南淮阳县。春秋末为楚所灭。《史记》："鲁使使召冉求，求将行，孔子曰：'鲁人召求，将大用之。'是日，孔子有归与之叹。"孔子周游四方，道不行而思归之叹也。

②与：同"欤"，语气词。

③吾党之小子：古代以500家为一党。吾党意即我的故乡，指鲁国。小子，指孔子在鲁国的学生。

④狂简：简，大。狂简，谓进取有大志。有的将简解释为"疏略"，狂简就译为了"志大才疏"。

⑤斐然：斐，音 fěi，有文采的样子。

⑥不知所以裁之：《史记·孔子世家》作"吾不知所以裁之"。这一句的主语不是承上文"吾党之小子"而省略，而是省略了自称代词。裁，裁剪。布要裁剪才能成衣，人要教育才能成才，此为"教导"的意思。孔子初心，欲行其道于天下，至是而知其终不用也。于是始欲成就后学，以传道来世，故欲归而裁之也。

-- 译文 --

孔子在陈国，说："回去吧！回去吧！我家乡的学生们有进取心，有大志，文采也斐然可观，我不知道怎样去教导他们。"

子曰："从我于陈、蔡①者，皆不及门②也。"(《先进·2》)

-- 注释 --

①从我于陈、蔡："从"读去声，zòng，跟从。《史记·孔子世家》云："吴伐陈，楚救陈，军于城父。闻孔子在陈、蔡之间，楚使人聘孔子，孔子将往拜礼。陈、蔡大夫谋曰：'孔子贤者，所刺讥皆中诸侯之疾，今者久留陈、蔡之间，诸大夫所设行皆非仲尼之意。今楚，大国也，来聘孔子。孔子用于楚，则陈、蔡用事大夫危矣。'乃相与发徒役围孔子于野。不得已，绝粮。从者病，莫能兴。……于是使子贡至楚。楚昭王兴师迎孔子，然后得免。"当时有颜渊、子路、子贡等孔门前辈弟子跟着他。

②不及门：郑珍《巢经巢文集》卷二《驳朱竹垞孔子门人考》有云："古之教者家有塾，塾在门堂之左右，施教受业者居焉。所谓'皆不及门'，及此门也。'奚为于丘之门'（《先进·15》），于此门也。"其时先进诸弟子都不在门，故孔子思之。孔子厄于陈蔡，时年六十一，此章之叹，盖在七十以后，相从于陈蔡者，一时死散殆尽矣。

—— 译文 ——

孔子说："跟随我在陈国、蔡国之间忍饥受饿的人，现在都不在我这里受教了。"

附录一

《论语》原文

学而篇第一
共十六章

1.1　子曰："学而时习之，不亦说乎？有朋自远方来，不亦乐乎？人不知，而不愠，不亦君子乎？"

1.2　有子曰："其为人也孝弟，而好犯上者，鲜矣；不好犯上，而好作乱者，未之有也。君子务本，本立而道生。孝弟也者，其为仁之本与！"

1.3　子曰："巧言令色，鲜矣仁！"

1.4　曾子曰："吾日三省吾身——为人谋而不忠乎？与朋友交而不信乎？传不习乎？"

1.5　子曰："道千乘之国，敬事而信，节用而爱人，使民以时。"

1.6　子曰："弟子，入则孝，出则悌，谨而信，汎爱衆，而亲仁。行有余力，则以学文。"

1.7　子夏曰："贤贤易色；事父母，能竭其力；事君，能致其身；与朋友交，言而有信。虽曰未学，吾必谓之学矣。"

1.8　子曰："君子不重，则不威；学则不固。主忠信。无友不如己者。过，则勿惮改。"

1.9　曾子曰："慎终追远，民德归厚矣。"

1.10　子禽问于子贡曰："夫子至于是邦也，必闻其政，求之与？抑与之与？"子贡曰："夫子温、良、恭、俭、让以得之。夫子之求之也，其诸异乎人之求之与？"

1.11　子曰："父在，观其志；父没，观其行；三年无改于父之道，可谓孝矣。"

1.12　有子曰："礼之用，和为贵。先王之道，斯为美；小大由之。有所不行，知和而和，不以礼节之，亦不可行也。"

1.13　有子曰："信近于义，言可复也。恭近于礼，远耻辱也。因不失其亲，亦可宗也。"

1.14　子曰："君子食无求饱，居无求安，敏于事而慎于言，就有道而正焉，可谓好学也已。"

1.15　子贡曰："贫而无谄，富而无骄，何如？"子曰："可也；未若贫而乐，富而好礼者也。"子贡曰："《诗》云：'如切如磋，如琢如磨'其斯之谓与？"子曰："赐也，始可与言《诗》已矣，告诸往而知来者。"

1.16　子曰："不患人之不己知，患不知人也。"

为政篇第二
共二十四章

2.1　子曰："为政以德，譬如北辰居其所而众星共之。"

2.2　子曰："《诗》三百，一言以蔽之，曰：'思无邪'。"

2.3　子曰："道之以政，齐之以刑，民免而无耻；道之以德，齐之以礼，有耻且格。"

2.4　子曰："吾十有五而志于学，三十而立，四十而不惑，五十而知天命，六十而耳顺，七十而从心所欲，不踰矩。"

2.5　孟懿子问孝。子曰："无违。"

樊迟御，子告之曰："孟孙问孝于我，我对曰，无违。"樊迟曰："何谓也？"子曰："生，事之以礼；死，葬之以礼，祭之以礼。"

2.6　孟武伯问孝。子曰："父母唯其疾之忧。"

2.7　子游问孝。子曰："今之孝者，是谓能养。至于犬马，皆能有养；不敬，何以别乎？"

2.8　子夏问孝。子曰："色难。有事，弟子服其劳；有酒食，先生馔，曾是以为孝乎？"

2.9　子曰："吾与回言终日，不违，如愚。退而省其私，亦足以发，回也不愚。"

2.10　子曰："视其所以，观其所由，察其所安。人焉廋哉？人焉廋哉？"

2.11　子曰："温故而知新，可以为师矣。"

2.12　子曰："君子不器。"

2.13　子贡问君子。子曰："先行其言而后从之。"

2.14　子曰："君子周而不比，小人比而不周。"

2.15　子曰："学而不思则罔，思而不学则殆。"

2.16　子曰："攻乎异端，斯害也已。"

2.17　子曰："由！诲女知之乎！知之为知之，不知为不知，是知也。"

2.18　子张学干禄。子曰："多闻阙疑，慎言其余，则寡尤；多见阙殆，慎行其余，则寡悔。言寡尤，行寡悔，禄在其中矣。"

2.19　哀公问曰："何为则民服？"孔子对曰："举直错诸枉，则民服；举枉错诸直，则民不服。"

2.20　季康子问："使民敬、忠以劝，如之何？"子曰："临之以庄，则敬；孝慈，则忠；举善而教不能，则劝。"

2.21　或谓孔子曰："子奚不为政？"子曰："《书》云：'孝乎惟孝，友于兄弟，施于有政。'是亦为政，奚其为为政？"

2.22　子曰："人而无信，不知其可也。大车无輗，小车无軏，其何以行之哉？"

2.23　子张问："十世可知也？"子曰："殷因于夏礼，所损益，可知也；周因于殷礼，所损益，可知也。其或继周者，虽百世，可知也。"

2.24　子曰："非其鬼而祭之，谄也。见义不为，无勇也。"

八佾篇第三
共二十六章

3.1　孔子谓季氏，"八佾舞于庭，是可忍也，孰不可忍也？"

3.2　三家者以《雍》彻。子曰："'相维辟公，天子穆穆'，奚取于三家之堂？"

3.3　子曰："人而不仁，如礼何？人而不仁，如乐何？"

3.4　林放问礼之本。子曰："大哉问！礼，与其奢也，宁俭；丧，与其易也，宁戚。"

3.5　子曰："夷狄之有君，不如诸夏之亡也。"

3.6　季氏旅于泰山。子谓冉有曰："女弗能救与？"对曰："不能。"子曰："呜呼！曾谓泰山不如林放乎？"

3.7　子曰："君子无所争。必也射乎！揖让而升，下而饮。其争也君子。"

3.8　子夏问曰："'巧笑倩兮，美目盼兮，素以为绚兮。'何谓也？"子曰："绘事后素。"

曰："礼后乎？"子曰："起予者商也！始可与言《诗》已矣。"

3.9　子曰："夏礼，吾能言之，杞不足征也；殷礼，吾能言之，宋不足征也。文献不足故也。足，则吾能征之矣。"

3.10　子曰："禘自既灌而往者，吾不欲观之矣。"

3.11　或问禘之说。子曰："不知也；知其说者之于天下也，其如示诸斯乎！"指其掌。

3.12　祭如在，祭神如神在。子曰："吾不与祭，如不祭。"

3.13　王孙贾问曰："与其媚于奥，宁媚于灶，何谓也？"子曰："不然；获罪于天，无所祷也。"

3.14　子曰："周监于二代，郁郁乎文哉！吾从周。"

3.15　子入太庙，每事问。或曰："孰谓鄹人之子知礼乎？入太庙，每事问。"子闻之，曰："是礼也。"

3.16　子曰："射不主皮，为力不同科，古之道也。"

3.17　子贡欲去告朔之饩羊。子曰："赐也！尔爱其羊，我爱其礼。"

3.18　子曰："事君尽礼，人以为谄也。"

3.19　定公问："君使臣，臣事君，如之何？"孔子对曰："君使臣以礼，臣事君以忠。"

3.20　子曰："《关雎》，乐而不淫，哀而不伤。"

3.21　哀公问社于宰我。宰我对曰："夏后氏以松，殷人以柏，周人以栗，曰，使民战栗。"子闻之，曰："成事不说，遂事不谏，既往不咎。"

3.22　子曰："管仲之器小哉！"

或曰："管仲俭乎？"曰："管氏有三归，官事不摄，焉得俭？"

"然则管仲知礼乎？"曰："邦君树塞门，管氏亦树塞门。邦君为两君之好，有反坫，管氏亦有反坫。管氏而知礼，孰不知礼？"

3.23　子语鲁大师乐，曰："乐其可知也：始作，翕如也；从之，纯如也，皦如也，绎如也，以成。"

3.24　仪封人请见，曰："君子之至于斯也，吾未尝不得见也。"从者见之。出曰："二三子何患于丧乎？天下之无道也久矣，天将以夫子为木铎。"

3.25　子谓《韶》，"尽美矣，又尽善也。"谓《武》，"尽美矣，未尽善也。"

3.26　子曰："居上不宽，为礼不敬，临丧不哀，吾何以观之哉？"

里仁篇第四
共二十六章

4.1　子曰："里仁为美。择不处仁，焉得知？"

4.2 子曰："不仁者不可以久处约，不可以长处乐。仁者安仁，知者利仁。"

4.3 子曰："唯仁者能好人，能恶人。"

4.4 子曰："苟志于仁矣，无恶也。"

4.5 子曰："富与贵，是人之所欲也；不以其道得之，不处也。贫与贱，是人之所恶也；不以其道得之，不去也。君子去仁，恶乎成名？君子无终食之间违仁，造次必于是，颠沛必于是。"

4.6 子曰："我未见好仁者，恶不仁者。好仁者，无以尚之；恶不仁者，其为仁矣，不使不仁者加乎其身。有能一日用其力于仁矣乎？我未见力不足者。盖有之矣，我未之见也。"

4.7 子曰："人之过也，各于其党。观过，斯知仁矣。"

4.8 子曰："朝闻道，夕死可矣。"

4.9 子曰："士志于道，而耻恶衣恶食者，未足与议也。"

4.10 子曰："君子之于天下也，无适也，无莫也，义之与比。"

4.11 子曰："君子怀德，小人怀土；君子怀刑，小人怀惠。"

4.12 子曰："放于利而行，多怨。"

4.13 子曰："能以礼让为国乎？何有？不能以礼让为国，如礼何？"

4.14 子曰："不患无位，患所以立。不患莫己知，求为可知也。"

4.15 子曰："参乎！吾道一以贯之。"曾子曰："唯。"子出，门人问曰："何谓也？"曾子曰："夫子之道，忠恕而已矣。"

4.16 子曰："君子喻于义，小人喻于利。"

4.17 子曰："见贤思齐焉，见不贤而内自省也。"

4.18 子曰："事父母几谏，见志不从，又敬不违，劳而不怨。"

4.19 子曰："父母在，不远游，游必有方。"

4.20 子曰："三年无改于父之道，可谓孝矣。"

4.21 子曰："父母之年，不可不知也。一则以喜，一则以惧。"

4.22 子曰："古者言之不出，耻躬之不逮也。"

4.23 子曰："以约失之者鲜矣。"

4.24 子曰："君子欲讷于言而敏于行。"

4.25 子曰："德不孤，必有邻。"

4.26 子游曰："事君数，斯辱矣；朋友数，斯疏矣。"

公冶长篇第五

共二十八章（何晏《集解》把第十章"子曰，始吾于人也"以下又分一章，故题为二十九章；朱熹《集注》把第一、第二两章并为一章，故题为二十七章。）

5.1　子谓公冶长，"可妻也。虽在缧绁之中，非其罪也。"以其子妻之。

5.2　子谓南容，"邦有道，不废；邦无道，免于刑戮。"以其兄之子妻之。

5.3　子谓子贱，"君子哉若人！鲁无君子者，斯焉取斯？"

5.4　子贡问曰："赐也何如？"子曰："女，器也。"曰："何器也？"曰："瑚琏也。"

5.5　或曰："雍也仁而不佞。"子曰："焉用佞？御人以口给，屡憎于人。不知其仁，焉用佞？"

5.6　子使漆雕开仕。对曰："吾斯之未能信。"子说。

5.7　子曰："道不行，乘桴浮于海。从我者，其由与？"子路闻之喜。子曰："由也好勇过我，无所取材。"

5.8　孟武伯问子路仁乎？子曰："不知也。"又问。子曰："由也，千乘之国，可使治其赋也，不知其仁也。"

"求也何如？"子曰："求也，千室之邑，百乘之家，可使为之宰也，不知其仁也。"

"赤也何如？"子曰："赤也，束带立于朝，可使与宾客言也，不知其仁也。"

5.9　子谓子贡曰："女与回也孰愈？"对曰："赐也何敢望回？回也闻一以知十，赐也闻一以知二。"子曰："弗如也；吾与女弗如也。"

5.10　宰予昼寝。子曰："朽木不可雕也，粪土之墙不可杇也；于予与何诛？"子曰："始吾于人也，听其言而信其行；今吾于人也，听其言而观其行。于予与改是。"

5.11　子曰："吾未见刚者。"或对曰："申枨。"子曰："枨也欲，焉得刚？"

5.12　子贡曰："我不欲人之加诸我也，吾亦欲无加诸人。"子曰："赐也，非尔所及也。"

5.13　子贡曰："夫子之文章，可得而闻也；夫子之言性与天道，不可得而闻也。"

5.14　子路有闻，未之能行，唯恐有闻。

5.15　子贡问曰："孔文子何以谓之'文'也？"子曰："敏而好学，不耻下问，是以谓之'文'也。"

5.16 子谓子产有君子之道四焉：其行己也恭，其事上也敬，其养民也惠，其使民也义。

5.17 子曰："晏平仲善与人交，久而敬之。"

5.18 子曰："臧文仲居蔡，山节藻梲，何如其知也?"

5.19 子张问曰："令尹子文三仕为令尹，无喜色；三已之，无愠色。旧令尹之政，必以告新令尹。何如?"子曰："忠矣。"曰："仁矣乎?"曰："未知；——焉得仁?"

"崔子弑齐君，陈文子有马十乘，弃而违之。至于他邦，则曰，'犹吾大夫崔子也。'违之。之一邦，则又曰：'犹吾大夫崔子也。'违之。何如?"子曰："清矣。"曰："仁矣乎?"曰："未知；——焉得仁?"

5.20 季文子三思而后行。子闻之，曰："再，斯可矣。"

5.21 子曰："宁武子，邦有道，则知；邦无道，则愚。其知可及也，其愚不可及也。"

5.22 子在陈，曰："归与！归与！吾党之小子狂简，斐然成章，不知所以裁之。"

5.23 子曰："伯夷、叔齐不念旧恶，怨是用希。"

5.24 子曰："孰谓微生高直？或乞醯焉，乞诸其邻而与之。"

5.25 子曰："巧言、令色、足恭，左丘明耻之，丘亦耻之。匿怨而友其人，左丘明耻之，丘亦耻之。"

5.26 颜渊季路侍。子曰："盍各言尔志?"

子路曰："愿车马衣轻裘与朋友共敝之而无憾。"

颜渊曰："愿无伐善，无施劳。"

子路曰："愿闻子之志。"

子曰："老者安之，朋友信之，少者怀之。"

5.27 子曰："已矣乎，吾未见能见其过而内自讼者也。"

5.28 子曰："十室之邑，必有忠信如丘者焉，不如丘之好学也。"

雍也篇第六
共三十章（朱熹《集注》把第一、第二和第四、第五各并为一章，故作二十八章。）

6.1 子曰："雍也可使南面。"

6.2 仲弓问子桑伯子。子曰："可也简。"仲弓曰："居敬而行简，以临其民，不亦可乎？居简而行简，无乃大简乎？"子曰："雍之言然。"

6.3 哀公问："弟子孰为好学？"孔子对曰："有颜回者好学，不迁怒，不贰过。不幸短命死矣，今也则亡，未闻好学者也。"

6.4 子华使于齐，冉子为其母请粟。子曰："与之釜。"

请益。曰："与之庾。"

冉子与之粟五秉。

子曰："赤之适齐也，乘肥马，衣轻裘。吾闻之也：君子周急不继富。"

6.5 原思为之宰，与之粟九百，辞。子曰："毋！以与尔邻里乡党乎！"

6.6 子谓仲弓，曰："犁牛之子骍且角；虽欲勿用，山川其舍诸？"

6.7 子曰："回也，其心三月不违仁，其余则日月至焉而已矣。"

6.8 季康子问："仲由可使从政也与？"子曰："由也果，于从政乎何有？"

曰："赐也可使从政也与？"曰："赐也达，于从政乎何有？"

曰："求也可使从政也与？"曰："求也艺，于从政乎何有？"

6.9 季氏使闵子骞为费宰。闵子骞曰："善为我辞焉！如有复我者，则吾必在汶上矣。"

6.10 伯牛有疾，子问之，自牖执其手，曰："亡之，命矣夫！斯人也而有斯疾也！斯人也而有斯疾也！"

6.11 子曰："贤哉，回也！一箪食，一瓢饮，在陋巷，人不堪其忧，回也不改其乐。贤哉，回也！"

6.12 冉求曰："非不说子之道，力不足也。"子曰："力不足者，中道而废。今女画。"

6.13 子谓子夏曰："女为君子儒！无为小人儒！"

6.14 子游为武城宰。子曰："女得人焉耳乎？"曰："有澹台灭明者，行不由径，非公事，未尝至于偃之室也。"

6.15 子曰："孟之反不伐，奔而殿，将入门，策其马，曰：'非敢后也，马不进也。'"

6.16 子曰："不有祝鮀之佞，而有宋朝之美，难乎免于今之世矣。"

6.17 子曰："谁能出不由户？何莫由斯道也？"

6.18 子曰："质胜文则野，文胜质则史。文质彬彬，然后君子。"

6.19 子曰："人之生也直，罔之生也幸而免。"

6.20 子曰："知之者不如好之者，好之者不如乐之者。"

6.21 子曰："中人以上，可以语上也；中人以下，不可以语上也。"

6.22　樊迟问知。子曰："务民之义，敬鬼神而远之，可谓知矣。"问仁。曰："仁者先难而后获，可谓仁矣。"

6.23　子曰："知者乐水，仁者乐山。知者动，仁者静。知者乐，仁者寿。"

6.24　子曰："齐一变，至于鲁；鲁一变，至于道。"

6.25　子曰："觚不觚，觚哉！觚哉！"

6.26　宰我问曰："仁者，虽告之曰，'井有仁焉。'其从之也？"子曰："何为其然也？君子可逝也，不可陷也；可欺也，不可罔也。"

6.27　子曰："君子博学于文，约之以礼，亦可以弗畔矣夫！"

6.28　子见南子，子路不说。夫子矢之曰："予所否者，天厌之！天厌之！"

6.29　子曰："中庸之为德也，其至矣乎！民鲜久矣。"

6.30　子贡曰："如有博施于民而能济众，何如？可谓仁乎？"子曰："何事于仁！必也圣乎！尧舜其犹病诸！夫仁者，己欲立而立人，己欲达而达人。能近取譬，可谓仁之方也已。"

述而篇第七
共三十八章（朱熹《集注》把第九、第十两章并作一章，所以题为三十七章。）

7.1　子曰："述而不作，信而好古，窃比于我老彭。"

7.2　子曰："默而识之，学而不厌，诲人不倦，何有于我哉？"

7.3　子曰："德之不修，学之不讲，闻义不能徙，不善不能改，是吾忧也。"

7.4　子之燕居，申申如也，夭夭如也。

7.5　子曰："甚矣吾衰也！久矣吾不复梦见周公！"

7.6　子曰："志于道，据于德，依于仁，游于艺。"

7.7　子曰："自行束脩以上，吾未尝无诲焉。"

7.8　子曰："不愤不启，不悱不发。举一隅不以三隅反，则不复也。"

7.9　子食于有丧者之侧，未尝饱也。

7.10　子于是日哭，则不歌。

7.11　子谓颜渊曰："用之则行，舍之则藏，惟我与尔有是夫！"

子路曰："子行三军，则谁与？"

子曰："暴虎冯河，死而无悔者，吾不与也。必也临事而惧，好谋而成者也。"

7.12　子曰："富而可求也，虽执鞭之士，吾亦为之。如不可求，从吾所好。"

7.13　子之所慎：齐，战，疾。

7.14　子在齐闻《韶》，三月不知肉味，曰："不图为乐之至于斯也。"

7.15　冉有曰："夫子为卫君乎？"子贡曰："诺；吾将问之。"

入，曰："伯夷、叔齐何人也？"曰："古之贤人也。"曰："怨乎？"曰："求仁而得仁，又何怨？"

出，曰："夫子不为也。"

7.16　子曰："饭疏食饮水，曲肱而枕之，乐亦在其中矣。不义而富且贵，于我如浮云。"

7.17　子曰："加我数年，五十以学《易》，可以无大过矣。"

7.18　子所雅言，《诗》、《书》、执礼，皆雅言也。

7.19　叶公问孔子于子路，子路不对。子曰："女奚不曰，其为人也，发愤忘食，乐以忘忧，不知老之将至云尔。"

7.20　子曰："我非生而知之者，好古，敏以求之者也。"

7.21　子不语怪，力，乱，神。

7.22　子曰："三人行，必有我师焉：择其善者而从之，其不善者而改之。"

7.23　子曰："天生德于予，桓魋其如予何？"

7.24　子曰："二三子以我为隐乎？吾无隐乎尔。吾无行而不与二三子者，是丘也。"

7.25　子以四教：文，行，忠，信。

7.26　子曰："圣人，吾不得而见之矣；得见君子者，斯可矣。"

子曰："善人，吾不得而见之矣；得见有恒者，斯可矣。亡而为有，虚而为盈，约而为泰，难乎有恒矣。"

7.27　子钓而不纲，弋不射宿。

7.28　子曰："盖有不知而作之者，我无是也。多闻，择其善者而从之；多见而识之；知之次也。"

7.29　互乡难与言，童子见，门人惑。子曰："与其进也，不与其退也，唯何甚？人洁己以进，与其洁也，不保其往也。"

7.30　子曰："仁远乎哉？我欲仁，斯仁至矣。"

7.31　陈司败问昭公知礼乎，孔子曰："知礼。"

孔子退，揖巫马期而进之，曰："吾闻君子不党，君子亦党乎？君取于吴，为同姓，谓之吴孟子。君而知礼，孰不知礼？"

巫马期以告。子曰："丘也幸，苟有过，人必知之。"

7.32　子与人歌而善，必使反之，而后和之。

7.33　子曰："文，莫吾犹人也。躬行君子，则吾未之有得。"

7.34　子曰："若圣与仁，则吾岂敢？抑为之不厌，诲人不倦，则可谓云尔已矣。"公西华曰："正唯弟子不能学也。"

7.35　子疾病，子路请祷。子曰："有诸？"子路对曰："有之；《诔》曰：'祷尔于上下神祇。'"子曰："丘之祷久矣。"

7.36　子曰："奢则不孙，俭则固。与其不孙也，宁固。"

7.37　子曰："君子坦荡荡，小人长戚戚。"

7.38　子温而厉，威而不猛，恭而安。

泰伯篇第八
共二十一章

8.1　子曰："泰伯，其可谓至德也已矣。三以天下让，民无得而称焉。"

8.2　子曰："恭而无礼则劳，慎而无礼则葸，勇而无礼则乱，直而无礼则绞。君子笃于亲，则民兴于仁；故旧不遗，则民不偷。"

8.3　曾子有疾，召门弟子曰："启予足！启予手！《诗》云，'战战兢兢，如临深渊，如履薄冰。'而今而后，吾知免夫！小子！"

8.4　曾子有疾，孟敬子问之。曾子言曰："鸟之将死，其鸣也哀；人之将死，其言也善。君子所贵乎道者三：动容貌，斯远暴慢矣；正颜色，斯近信矣；出辞气，斯远鄙倍矣。笾豆之事，则有司存。"

8.5　曾子曰："以能问于不能，以多问于寡；有若无，实若虚，犯而不校——昔者吾友尝从事于斯矣。"

8.6　曾子曰："可以托六尺之孤，可以寄百里之命，临大节而不可夺也——君子人与？君子人也。"

8.7　曾子曰："士不可以不弘毅，任重而道远。仁以为己任，不亦重乎？死而后已，不亦远乎？"

8.8　子曰："兴于《诗》，立于礼，成于乐。"

8.9　子曰："民可使由之，不可使知之。"

8.10　子曰："好勇疾贫，乱也。人而不仁，疾之已甚，乱也。"

8.11　子曰:"如有周公之才之美,使骄且吝,其余不足观也已。"

8.12　子曰:"三年学,不至于谷,不易得也。"

8.13　子曰:"笃信好学,守死善道。危邦不入,乱邦不居。天下有道则见,无道则隐。邦有道,贫且贱焉,耻也;邦无道,富且贵焉,耻也。"

8.14　子曰:"不在其位,不谋其政。"

8.15　子曰:"师挚之始,《关雎》之乱,洋洋乎盈耳哉!"

8.16　子曰:"狂而不直,侗而不愿,悾悾而不信,吾不知之矣。"

8.17　子曰:"学如不及,犹恐失之。"

8.18　子曰:"巍巍乎,舜禹之有天下也而不与焉!"

8.19　子曰:"大哉尧之为君也!巍巍乎!唯天为大,唯尧则之。荡荡乎,民无能名焉。巍巍乎其有成功也,焕乎其有文章!"

8.20　舜有臣五人而天下治。武王曰:"予有乱臣十人。"孔子曰:"才难,不其然乎!唐虞之际,于斯为盛。有妇人焉,九人而已。三分天下有其二,以服事殷。周之德,其可谓至德也已矣。"

8.21　子曰:"禹,吾无间然矣。菲饮食而致孝乎鬼神,恶衣服而致美乎黻冕,卑宫室而尽力乎沟洫。禹,吾无间然矣。"

子罕篇第九
共三十一章(朱熹《集注》把第六、第七两章合并为一章,所以作三十章。)

9.1　子罕言利与命与仁。

9.2　达巷党人曰:"大哉孔子!博学而无所成名。"子闻之,谓门弟子曰:"吾何执?执御乎?执射乎?吾执御矣。"

9.3　子曰:"麻冕,礼也;今也纯,俭,吾从众。拜下,礼也;今拜乎上,泰也。虽违众,吾从下。"

9.4　子绝四——毋意,毋必,毋固,毋我。

9.5　子畏于匡,曰:"文王既没,文不在兹乎?天之将丧斯文也,后死者不得与于斯文也;天之未丧斯文也,匡人其如予何?"

9.6　太宰问于子贡曰:"夫子圣者与?何其多能也?"子贡曰:"固天纵之将圣,又多能也。"

子闻之,曰:"太宰知我乎!吾少也贱,故多能鄙事。君子多乎哉?不多也。"

9.7 牢曰:"子云,'吾不试,故艺。'"

9.8 子曰:"吾有知乎哉?无知也。有鄙夫问于我,空空如也。我叩其两端而竭焉。"

9.9 子曰:"凤鸟不至,河不出图,吾已矣夫!"

9.10 子见齐衰者、冕衣裳者与瞽者,见之,虽少,必作;过之,必趋。

9.11 颜渊喟然叹曰:"仰之弥高,钻之弥坚。瞻之在前,忽焉在后。夫子循循然善诱人,博我以文,约我以礼,欲罢不能。既竭吾才,如有所立卓尔。虽欲从之,末由也已。"

9.12 子疾病,子路使门人为臣。病间,曰:"久矣哉,由之行诈也!无臣而为有臣。吾谁欺?欺天乎!且予与其死于臣之手也,无宁死于二三子之手乎!且予纵不得大葬,予死于道路乎?"

9.13 子贡曰:"有美玉于斯,韫椟而藏诸?求善贾而沽诸?"子曰:"沽之哉!沽之哉!我待贾者也。"

9.14 子欲居九夷。或曰:"陋,如之何?"子曰:"君子居之,何陋之有?"

9.15 子曰:"吾自卫反鲁,然后乐正,《雅》、《颂》各得其所。"

9.16 子曰:"出则事公卿,入则事父兄,丧事不敢不勉,不为酒困,何有于我哉?"

9.17 子在川上,曰:"逝者如斯夫!不舍昼夜。"

9.18 子曰:"吾未见好德如好色者也。"

9.19 子曰:"譬如为山,未成一篑,止,吾止也。譬如平地,虽覆一篑,进,吾往也。"

9.20 子曰:"语之而不惰者,其回也与!"

9.21 子谓颜渊,曰:"惜乎!吾见其进也,未见其止也。"

9.22 子曰:"苗而不秀者有矣夫!秀而不实者有矣夫!"

9.23 子曰:"后生可畏,焉知来者之不如今也?四十、五十而无闻焉,斯亦不足畏也已。"

9.24 子曰:"法语之言,能无从乎?改之为贵。巽与之言,能无说乎?绎之为贵。说而不绎,从而不改,吾末如之何也已矣。"

9.25 子曰:"主忠信,毋友不如己者,过则勿惮改。"

9.26 子曰:"三军可夺帅也,匹夫不可夺志也。"

9.27 子曰:"衣敝缊袍,与衣狐貉者立,而不耻者,其由也与?'不忮不求,何用不臧?'"子路终身诵之。子曰:"是道也,何足以臧?"

9.28 子曰:"岁寒,然后知松柏之后彫也。"

9.29　子曰："知者不惑，仁者不忧，勇者不惧。"

9.30　子曰："可与共学，未可与适道；可与适道，未可与立；可与立，未可与权。"

9.31　"唐棣之华，偏其反而。岂不尔思？室是远而。"子曰："未之思也，夫何远之有？"

乡党篇第十
本是一章，今分为二十七节。

10.1　孔子于乡党，恂恂如也，似不能言者。其在宗庙朝廷，便便言，唯谨尔。

10.2　朝，与下大夫言，侃侃如也；与上大夫言，訚訚如也。君在，踧踖如也，与与如也。

10.3　君召使摈，色勃如也，足躩如也。揖所与立，左右手，衣前后，襜如也。趋进，翼如也。宾退，必复命曰："宾不顾矣。"

10.4　入公门，鞠躬如也，如不容。

立不中门，行不履阈。

过位，色勃如也，足躩如也，其言似不足者。

摄齐升堂，鞠躬如也，屏气似不息者。

出，降一等，逞颜色，怡怡如也。

没阶，趋进，翼如也。

复其位，踧踖如也。

10.5　执圭，鞠躬如也，如不胜。上如揖，下如授。勃如战色，足蹜蹜如有循。

享礼，有容色。

私觌，愉愉如也。

10.6　君子不以绀緅饰，红紫不以为亵服。

当暑，袗絺绤，必表而出之。

缁衣，羔裘；素衣，麑裘；黄衣，狐裘。

亵裘长，短右袂。

必有寝衣，长一身有半。

狐貉之厚以居。

去丧，无所不佩。

非帷裳，必杀之。

羔裘玄冠不以吊。

吉月，必朝服而朝。

10.7 齐，必有明衣，布。

齐必变食，居必迁坐。

10.8 食不厌精，脍不厌细。

食饐而餲，鱼馁而肉败，不食。色恶，不食。臭恶，不食。失饪，不食。不时，不食。割不正，不食。不得其酱，不食。

肉虽多，不使胜食气。

唯酒无量，不及乱。

沽酒市脯不食。

不撤姜食，不多食。

10.9 祭于公，不宿肉。祭肉不出三日。出三日，不食之矣。

10.10 食不语，寝不言。

10.11 虽疏食菜羹，瓜祭，必齐如也。

10.12 席不正，不坐。

10.13 乡人饮酒，杖者出，斯出矣。

10.14 乡人傩，朝服而立于阼阶。

10.15 问人于他邦，再拜而送之。

10.16 康子馈药，拜而受之。曰："丘未达，不敢尝。"

10.17 厩焚。子退朝，曰："伤人乎？"不问马。

10.18 君赐食，必正席先尝之。君赐腥，必熟而荐之。君赐生，必畜之。

侍食于君，君祭，先饭。

10.19 疾，君视之，东首，加朝服，拖绅。

10.20 君命召，不俟驾行矣。

10.21 入太庙，每事问。

10.22 朋友死，无所归，曰："于我殡。"

10.23 朋友之馈，虽车马，非祭肉，不拜。

10.24 寝不尸，居不客。

10.25 见齐衰者，虽狎，必变。见冕者与瞽者，虽亵，必以貌。

凶服者式之。式负版者。

有盛馔，必变色而作。

迅雷风烈必变。

10.26　升车，必正立，执绥。

车中，不内顾，不疾言，不亲指。

10.27　色斯举矣，翔而后集。曰："山梁雌雉，时哉时哉！"子路共之，三嗅而作。

先进篇第十一

共二十六章（朱熹《集注》把第二、第三两章合并为一章。刘宝楠正义则把第十八、第十九和第二十、第二十一各并为一章。）

11.1　子曰："先进于礼乐，野人也；后进于礼乐，君子也。如用之，则吾从先进。"

11.2　子曰："从我于陈、蔡者，皆不及门也。"

11.3　德行：颜渊，闵子骞，冉伯牛，仲弓。言语：宰我，子贡。政事：冉有，季路。文学：子游，子夏。

11.4　子曰："回也非助我者也，于吾言无所不说。"

11.5　子曰："孝哉闵子骞！人不间于其父母昆弟之言。"

11.6　南容三复白圭，孔子以其兄之子妻之。

11.7　季康子问："弟子孰为好学？"孔子对曰："有颜回者好学，不幸短命死矣，今也则亡。"

11.8　颜渊死，颜路请子之车以为之椁。子曰："才不才，亦各言其子也。鲤也死，有棺而无椁。吾不徒行以为之椁。以吾从大夫之后，不可徒行也。"

11.9　颜渊死。子曰："噫！天丧予！天丧予！"

11.10　颜渊死，子哭之恸。从者曰："子恸矣！"曰："有恸乎？非夫人之为恸而谁为？"

11.11　颜渊死，门人欲厚葬之。子曰："不可。"门人厚葬之。子曰："回也视予犹父也，予不得视犹子也。非我也，夫二三子也。"

11.12　季路问事鬼神。子曰："未能事人，焉能事鬼？"

曰："敢问死。"曰："未知生，焉知死？"

11.13　闵子侍侧，訚訚如也；子路，行行如也；冉有、子贡，侃侃如也。子乐。"若由也，不得其死然。"

11.14　鲁人为长府。闵子骞曰："仍旧贯，如之何？何必改作？"子曰："夫人不言，言必有中。"

11.15 子曰:"由之瑟奚为于丘之门?"门人不敬子路。子曰:"由也升堂矣,未入于室也。"

11.16 子贡问:"师与商也孰贤?"子曰:"师也过,商也不及。"

曰:"然则师愈与?"子曰:"过犹不及。"

11.17 季氏富于周公,而求也为之聚敛而附益之。子曰:"非吾徒也。小子鸣鼓而攻之,可也。"

11.18 柴也愚,参也鲁,师也辟,由也喭。

11.19 子曰:"回也其庶乎,屡空。赐不受命,而货殖焉,亿则屡中。"

11.20 子张问善人之道。子曰:"不践迹,亦不入于室。"

11.21 子曰:"论笃是与,君子者乎?色庄者乎?"

11.22 子路问:"闻斯行诸?"子曰:"有父兄在,如之何其闻斯行之?"

冉有问:"闻斯行诸?"子曰:"闻斯行之。"

公西华曰:"由也问闻斯行诸,子曰,'有父兄在',求也问闻斯行诸,子曰,'闻斯行之'。赤也惑,敢问。"子曰:"求也退,故进之;由也兼人,故退之。"

11.23 子畏于匡,颜渊后。子曰:"吾以女为死矣。"曰:"子在,回何敢死?"

11.24 季子然问:"仲由、冉求可谓大臣与?"子曰:"吾以子为异之问,曾由与求之问。所谓大臣者,以道事君,不可则止。今由与求也,可谓具臣矣。"

曰:"然则从之者与?"子曰:"弑父与君,亦不从也。"

11.25 子路使子羔为费宰。子曰:"贼夫人之子。"

子路曰:"有民人焉,有社稷焉,何必读书,然后为学?"

子曰:"是故恶夫佞者。"

11.26 子路、曾皙、冉有、公西华侍坐。

子曰:"以吾一日长乎尔,毋吾以也。居则曰:'不吾知也!'如或知尔,则何以哉?"

子路率尔而对曰"千乘之国,摄乎大国之间,加之以师旅,因之以饥馑;由也为之,比及三年,可使有勇,且知方也。"

夫子哂之。

"求!尔何如?"

对曰:"方六七十,如五六十,求也为之,比及三年,可使足民。如其礼乐,以俟君子。"

"赤!尔何如?"

对曰："非曰能之，愿学焉。宗庙之事，如会同，端章甫，愿为小相焉。"

"点！尔何如？"

鼓瑟希，铿尔，舍瑟而作，对曰："异乎三子者之撰。"

子曰："何伤乎？亦各言其志也。"

曰："莫春者，春服既成，冠者五六人，童子六七人，浴乎沂，风乎舞雩，咏而归。"

夫子喟然叹曰："吾与点也！"

三子者出，曾晳后。曾晳曰："夫三子者之言何如？"

子曰："亦各言其志也已矣。"

曰："夫子何哂由也？"

曰："为国以礼，其言不让，是故哂之。"

"唯求则非邦也与？"

"安见方六七十如五六十而非邦也者？"

"唯赤则非邦也与？"

"宗庙会同，非诸侯而何？赤也为之小，孰能为之大？"

颜渊篇第十二
共二十四章

12.1 颜渊问仁。子曰："克己复礼为仁。一日克己复礼，天下归仁焉。为仁由己，而由人乎哉？"

颜渊曰："请问其目。"子曰："非礼勿视，非礼勿听，非礼勿言，非礼勿动。"

颜渊曰："回虽不敏，请事斯语矣。"

12.2 仲弓问仁。子曰："出门如见大宾，使民如承大祭。己所不欲，勿施于人。在邦无怨，在家无怨。"

仲弓曰："雍虽不敏，请事斯语矣。"

12.3 司马牛问仁。子曰："仁者，其言也讱。"

曰："其言也讱，斯谓之仁已乎？"子曰："为之难，言之得无讱乎？"

12.4 司马牛问君子。子曰："君子不忧不惧。"

曰："不忧不惧，斯谓之君子已乎？"子曰："内省不疚，夫何忧何惧？"

12.5 司马牛忧曰："人皆有兄弟，我独亡。"子夏曰："商闻之矣：死生有命，富贵在天。君子敬而无失，与人恭而有礼。四海之内，皆兄弟也——

君子何患乎无兄弟也？"

12.6　子张问明。子曰："浸润之谮，肤受之愬，不行焉，可谓明也已矣。浸润之谮，肤受之愬，不行焉，可谓远也已矣。"

12.7　子贡问政。子曰："足食，足兵，民信之矣。"

子贡曰："必不得已而去，于斯三者何先？"曰："去兵。"

子贡曰："必不得已而去，于斯二者何先？"曰："去食。自古皆有死，民无信不立。"

12.8　棘子成曰："君子质而已矣，何以文为？"子贡曰："惜乎，夫子之说君子也！驷不及舌。文犹质也，质犹文也。虎豹之鞟犹犬羊之鞟。"

12.9　哀公问于有若曰："年饥，用不足，如之何？"

有若对曰："盍彻乎？"

曰："二，吾犹不足，如之何其彻也？"

对曰："百姓足，君孰与不足？百姓不足，君孰与足？"

12.10　子张问崇德辨惑。子曰："主忠信，徙义，崇德也。爱之欲其生，恶之欲其死。既欲其生，又欲其死，是惑也。'诚不以富，亦祗以异。'"

12.11　齐景公问政于孔子。孔子对曰："君君，臣臣，父父，子子。"公曰："善哉！信如君不君，臣不臣，父不父，子不子，虽有粟，吾得而食诸？"

12.12　子曰："片言可以折狱者，其由也与？"

子路无宿诺。

12.13　子曰："听讼，吾犹人也。必也使无讼乎！"

12.14　子张问政。子曰："居之无倦，行之以忠。"

12.15　子曰："博学于文，约之以礼，亦可以弗畔矣夫！"

12.16　子曰："君子成人之美，不成人之恶。小人反是。"

12.17　季康子问政于孔子。孔子对曰："政者，正也。子帅以正，孰敢不正？"

12.18　季康子患盗，问于孔子。孔子对曰："苟子之不欲，虽赏之不窃。"

12.19　季康子问政于孔子曰："如杀无道，以就有道何如？"孔子对曰："子为政，焉用杀？子欲善而民善矣。君子之德风，小人之德草。草上之风，必偃。"

12.20　子张问："士何如斯可谓之达矣？"子曰："何哉，尔所谓达者？"子张对曰："在邦必闻，在家必闻。"子曰："是闻也，非达也。夫达也者，质直而好义，察言而观色，虑以下人。在邦必达，在家必达。夫闻也者，色取仁而行违，居之不疑。在邦必闻，在家必闻。"

12.21　樊迟从游于舞雩之下，曰："敢问崇德，修慝，辨惑。"子曰："善哉问！先事后得，非崇德与？攻其恶，无攻人之恶，非修慝与？一朝之忿，忘其身，以及其亲，非惑与？"

12.22　樊迟问仁。子曰："爱人。"问知。子曰："知人。"

樊迟未达。子曰："举直错诸枉，能使枉者直。"

樊迟退，见子夏曰："乡也吾见于夫子而问知，子曰，'举直错诸枉，能使枉者直'，何谓也？"

子夏曰："富哉言乎！舜有天下，选于众，举皋陶，不仁者远矣。汤有天下，选于众，举伊尹，不仁者远矣。"

12.23　子贡问友。子曰："忠告而善道之，不可则止，毋自辱焉。"

12.24　曾子曰："君子以文会友，以友辅仁。"

子路篇第十三
共三十章

13.1　子路问政。子曰："先之劳之。"请益。曰："无倦。"

13.2　仲弓为季氏宰，问政。子曰："先有司，赦小过，举贤才。"

曰："焉知贤才而举之？"子曰："举尔所知；尔所不知，人其舍诸？"

13.3　子路曰："卫君待子而为政，子将奚先？"

子曰："必也正名乎！"

子路曰："有是哉，子之迂也！奚其正？"

子曰："野哉，由也！君子于其所不知，盖阙如也。名不正，则言不顺；言不顺，则事不成；事不成，则礼乐不兴；礼乐不兴，则刑罚不中；刑罚不中，则民无所错手足。故君子名之必可言也，言之必可行也。君子于其言，无所苟而已矣。"

13.4　樊迟请学稼。子曰："吾不如老农。"请学为圃。曰："吾不如老圃。"

樊迟出。子曰："小人哉，樊须也！上好礼，则民莫敢不敬；上好义，则民莫敢不服；上好信，则民莫敢不用情。夫如是，则四方之民襁负其子而至矣，焉用稼？"

13.5　子曰："诵《诗》三百，授之以政，不达；使于四方，不能专对；虽多，亦奚以为？"

13.6　子曰："其身正，不令而行；其身不正，虽令不从。"

13.7　子曰:"鲁、卫之政,兄弟也。"

13.8　子谓卫公子荆,"善居室,始有,曰:'苟合矣。'少有,曰:'苟完矣。'富有,曰:'苟美矣。'"

13.9　子适卫,冉有仆。子曰:"庶矣哉!"

冉有曰:"既庶矣,又何加焉?"曰:"富之。"

曰:"既富矣,又何加焉?"曰:"教之。"

13.10　子曰:"苟有用我者,期月而已可也,三年有成。"

13.11　子曰:"'善人为邦百年,亦可以胜残去杀矣。'诚哉是言也!"

13.12　子曰:"如有王者,必世而后仁。"

13.13　子曰:"苟正其身矣,于从政乎何有?不能正其身,如正人何?"

13.14　冉子退朝。子曰:"何晏也?"对曰:"有政。"子曰:"其事也。如有政,虽不吾以,吾其与闻之。"

13.15　定公问:"一言而可以兴邦,有诸?"

孔子对曰:"言不可以若是其几也。人之言曰:'为君难,为臣不易。'如知为君之难也,不几乎一言而兴邦乎?"

曰:"一言而丧邦,有诸?"

孔子对曰:"言不可以若是其几也。人之言曰:'予无乐乎为君,唯其言而莫予违也。'如其善而莫之违也,不亦善乎?如不善而莫之违也,不几乎一言而丧邦乎?"

13.16　叶公问政。子曰:"近者说,远者来。"

13.17　子夏为莒父宰,问政。子曰:"无欲速,无见小利。欲速,则不达;见小利,则大事不成。"

13.18　叶公语孔子曰:"吾党有直躬者,其父攘羊,而子证之。"孔子曰:"吾党之直者异于是:父为子隐,子为父隐。——直在其中矣。"

13.19　樊迟问仁。子曰:"居处恭,执事敬,与人忠。虽之夷狄,不可弃也。"

13.20　子贡问曰:"何如斯可谓之士矣?"子曰:"行己有耻,使于四方,不辱君命,可谓士矣。"

曰:"敢问其次。"曰:"宗族称孝焉,乡党称弟焉。"

曰:"敢问其次。"曰:"言必信,行必果,硁硁然小人哉!——抑亦可以为次矣。"

曰:"今之从政者何如?"子曰:"噫!斗筲之人,何足算也?"

13.21　子曰:"不得中行而与之,必也狂狷乎!狂者进取,狷者有所不为也。"

13.22 子曰:"南人有言曰:'人而无恒,不可以作巫医。'善夫!"

"不恒其德,或承之羞。"子曰:"不占而已矣。"

13.23 子曰:"君子和而不同,小人同而不和。"

13.24 子贡问曰:"乡人皆好之,何如?"子曰:"未可也。"

"乡人皆恶之,何如?"子曰:"未可也;不如乡人之善者好之,其不善者恶之。"

13.25 子曰:"君子易事而难说也。说之不以道,不说也;及其使人也,器之。小人难事而易说也。说之虽不以道,说也;及其使人也,求备焉。"

13.26 子曰:"君子泰而不骄,小人骄而不泰。"

13.27 子曰:"刚、毅、木、讷近仁。"

13.28 子路问曰:"何如斯可谓之士矣?"子曰:"切切偲偲,怡怡如也,可谓士矣。朋友切切偲偲,兄弟怡怡。"

13.29 子曰:"善人教民七年,亦可以即戎矣。"

13.30 子曰:"以不教民战,是谓弃之。"

宪问篇第十四

共四十四章(朱熹《集注》把第一章自"克、伐、怨、欲"以下别为一章,把第二十章自"曾子曰"以下别为一章,又把第三十七章自"子曰作者"以下别为一章,所以题为四十七章。)

14.1 宪问耻。子曰:"邦有道,谷;邦无道,谷,耻也。"

"克、伐、怨、欲不行焉,可以为仁矣?"子曰:"可以为难矣,仁则吾不知也。"

14.2 子曰:"士而怀居,不足以为士矣。"

14.3 子曰:"邦有道,危言危行;邦无道,危行言孙。"

14.4 子曰:"有德者必有言,有言者不必有德。仁者必有勇,勇者不必有仁。"

14.5 南宫适问于孔子曰:"羿善射,奡荡舟,俱不得其死然。禹稷躬稼而有天下。"夫子不答。

南宫适出,子曰:"君子哉若人!尚德哉若人!"

14.6 子曰:"君子而不仁者有矣夫,未有小人而仁者也。"

14.7 子曰:"爱之,能勿劳乎?忠焉,能勿诲乎?"

14.8 子曰:"为命,裨谌草创之,世叔讨论之,行人子羽修饰之,东里子产润色之。"

14.9 或问子产。子曰："惠人也。"

问子西。曰："彼哉！彼哉！"

问管仲。曰："人也。夺伯氏骈邑三百，饭疏食，没齿无怨言。"

14.10 子曰："贫而无怨难，富而无骄易。"

14.11 子曰："孟公绰为赵魏老则优，不可以为滕薛大夫。"

14.12 子路问成人。子曰："若臧武仲之知，公绰之不欲，卞庄子之勇，冉求之艺，文之以礼乐，亦可以为成人矣。"曰："今之成人者何必然？见利思义，见危授命，久要不忘平生之言，亦可以为成人矣。"

14.13 子问公叔文子于公明贾曰："信乎，夫子不言，不笑，不取乎？"

公明贾对曰："以告者过也。夫子时然后言，人不厌其言；乐然后笑，人不厌其笑；义然后取，人不厌其取。"

子曰："其然？岂其然乎？"

14.14 子曰："臧武仲以防求为后于鲁，虽曰不要君，吾不信也。"

14.15 子曰："晋文公谲而不正，齐桓公正而不谲。"

14.16 子路曰："桓公杀公子纠，召忽死之，管仲不死。"曰："未仁乎？"子曰："桓公九合诸侯，不以兵车，管仲之力也。如其仁，如其仁。"

14.17 子贡曰："管仲非仁者与？桓公杀公子纠，不能死，又相之。"子曰："管仲相桓公，霸诸侯，一匡天下，民到于今受其赐。微管仲，吾其被发左衽矣。岂若匹夫匹妇之为谅也，自经于沟渎而莫之知也？"

14.18 公叔文子之臣大夫僎与文子同升诸公。子闻之，曰："可以为'文'矣。"

14.19 子言卫灵公之无道也，康子曰："夫如是，奚而不丧？"孔子曰："仲叔圉治宾客，祝鮀治宗庙，王孙贾治军旅。夫如是，奚其丧？"

14.20 子曰："其言之不怍，则为之也难。"

14.21 陈成子弑简公。孔子沐浴而朝，告于哀公曰："陈恒弑其君，请讨之。"公曰："告夫三子！"

孔子曰："以吾从大夫之后，不敢不告也。君曰'告夫三子'者！"之三子告，不可。孔子曰："以吾从大夫之后，不敢不告也。"

14.22 子路问事君。子曰："勿欺也，而犯之。"

14.23 子曰："君子上达，小人下达。"

14.24 子曰："古之学者为己，今之学者为人。"

14.25 蘧伯玉使人于孔子。孔子与之坐而问焉，曰："夫子何为？"对曰："夫子欲寡其过而未能也。"

使者出。子曰："使乎！使乎！"

14.26　子曰："不在其位，不谋其政。"

曾子曰："君子思不出其位。"

14.27　子曰："君子耻其言而过其行。"

14.28　子曰："君子道者三，我无能焉：仁者不忧，知者不惑，勇者不惧。"子贡曰："夫子自道也。"

14.29　子贡方人。子曰："赐也贤乎哉？夫我则不暇。"

14.30　子曰："不患人之不己知，患其不能也。"

14.31　子曰："不逆诈，不亿不信，抑亦先觉者，是贤乎！"

14.32　微生亩谓孔子曰："丘何为是栖栖者与？无乃为佞乎？"孔子曰："非敢为佞也，疾固也。"

14.33　子曰："骥不称其力，称其德也。"

14.34　或曰："以德报怨，何如？"子曰："何以报德？以直报怨，以德报德。"

14.35　子曰："莫我知也夫！"子贡曰："何为其莫知子也？"子曰："不怨天，不尤人，下学而上达。知我者其天乎！"

14.36　公伯寮愬子路于季孙。子服景伯以告，曰："夫子固有惑志于公伯寮，吾力犹能肆诸市朝。"

子曰："道之将行也与，命也；道之将废也与，命也。公伯寮其如命何！"

14.37　子曰："贤者辟世，其次辟地，其次辟色，其次辟言。"

子曰："作者七人矣。"

14.38　子路宿于石门。晨门曰："奚自？"子路曰："自孔氏。"曰："是知其不可而为之者与？"

14.39　子击磬于卫，有荷蒉而过孔氏之门者，曰："有心哉，击磬乎！"既而曰："鄙哉，硁硁乎！莫己知也，斯已而已矣。深则厉，浅则揭。"

子曰："果哉！末之难矣。"

14.40　子张曰："《书》云：'高宗谅阴，三年不言。'何谓也？"子曰："何必高宗，古之人皆然。君薨，百官总己以听于冢宰三年。"

14.41　子曰："上好礼，则民易使也。"

14.42　子路问君子。子曰："修己以敬。"

曰："如斯而已乎？"曰："修己以安人。"

曰："如斯而已乎？"曰："修己以安百姓。修己以安百姓，尧舜其犹病诸？"

14.43　原壤夷俟。子曰："幼而不孙弟，长而无述焉，老而不死，是为贼。"以杖叩其胫。

14.44 阙党童子将命。或问之曰："益者与？"子曰："吾见其居于位也。见其与先生并行也。非求益者也，欲速成者也。"

卫灵公篇第十五
共四十二章（朱熹《集注》把第一、第二两章并为一章，所以说"凡四十一章"。）

15.1 卫灵公问陈于孔子。孔子对曰："俎豆之事，则尝闻之矣；军旅之事，未之学也。"明日遂行。

15.2 在陈绝粮，从者病，莫能兴。子路愠见曰："君子亦有穷乎？"子曰："君子固穷，小人穷斯滥矣。"

15.3 子曰："赐也，女以予为多学而识之者与？"对曰："然，非与？"曰："非也，予一以贯之。"

15.4 子曰："由！知德者鲜矣。"

15.5 子曰："无为而治者其舜也与？夫何为哉？恭己正南面而已矣。"

15.6 子张问行。子曰："言忠信，行笃敬，虽蛮貊之邦，行矣。言不忠信，行不笃敬，虽州里，行乎哉？立则见其参于前也，在舆则见其倚于衡也，夫然后行。"子张书诸绅。

15.7 子曰："直哉史鱼！邦有道，如矢；邦无道，如矢。君子哉蘧伯玉！邦有道，则仕；邦无道，则可卷而怀之。"

15.8 子曰："可与言而不与之言，失人；不可与言而与之言，失言。知者不失人，亦不失言。"

15.9 子曰："志士仁人，无求生以害仁，有杀身以成仁。"

15.10 子贡问为仁。子曰："工欲善其事，必先利其器。居是邦也，事其大夫之贤者，友其士之仁者。"

15.11 颜渊问为邦。子曰："行夏之时，乘殷之辂，服周之冕，乐则《韶》、《舞》。放郑声，远佞人。郑声淫，佞人殆。"

15.12 子曰："人无远虑，必有近忧。"

15.13 子曰："已矣乎！吾未见好德如好色者也。"

15.14 子曰："臧文仲其窃位者与！知柳下惠之贤而不与立也。"

15.15 子曰："躬自厚而薄责于人，则远怨矣。"

15.16 子曰："不曰'如之何，如之何'者，吾末如之何也已矣。"

15.17　子曰："群居终日，言不及义，好行小慧，难矣哉！"

15.18　子曰："君子义以为质，礼以行之，孙以出之，信以成之。君子哉！"

15.19　子曰："君子病无能焉，不病人之不己知也。"

15.20　子曰："君子疾没世而名不称焉。"

15.21　子曰："君子求诸己，小人求诸人。"

15.22　子曰："君子矜而不争，群而不党。"

15.23　子曰："君子不以言举人，不以人废言。"

15.24　子贡问曰："有一言而可以终身行之者乎？"子曰："其恕乎！己所不欲，勿施于人。"

15.25　子曰："吾之于人也，谁毁谁誉？如有所誉者，其有所试矣。斯民也，三代之所以直道而行也。"

15.26　子曰："吾犹及史之阙文也。有马者借人乘之，今亡矣夫！"

15.27　子曰："巧言乱德。小不忍，则乱大谋。"

15.28　子曰："众恶之，必察焉；众好之，必察焉。"

15.29　子曰："人能弘道，非道弘人。"

15.30　子曰："过而不改，是谓过矣。"

15.31　子曰："吾尝终日不食，终夜不寝，以思，无益，不如学也。"

15.32　子曰："君子谋道不谋食。耕也，馁在其中矣；学也，禄在其中矣。君子忧道不忧贫。"

15.33　子曰："知及之，仁不能守之；虽得之，必失之。知及之，仁能守之。不庄以涖之，则民不敬。知及之，仁能守之，庄以涖之，动之不以礼，未善也。"

15.34　子曰："君子不可小知而可大受也，小人不可大受而可小知也。"

15.35　子曰："民之于仁也，甚于水火。水火，吾见蹈而死者矣，未见蹈仁而死者也。"

15.36　子曰："当仁，不让于师。"

15.37　子曰："君子贞而不谅。"

15.38　子曰："事君，敬其事而后其食。"

15.39　子曰："有教无类。"

15.40　子曰："道不同，不相为谋。"

15.41　子曰："辞达而已矣。"

15.42　师冕见，及阶，子曰："阶也。"及席，子曰："席也。"皆坐，子告之曰："某在斯，某在斯。"

师冕出。子张问曰:"与师言之道与?"子曰:"然;固相师之道也。"

季氏篇第十六
共十四章

16.1　季氏将伐颛臾。冉有、季路见于孔子曰:"季氏将有事于颛臾。"

孔子曰:"求!无乃尔是过与?夫颛臾,昔者先王以为东蒙主,且在邦域之中矣,是社稷之臣也。何以伐为?"

冉有曰:"夫子欲之,吾二臣者皆不欲也。"

孔子曰:"求!周任有言曰:'陈力就列,不能者止。'危而不持,颠而不扶,则将焉用彼相矣?且尔言过矣,虎兕出于柙,龟玉毁于椟中,是谁之过与?"

冉有曰:"今夫颛臾,固而近于费。今不取,后世必为子孙忧。"

孔子曰:"求!君子疾夫舍曰欲之而必为之辞。丘也闻有国有家者,不患寡而患不均,不患贫而患不安。盖均无贫,和无寡,安无倾。夫如是,故远人不服,则修文德以来之。既来之,则安之。今由与求也,相夫子,远人不服,而不能来也;邦分崩离析,而不能守也;而谋动干戈于邦内。吾恐季孙之忧,不在颛臾,而在萧墙之内也。"

16.2　孔子曰:"天下有道,则礼乐征伐自天子出;天下无道,则礼乐征伐自诸侯出。自诸侯出,盖十世希不失矣;自大夫出,五世希不失矣;陪臣执国命,三世希不失矣。天下有道,则政不在大夫。天下有道,则庶人不议。"

16.3　孔子曰:"禄之去公室五世矣,政逮于大夫四世矣,故夫三桓之子孙微矣。"

16.4　孔子曰:"益者三友,损者三友。友直,友谅,友多闻,益矣。友便辟,友善柔,友便佞,损矣。"

16.5　孔子曰:"益者三乐,损者三乐。乐节礼乐,乐道人之善,乐多贤友,益矣。乐骄乐,乐佚游,乐晏乐,损矣。"

16.6　孔子曰:"侍于君子有三愆:言未及之而言谓之躁,言及之而不言谓之隐,未见颜色而言谓之瞽。"

16.7　孔子曰:"君子有三戒:少之时,血气未定,戒之在色;及其壮也,血气方刚,戒之在斗;及其老也,血气既衰,戒之在得。"

16.8　孔子曰:"君子有三畏:畏天命,畏大人,畏圣人之言。小人不知天命而不畏也，狎大人，侮圣人之言。"

16.9 孔子曰："生而知之者上也，学而知之者次也；困而学之，又其次也；困而不学，民斯为下矣。"

16.10 孔子曰："君子有九思：视思明，听思聪，色思温，貌思恭，言思忠，事思敬，疑思问，忿思难，见得思义。"

16.11 孔子曰："见善如不及，见不善如探汤。吾见其人矣，吾闻其语矣。隐居以求其志，行义以达其道。吾闻其语矣，未见其人也。"

16.12 齐景公有马千驷，死之日，民无德而称焉。伯夷、叔齐饿于首阳之下，民到于今称之。其斯之谓与？

16.13 陈亢问于伯鱼曰："子亦有异闻乎？"

对曰："未也。尝独立，鲤趋而过庭。曰：'学诗乎？'对曰：'未也。''不学诗，无以言。'鲤退而学诗。他日，又独立，鲤趋而过庭。曰：'学礼乎？'对曰：'未也。''不学礼，无以立。'鲤退而学礼。闻斯二者。"

陈亢退而喜曰："问一得三，闻诗，闻礼，又闻君子之远其子也。"

16.14 邦君之妻，君称之曰夫人，夫人自称曰小童；邦人称之曰君夫人，称诸异邦曰寡小君；异邦人称之亦曰君夫人。

阳货篇第十七

共二十六章（《汉石经》同。何晏《集解》把第二、第三两章以及第九、第十两章各并为一章，所以只二十四章。）

17.1 阳货欲见孔子，孔子不见，归孔子豚。

孔子时其亡也，而往拜之。

遇诸涂。

谓孔子曰："来！予与尔言。"曰："怀其宝而迷其邦，可谓仁乎？"曰："不可。——好从事而亟失时，可谓知乎？"曰："不可。——日月逝矣，岁不我与。"

孔子曰："诺；吾将仕矣。"

17.2 子曰："性相近也，习相远也。"

17.3 子曰："唯上知与下愚不移。"

17.4 子之武城，闻弦歌之声。夫子莞尔而笑，曰："割鸡焉用牛刀？"

子游对曰："昔者偃也闻诸夫子曰：'君子学道则爱人，小人学道则易使也。'"

子曰:"二三子!偃之言是也。前言戏之耳。"

17.5 公山弗扰以费畔,召,子欲往。

子路不说,曰:"末之也,已,何必公山氏之之也?"

子曰:"夫召我者,而岂徒哉?如有用我者,吾其为东周乎?"

17.6 子张问仁于孔子。孔子曰:"能行五者于天下为仁矣。"

"请问之。"曰:"恭,宽,信,敏,惠。恭则不侮,宽则得众,信则人任焉,敏则有功,惠则足以使人。"

17.7 佛肸召,子欲往。

子路曰:"昔者由也闻诸夫子曰:'亲于其身为不善者,君子不入也。'佛肸以中牟畔,子之往也,如之何?"

子曰:"然,有是言也。不曰坚乎,磨而不磷;不曰白乎,涅而不缁。吾岂匏瓜也哉?焉能系而不食?"

17.8 子曰:"由也!女闻六言六蔽矣乎?"对曰:"未也。"

"居!吾语女。好仁不好学,其蔽也愚;好知不好学,其蔽也荡;好信不好学,其蔽也贼;好直不好学,共蔽也绞;好勇不好学,其蔽也乱;好刚不好学,其蔽也狂。"

17.9 子曰:"小子何莫学夫诗?诗,可以兴,可以观,可以群,可以怨。迩之事父,远之事君;多识于鸟兽草木之名。"

17.10 子谓伯鱼曰:"女为《周南》、《召南》矣乎?人而不为《周南》、《召南》,其犹正墙面而立也与?"

17.11 子曰:"礼云礼云,玉帛云乎哉?乐云乐云,钟鼓云乎哉?"

17.12 子曰:"色厉而内荏,譬诸小人,其犹穿窬之盗也与?"

17.13 子曰:"乡愿,德之贼也。"

17.14 子曰:"道听而涂说,德之弃也。"

17.15 子曰:"鄙夫可与事君也与哉?其未得之也,患得之当作患不得之。既得之,患失之。苟患失之,无所不至矣。"

17.16 子曰:"古者民有三疾,今也或是之亡也。古之狂也肆,今之狂也荡;古之矜也廉,今之矜也忿戾;古之愚也直,今之愚也诈而已矣。"

17.17 子曰:"巧言令色,鲜矣仁。"

17.18 子曰:"恶紫之夺朱也,恶郑声之乱雅乐也,恶利口之覆邦家者。"

17.19 子曰:"予欲无言。"子贡曰:"子如不言,则小子何述焉?"子曰:"天何言哉?四时行焉,百物生焉,天何言哉?"

17.20 孺悲欲见孔子,孔子辞以疾。将命者出户,取瑟而歌,使之闻之。

17.21 宰我问："三年之丧，期已久矣。君子三年不为礼，礼必坏；三年不为乐，乐必崩。旧谷既没，新谷既升，钻燧改火，期可已矣。"

子曰："食夫稻，衣夫锦，于女安乎？"

曰："安。"

"女安，则为之！夫君子之居丧，食旨不甘，闻乐不乐，居处不安，故不为也。今女安，则为之！"

宰我出，子曰："予之不仁也！子生三年，然后免于父母之怀。夫三年之丧，天下之通丧也，予也有三年之爱于其父母乎！"

17.22 子曰："饱食终日，无所用心，难矣哉！不有博弈者乎？为之，犹贤乎已。"

17.23 子路曰："君子尚勇乎？"子曰："君子义以为上，君子有勇而无义为乱，小人有勇而无义为盗。"

17.24 子贡曰："君子亦有恶乎？"子曰："有恶：恶称人之恶者，恶居下流而讪上者，恶勇而无礼者，恶果敢而窒者。"

曰："赐也亦有恶乎？""恶徼以为知者，恶不孙以为勇者，恶讦以为直者。"

17.25 子曰："唯女子与小人为难养也，近之则不孙，远之则怨。"

17.26 子曰："年四十而见恶焉，其终也已。"

微子篇第十八
共十一章

18.1 微子去之，箕子为之奴，比干谏而死。孔子曰："殷有三仁焉。"

18.2 柳下惠为士师，三黜。人曰："子未可以去乎？"曰："直道而事人，焉往而不三黜？枉道而事人，何必去父母之邦？"

18.3 齐景公待孔子曰："若季氏，则吾不能；以季孟之间待之。"曰："吾老矣，不能用也。"孔子行。

18.4 齐人归女乐，季桓子受之，三日不朝，孔子行。

18.5 楚狂接舆歌而过孔子曰："凤兮凤兮！何德之衰？往者不可谏，来者犹可追。已而，已而！今之从政者殆而！"

孔子下，欲与之言。趋而辟之，不得与之言。

18.6 长沮、桀溺耦而耕，孔子过之，使子路问津焉。

长沮曰："夫执舆者为谁？"

子路曰："为孔丘。"

曰："是鲁孔丘与？"

曰："是也。"

曰："是知津矣。"

问于桀溺。

桀溺曰："子为谁？"

曰："为仲由。"

曰："是鲁孔丘之徒与？"

对曰："然。"

曰："滔滔者天下皆是也，而谁以易之？且而与其从辟人之士也，岂若从辟世之士哉？"耰而不辍。

子路行以告。

夫子怃然曰："鸟兽不可与同群，吾非斯人之徒与而谁与？天下有道，丘不与易也。"

18.7　子路从而后，遇丈人，以杖荷蓧。

子路问曰："子见夫子乎？"

丈人曰："四体不勤，五谷不分。孰为夫子？"植其杖而芸。

子路拱而立。

止子路宿，杀鸡为黍而食之，见其二子焉。

明日，子路行以告。

子曰："隐者也。"使子路反见之。至，则行矣。

子路曰："不仕无义。长幼之节，不可废也；君臣之义，如之何其废之？欲洁其身，而乱大伦。君子之仕也，行其义也。道之不行，已知之矣。"

18.8　逸民：伯夷、叔齐、虞仲、夷逸、朱张、柳下惠、少连。子曰："不降其志，不辱其身，伯夷、叔齐与！"谓"柳下惠、少连，降志辱身矣，言中伦，行中虑，其斯而已矣。"谓"虞仲、夷逸，隐居放言，身中清，废中权。我则异于是，无可无不可。"

18.9　大师挚适齐，亚饭干适楚，三饭缭适蔡，四饭缺适秦，鼓方叔入于河，播鼗武入于汉，少师阳、击磬襄入于海。

18.10　周公谓鲁公曰："君子不施其亲，不使大臣怨乎不以。故旧无大故，则不弃也。无求备于一人！"

18.11　周有八士：伯达、伯适、仲突、仲忽、叔夜、叔夏、季随、季騧。

子张篇第十九
共二十五章

19.1　子张曰："士见危致命，见得思义，祭思敬，丧思哀，其可已矣。"

19.2　子张曰："执德不弘，信道不笃，焉能为有？焉能为亡？"

19.3　子夏之门人问交于子张。子张曰："子夏云何？"

对曰："子夏曰：'可者与之，其不可者拒之。'"

子张曰："异乎吾所闻：君子尊贤而容众，嘉善而矜不能。我之大贤与，于人何所不容？我之不贤与，人将拒我，如之何其拒人也？"

19.4　子夏曰："虽小道，必有可观者焉；致远恐泥，是以君子不为也。"

19.5　子夏曰："日知其所亡，月无忘其所能，可谓好学也已矣。"

19.6　子夏曰："博学而笃志，切问而近思，仁在其中矣。"

19.7　子夏曰："百工居肆以成其事，君子学以致其道。"

19.8　子夏曰："小人之过也必文。"

19.9　子夏曰："君子有三变：望之俨然，即之也温，听其言也厉。"

19.10　子夏曰："君子信而后劳其民；未信，则以为厉己也。信而后谏；未信，则以为谤己也。"

19.11　子夏曰："大德不踰闲，小德出入可也。"

19.12　子游曰："子夏之门人小子，当洒扫应对进退，则可矣，抑末也。本之则无，如之何？"

子夏闻之，曰："噫！言游过矣！君子之道，孰先传焉？孰后倦焉？譬诸草木，区以别矣。君子之道，焉可诬也？有始有卒者，其惟圣人乎！"

19.13　子夏曰："仕而优则学，学而优则仕。"

19.14　子游曰："丧致乎哀而止。"

19.15　子游曰："吾友张也为难能也，然而未仁。"

19.16　曾子曰："堂堂乎张也，难与并为仁矣。"

19.17　曾子曰："吾闻诸夫子：人未有自致者也，必也亲丧乎！"

19.18　曾子曰："吾闻诸夫子：孟庄子之孝也，其他可能也；其不改父之臣与父之政，是难能也。"

19.19　孟氏使阳肤为士师，问于曾子。曾子曰："上失其道，民散久矣。如得其情，则哀矜而勿喜！"

19.20　子贡曰:"纣之不善,不如是之甚也。是以君子恶居下流,天下之恶皆归焉。"

19.21　子贡曰:"君子之过也,如日月之食焉:过也,人皆见之;更也,人皆仰之。"

19.22　卫公孙朝问于子贡曰:"仲尼焉学?"子贡曰:"文武之道,未坠于地,在人。贤者识其大者,不贤者识其小者。莫不有文武之道焉。夫子焉不学?而亦何常师之有?"

19.23　叔孙武叔语大夫于朝曰:"子贡贤于仲尼。"

子服景伯以告子贡。

子贡曰:"譬之宫墙,赐之墙也及肩,窥见室家之好。夫子之墙数仞,不得其门而入,不见宗庙之美,百官之富。得其门者或寡矣。夫子之云,不亦宜乎!"

19.24　叔孙武叔毁仲尼。子贡曰:"无以为也!仲尼不可毁也。他人之贤者,丘陵也,犹可踰也;仲尼,日月也,无得而踰焉。人虽欲自绝,其何伤于日月乎?多见其不知量也。"

19.25　陈子禽谓子贡曰:"子为恭也,仲尼岂贤于子乎?"

子贡曰:"君子一言以为知,一言以为不知,言不可不慎也。夫子之不可及也,犹天之不可阶而升也。夫子之得邦家者,所谓立之斯立,道之斯行,绥之斯来,动之斯和。其生也荣,其死也哀,如之何其可及也?"

尧曰篇第二十
共三章

20.1　尧曰:"咨!尔舜!天之历数在尔躬,允执其中。四海困穷,天禄永终。"

舜亦以命禹。

曰:"予小子履敢用玄牡,敢昭告于皇皇后帝:有罪不敢赦。帝臣不蔽,简在帝心。朕躬有罪,无以万方;万方有罪,罪在朕躬。"

周有大赉,善人是富。"虽有周亲,不如仁人。百姓有过,在予一人。"

谨权量,审法度,修废官,四方之政行焉。兴灭国,继绝世,举逸民,天下之民归心焉。

所重:民、食、丧、祭。

宽则得众,信则民任焉,敏则有功,公则说。

20.2　子张问于孔子曰:"何如斯可以从政矣?"

子曰:"尊五美,屏四恶,斯可以从政矣。"

子张曰:"何谓五美?"

子曰:"君子惠而不费,劳而不怨,欲而不贪,泰而不骄,威而不猛。"

子张曰:"何谓惠而不费?"

子曰:"因民之所利而利之,斯不亦惠而不费乎?择可劳而劳之,又谁怨?欲仁而得仁,又焉贪?君子无众寡,无小大,无敢慢,斯不亦泰而不骄乎?君子正其衣冠,尊其瞻视,俨然人望而畏之,斯不亦威而不猛乎?"

子张曰:"何谓四恶?"

子曰:"不教而杀谓之虐;不戒视成谓之暴;慢令致期谓之贼;犹之与人也,出纳之吝谓之有司。"

20.3　孔子曰:"不知命,无以为君子也;不知礼,无以立也;不知言,无以知人也。"

附录二

《论语》中的孔门弟子

（三十四人，以出现先后为序）

孔门弟子究竟有多少，说法不一。《史记·孔子世家》记载："孔子以《诗》、《书》、礼、乐教，弟子盖三千焉，身通六艺者七十有二人。"《史记·仲尼弟子列传》记载：孔子曰："受业身通者七十有七人。"皆异能之士也。著名孔学专家、曲阜师大教授骆承烈先生考证出一百零二人。现列《论语》中出现的事迹较多的三十四人。

1. 有子：姓有名若，字子有，子若，鲁国人，小孔子33岁。尊称为有子。孔门十二哲之一。博学强识，雅好古道。提出"礼之用，和为贵"的思想。长相肖于孔子，孔子死后，门人思之不已，便把他当作孔子，以师礼事之，只是他徒有孔子的长相，没有孔子的学问，众门人有问，他答不出，众人怫然，又把他赶下了师座。(1.2)

2. 曾子：姓曾名参，字子舆，鲁国人，小孔子46岁。孔子之孙子思的老师，儒家五圣之一，后世尊为宗圣。事亲至孝，性鲁钝。后娘待他极不好，而他孝行越谨，他老婆因为给他煮梨不熟，就把老婆给休了。一天去田里除草，他不小心弄断了一根瓜秧，他老爹曾点发起火来，一棍子打得他昏死过去。苏醒后，马上强装活蹦乱跳的样子，以示无碍，并向曾点请罪，说是因为打他而让老人家费了力，自己真是该死。然后又进屋搬出琴来大弹，以免老爹还想着这事内疚。孔子闻之，大发脾气，骂他不懂"小杖则受，大杖则走"的道理，此乃大不孝，明知老爹拿着大粗棍子狠打，还不赶快躲开？如果真被打死了，岂不是陷父亲于不义不慈之地，让父亲背个恶名吗？曾参于是请罪。通孝道，作《孝经》；承衣钵，写《大学》。(1.4)

3. 子夏：姓卜名商，字子夏，卫国人，小孔子44岁。以文学著称，与子游同列孔门十哲文学科。家贫，前483年，来到鲁国拜孔子为师。刻苦学习，后被孔子保荐当了小官，性格阴郁，勇武，为人"好与贤己者处"，是孔子后期学生中是佼佼者，才思敏捷，阐释精微，得到孔子赞许："起予者商也，始可与言《诗》已矣。"曾为莒父宰,提出了"仕而优则学,学而优则仕"的思想。他还主张:做官先取信于民,然后才能使其效劳。子夏不像颜回、曾参之辈恪守孔子之道,而是颇具独创精神和异端倾向,在遵循仁和礼方面有所"不及",所以孔子告诫他"女为君子儒,无为小人儒。"子夏问政。孔子曰:"无欲速,无见小利;欲速则不达,见小利则大事不成。"从孔子的告诫中约略可见子夏对正统儒学的偏离。子夏才气过人,《论语》中留有他许多名言,如"博学而笃志,切问而近思,仁在其中矣。""仕而优则学,学而优则仕。"子夏似乎是最全面掌握老师学说的弟子。孔子去世后,子夏最有资格统领孔门弟子,但由于性格所致,使其与其他弟子不能友好相处。又推举有若而未果,只好离开孔门,到魏国西河行教。治学严谨,敢于怀疑经史之谬误。曾听人说史志曰"晋师伐秦,三渡河。"子夏说:"'三'应该是'己亥'之误。"读史志者问诸晋史,果然是"己亥"之误。于是名重天下,魏人以之为圣。从学者众,门下人才辈出,许多学生后来成为春秋时期有影响的思想家、政治家,因此,他的影响很大。如:田子方、段干木、李悝、吴起、禽滑厘、商鞅之属皆受业于子夏,而荀子、李斯、韩非等也俱是其隔代再传弟子。子夏操守高迈,言曰:"诸侯之骄我者,吾不为臣。大夫之骄我者,吾不复见。"魏文侯以师礼事之,乃许咨以国政。子夏丧子,哭瞎眼睛,离群索居。孔门弟子中有著作传世者,以子夏为最多。相传,《论语》即为子夏与仲弓合撰。汉人徐防又有"诗书礼乐,定自孔子;发明章句,始于子夏"之说。可见,他在孔门诸子中地位之重要。(1.7)

4. 子禽:姓陈名亢,字子禽,陈国人,小孔子40岁。(1.10)

5. 子贡:姓端木名赐,字子贡,卫国人,小孔子31岁。位列孔门十哲言语科。据说子贡出生之时,其母梦神赐以宝玉,因取名曰赐,子贡生就异相,山庭斗口,仪表不凡;天性至孝,资禀颖慧,3岁既知人之善恶。18岁游于鲁,闻孔子在阙里受徒,心窃景仰,遂执贽往见而受业。他谦逊好学,通达明辨,善为外交,深受孔子赞赏,称其为"瑚琏之器"。孔子周游列国,绝粮于陈蔡时,孔子"使子贡至楚,楚昭王兴师迎孔子,然后得免。"这是子贡外交上的第一次胜利。曾任鲁、卫两国之相。齐相田常伐鲁,他奉命出使,游说诸侯,存鲁、乱齐、破吴、强晋而霸越,一举而动五国之政,表现出高超的外交才能。善货殖,富有,推测行情很准,经商于曹国、鲁国间,家累千金,为孔子弟子中首富。每次出使则结驷连骑,车仆之盛,拟于王侯,又仗着孔门高徒的身份,所到之处,直可与诸侯相抗礼。鲁国大夫叔孙武叔在朝中对大夫们说:"子贡贤于仲尼。"可见,子贡之贤德非同寻常,在孔门中亦享有重要地位。子贡听说后谦道:"譬之宫墙,赐之墙也及肩,窥见室家之好。夫子之墙数仞，不得其门而入，不见宗庙之美，百官之富，得其门者或寡矣。"子贡视孔子如日月，自谓不能超过。孔子去世后，未能及时赶到，哀丧至极，独守墓六年。后死于齐国。(1.10)

6. 孟懿子：姓仲孙名何忌，"懿"是谥号。鲁国孟孙氏第9代宗主，孟子的六世祖。《左传》记载，其父孟僖子将死，遗嘱要他和南宫敬叔向孔子学礼。是孔子众多弟子中少有的贵族子弟。（注：钱穆《论语新解》：其父僖子遗命何忌学礼于孔子，乃孔子早年期学生。后孔子为鲁司寇，主堕三家之都，何忌首抗命。故后人不列何忌为孔门之弟子。）(2.5)

7. 樊迟：姓樊名须，字子迟，小孔子46岁。好学好问，曾向孔子请教种庄稼、种疏菜，孔子认为其志向不够远大，曰："小人哉，樊须也！"(2.5)

8. 子游：姓言名偃，字子游，吴国人，小孔子45岁。位列孔门十哲文学科之首。性简约疏阔，熟习礼学，做过武城宰，阐扬孔子学说，用礼乐教化士民，境内到处有弦歌之声，为孔子所赞。是孔子弟子中唯一南方人，学成后南归，道启东南，对江南文化的繁荣有很大贡献，被誉为"南方夫子"。孔子曾言："吾门有偃，吾道其南。"意即我门下有了言偃，我的学说才能在南方传播。(2.7)

9. 颜回：姓颜名回，字子渊，也称颜渊，鲁国人，小孔子30岁（一说40岁）。孔门十哲德行科之首，儒家五圣之一，后世尊为复圣。家贫不忧，好学不倦，大智若愚，闻一知十，一生追随孔子，不离左右，视师若父。因营养极度不良，用脑格外过度，29岁便头发尽白，41岁早逝。最为孔子钟爱，受到褒奖"贤哉，回也。一箪食、一瓢饮，在陋巷，人不堪其忧，回也不改其乐。""回也好学，不迁怒，不贰过。"(2.9)

10. 子路：姓仲名由，字子路，也称季路，鲁国人，小孔子9岁。位列孔门十哲政事科。出身寒微，幼至孝，百里负米养亲，是历史上二十四孝子之一。性率直，好勇力，讲信义，善政事，重然诺，深具豪侠之气。拜孔子为师以前，头插公鸡的羽毛，佩戴着公猪的牙齿，侮辱孔子。孔子用礼乐慢慢地诱导他。后来，子路穿着儒服，带着拜师的礼物，通过孔子学生的引荐，请求作孔子的学生。孔子容而爱之。自从子路追随孔子左右，无人再敢欺慢孔子。孔子自谓："自吾得由，恶言不闻于耳。"孔子周游列国期间，子路贴身护卫，屡次救孔子于危难。后子路为卫国蒲邑宰，治蒲三年，勤政爱民，孔子过蒲，三称其善。卫国政变，诸人皆弃主而逃，子路独仗义而返，他说："吃着人家的粮食就不能回避人家的灾难。"敌军石乞、壶黡（hú yǎn）从高台上冲下来攻打子路，斩断了他的帽带。子路慷慨而言："君子死而冠不免！"遂结缨而死。最后被乱刀剁成肉酱。孔子闻讯大恸，为之不食肉糜。(2.17)

11. 子张：姓颛孙名师，字子张，陈国人，小孔子48岁。孔门十二哲之一。仪表极好，才貌过人，宽冲博接，从容自务，门人友之而不敬。(2.18)

12. 林放：字子丘，鲁国人，有人说是孔子的学生，但《史记·仲尼弟子列传》无此人。(3.4)

13. 冉有：姓冉名求，字子有，与冉耕、冉雍同宗，皆为孔门十哲，世称"一门三贤"，又称"三冉"。鲁国人，小孔子29岁。性谦退，有才艺，善政事，志在民足。青年时期曾做过季氏家臣，后随孔子周游列国。其后，季康子继持国柄，招求辅政。孔子欣然曰："鲁人招求，非小用之，将大用之也。"冉求遂回国为季氏宰。鲁哀公11年，齐师伐鲁，兵临城下，冉求慷慨赴敌，率军击退齐师，立下赫赫战功。战后，季氏问曰："学之乎？性之乎？"冉求答曰："学之于孔子。"季氏遂招孔子，孔子返鲁。冉求侍师殷切，朝政之余必登门受教。季氏旅泰山、伐颛臾、用田赋皆不能救，或反而助之，孔子斥之曰："非吾徒也，小子鸣鼓而攻之，可也。"(3.6)

14. 宰我：姓宰名予，字子我，鲁国人，小孔子29岁。位列孔门十哲言语科首位。宰予因"昼寝"，被孔子称"朽木不可雕也，粪土之墙不可杇也。"其实，宰予善思好问，有独见，敢犯颜，是孔子弟子中唯一敢正面对孔子学说提出异议的人。孔子主张服丧三年，宰予反驳："三年之长，期已久矣。君子三年不为礼，礼必坏；三年不为乐，乐必崩。"孔子难以辩说，唯有痛心指责："予之不仁也。"宰予善为说辞，深于自信，孔子曾说："吾以言取人，失之宰予。"《史记·仲尼弟子世家》记载，宰予仕齐，为临淄大夫，和田常一起同谋作乱，因此被灭族，孔子为他感到羞耻。(3.21)

15. 公冶长：姓公冶名长，齐国人，器量大，能忍常人不能忍之耻辱。孔子说"可妻也"，招为女婿。(5.1)

16. 南容：姓南宫名适，字子容，鲁国人，小孔子49岁。孔子赞曰："君子哉若人，尚德哉若人！"孔子评价曰："国家政治清明，他会被任用；国家政治黑暗，他也不会遭受刑罚。"把自己的侄女嫁给了他。(5.2)

17. 子贱：姓宓（fú）名不齐，字子贱，鲁国人，小孔子30岁。孔子曾评论他："子贱真是个君子啊！假如鲁国没有君子，这个人又从哪儿学到这种好品德呢？"子贱出任单父地方长官，回来向孔子报告说："这个地方有五个人比我贤能，他们教给我施政治民的方法。"孔子说："可惜呀！不齐治理的地方太小了，如果让他治理更大的地方，也许可以吧！"子贱是个弹琴好手，据说他出任单父宰时，"鸣琴而治"，施以仁爱，用弹琴来感化人，使天下太平，把单父治理得很好。孔子非常喜欢他，说："宓不齐雄才大略，能够辅佐霸王。"他治理社会不在于财物得失，而重视民心、士气和社会风气。他为单父宰时，不仅赋役较轻，而且在灾年能发仓粟、赈困穷、补不足；能举贤、招贤、退不肖；反对不干实事的人，尊重敦厚持重的长者，以礼乐治世民。宓不齐后来被朝廷追封为单平侯。(5.3)

18. 雍：姓冉名雍，字仲弓，鲁国人，小孔子29岁。位列孔门十哲德行科。家贫，以牧为业生，人称"犁牛氏"。其父冉离不肖，"贱而恶"。冉雍为人敦厚，气量恢宏，沉默厚重，有人君的气度。孔子说："雍也，可使南面。"曾为季氏私邑长官，他为政"居敬行简"，主张"以德化民"，但是在季氏"仕三月，虽待之以礼，而谏不能尽行，言不能尽听，遂辞去，复从孔子。居则以处，行则以游，师文终身。"(5.5)

19. 漆雕开：姓漆雕名开，字子开，鲁国人，小孔子11岁。习《尚书》，不乐仕，孔子以是悦之。(5.6)

20. 赤：姓公西名赤，字子华，鲁国人，小孔子42岁。长于外交。曾言其志："宗庙之事，如会同，端章甫，愿为小相焉。"孔子认为他很谦虚。(5.8)

21. 申枨：姓申名枨，又名申党，字周，鲁国人。(5.11)

22. 原思：姓原名宪，字子思，小孔子36岁。清净守节，安贫乐道。孔子死后，退隐草泽中。子贡为卫相，出门车马接连不断，摆着大排场来到偏远简陋破败的小屋看望原宪。原宪整理好破旧的衣帽，会见子贡。子贡见状，替他感到羞耻。说："难道你很困窘吗？"原宪回答说："我听说，没有财产的叫做贫穷，学习了道理而不能施行的叫做困窘。像我，贫穷，不是困窘啊。"子贡感到很惭愧，不高兴地离去了，一辈子都为这次说错了话而感到后悔。(6.5)

23. 闵子骞：姓闵名损，字子骞，鲁国人，小孔子15岁。位列孔门十哲德行科。以德行著称，孔子称其孝。少为后母所虐，父欲休妻，为继母求情："母在一子寒，母去三子单。"因其至孝而母亦感悟。孔子赞曰："孝哉，闵子骞，人不间于其父母昆弟之言。"寡言稳重，一旦开口语出中肯。不仕大夫，不食污君之禄，品格高尚。季氏曾派人去请他出任费邑宰，他却要来人替他推辞，并说，"如果你们再来强邀，我就一定会离开鲁国逃到汶水以北了。"(6.9)

24. 伯牛：姓冉名耕，字伯牛，鲁国人，小孔子6岁（一说7岁）。与颜渊、闵子骞，仲弓同属孔门十哲德行科。为人端正，善于接人待物。患麻风病，不愿见人，孔子探望，自牖执其手叹曰："亡之，命矣夫！斯人也而有斯疾也！斯人也而有斯疾也！"曾继孔子后任鲁国中都宰，深受孔子器重。惜无事迹可考。(6.10)

25. 澹台灭明：姓澹台名灭明，字子羽，鲁国人，小孔子39岁（一说49岁）。为人率直重诺。相貌丑恶，孔子薄之。从师学习以后，回去就致力于修身实践，处事光明正大，不走邪路。不是为了公事，从来不去会见公卿大夫。学成后南游江淮，从游弟子达三百人，名闻诸侯。孔子闻之，叹气说："吾以貌取人，失之子羽。"（6.14）

26. 巫马期：姓巫马名施，字子期，鲁国人，小孔子30岁。（7.31）

27. 牢：姓琴名牢，字子开，一字子张，又称琴张，卫国人。（《史记·仲尼弟子列传》无其人，当是偶阙。《孔子家语·子弟解》有其名，《左传》昭公二十年也有孔子指教琴张的记载。《孟子·尽心下》记载，孔子在陈时，想念起鲁国的"狂士"学生来，孟子说："如琴张、曾皙、牧皮者，孔子皆所谓狂矣。"郑玄考：是孔子学生。）（9.7）

28. 颜路：姓颜名无繇，字路，颜渊父亲，鲁国人，小孔子6岁。颜回死后，颜路贫穷，请求孔子卖掉车为颜回买外椁，孔子没有同意。（11.8）

29. 鲤：姓孔名鲤，字伯鱼，孔子儿子，小孔子20岁，50岁死。（11.8）

30. 柴：姓高名柴，字子羔，小孔子30岁。他以尊老孝亲著称。长得比较侏儒，身长不过五尺，相貌丑陋，孔子以为愚，不怎么看重他，但从未违反过礼节。曾被子路提携，作了个费郈宰的官，后来卫乱，子路死，高柴逃归，孔子反又赞他明大义，善保身。（11.18）

31. 曾皙：姓曾名点，字子皙，曾参的父亲。孔子曾使诸弟子各言其志，独称曾点"浴乎沂，风乎舞雩，咏而归"的潇洒，曰："吾与点也！"曾点学问、抱负是没得说的，唯一不足是脾气不好，因儿子曾参不小心弄断瓜秧，一棍子将儿子打得昏死过去。（11.26）

32. 司马牛：姓司马名耕，字子牛。多言而躁。他向孔子问仁，孔子针对他多言而躁的缺点说："有仁德的人，说话很谨慎。"子牛又问："说话很谨慎，这就可以算是仁德吗？"孔子说："做起来很困难，说起来能不谨慎吗？"子牛问怎样才算是君子，孔子说："一个君子既不忧愁，也不畏惧。"他接着问："不忧愁，不畏惧，这就可以算是君子吗？"孔子说："自我反省，内心无愧，有什么忧愁，有什么畏惧的呢？"司马牛忧曰："人皆有兄弟，我独亡。"言有兄犹无。子夏答曰："君子敬而无失，与人恭而有礼。四海之内，皆兄弟也。"相传司马牛为宋国大夫桓魋的弟弟（见《左传》哀公十四年。）但杨伯峻认为孔子的学生司马牛和宋国桓魋的弟弟司马牛可能是两个不同的人。第一，《史记·仲尼弟子列传》既不说这一个司马牛是宋人，更没有把《左传》上司马牛的事情记载上去，太史公如果看到了这类史料而不采取，可见他是把两个司马牛作不同的人看待的。第二，说《论语》的司马牛就是《左传》

的司马牛者始于孔安国。孔安国又说司马牛名犂，又和《史记·仲尼弟子列传》说司马牛名耕的不同。如果孔安国之言有所本，那么，原本就有两个司马牛，一个名耕，孔子弟子；一个名犂，桓魋之弟。但自孔安国以后的若干人却误把名犂的也当作孔子学生了。(12.3)

33. 公伯寮：姓公伯名寮，字子周，鲁国人。子周在季孙面前说子路的坏话，子服景伯把这件事告诉了孔子并且说："季孙已经被公伯寮所迷惑了，可是我还有力量杀死公伯寮，把他的尸体陈放在街头示众。"孔子说："正道能够行得通，那是天意；正道废弃不能施行，也是天意。公伯寮对天意又能怎么样呢？"(14.36)

34. 孺悲：鲁国人。曾从孔子学习士丧礼。(17.20)

附录三

《史记·仲尼弟子列传》中的孔门弟子

（七十七人）

孔子曰："受业身通者七十有七人。"皆异能之士也。（《史记·仲尼弟子列传》）

1. 颜回者，鲁人也，字子渊。少孔子三十岁。
2. 闵损，字子骞，少孔子十五岁。
3. 冉耕，字伯牛，孔子认为他有德行。
4. 冉雍，字仲弓。
5. 冉求，字子有，少孔子二十九岁。为季氏宰。
6. 仲由，字子路，卞人也。少孔子九岁。
7. 宰予，字子我，利口辩辞。
8. 端木赐，卫人，字子贡，少孔子三十一岁。
9. 言偃，吴人，字子游，少孔子四十五岁。
10. 卜商，字子夏，少孔子四十四岁。
11. 颛孙师，陈人，字子张，少孔子四十八岁。
12. 曾参，南武城人，字子舆，少孔子四十六岁。
13. 澹台灭明，武城人，字子羽，少孔子三十九岁。
14. 宓不齐，字子贱，少孔子三十岁。
15. 原宪，字子思。
16. 公冶长，齐人，字子长。
17. 南宫括，字子容。
18. 公皙哀，字季次。
19. 曾点，字皙。
20. 颜无繇，字路。路者，颜回父，父子尝各异时事孔子。
21. 商瞿，鲁人，字子木，少孔子二十九岁。
22. 高柴，字子羔，少孔子三十岁。

303

23. 漆雕开，字子开。
24. 公伯寮，字子周。
25. 司马耕，字子牛。
26. 樊迟，字子迟，少孔子三十六岁。
27. 有若，字子有，少孔子四十三岁。
28. 公西赤，字子华，少孔子四十二岁。
29. 巫马施（期），字子旗，少孔子三十岁。
30. 梁鳣，字叔鱼，少孔子二十九岁。
31. 颜幸，字子柳，少孔子四十六岁。
32. 冉孺，字子鲁，少孔子五十岁。
33. 曹恤，字子循，少孔子五十岁。
34. 伯虔，字子析，少孔子五十岁。
35. 公孙龙，字子石，少孔子五十三岁。
36. 冉季，字子产。
37. 公祖句兹，字子之。
38. 秦祖，字子南。
39. 漆雕哆，字子敛。
40. 颜高，字子骄。
41. 漆雕徒父。
42. 壤驷赤，字子徒。
43. 商泽。
44. 石作蜀，字子明。
45. 任不齐，字选。
46. 公良孺，字子正。
47. 后处，字子里。
48. 秦冉，字开。
49. 公夏首，字乘。
50. 奚容箴，字子皙。
51. 公肩定，字子中。
52. 颜祖（相），字襄。
53. 鄡单，字子家。
54. 句井疆。
55. 罕父黑，字子索。
56. 秦商，字子丕。

57. 申党，字周。
58. 颜之仆，字叔。
59. 荣旂，字子祈。
60. 县成，字子祺。
61. 左人郢，字行。
62. 燕伋，字思。
63. 郑国，字子徒。
64. 秦非，字子之。
65. 施之常，字子恒。
66. 颜哙，字子声。
67. 步叔乘，字子车。
68. 原亢籍。
69. 乐欬，字子声。
70. 廉絜，字庸。
71. 叔仲会，字子期。
72. 颜何，字冉。
73. 狄黑，字晢。
74. 邦巽，字子敛。
75. 孔忠，字子蔑。
76. 公西舆如，字子上。
77. 公西葴，字子上。

附录四

孔子年表

鲁襄公二十二年（公历纪元前五五一年）孔子生。

鲁襄公二十四年孔子年三岁。父叔梁纥卒。

鲁昭公七年孔子年十七岁。母颜征在卒在前。

鲁昭公九年孔子年十九岁。娶宋亓官氏。

鲁昭公十年孔子年二十岁。生子鲤，字伯鱼。

鲁昭公十七年孔子年二十七岁。郯子来朝，孔子见之，学古官名。其为鲁之委吏乘田当在前。

鲁昭公二十年孔子年三十岁。孔子初入鲁太庙当在前。琴张从游，当在此时，或稍前。孔子至是始授徒设教。颜无繇、仲由、曾点、冉伯牛、闵损、冉求、仲弓［光*案："仲弓"，乃"冉雍"之字。此处所举诸人皆举姓，故宜称冉雍，不宜称仲弓。否则会误以为姓仲，名弓矣。］、颜回、高柴、公西赤诸人先后从学。

鲁昭公二十四年孔子年三十四岁。鲁孟厘子卒［光案："孟厘子"，当是"孟僖子"之误植。参"孟懿子问孝"章。又，查《中文大辞典》，无"孟厘子"条。东大版亦误。］，遗命其二子孟懿子及南宫敬叔师事孔子学礼。时二子年十三，其正式从学当在后。

鲁昭公二十五年孔子年三十五岁。鲁三家共攻昭公，昭公奔于齐，孔子亦以是年适齐，在齐闻《韶》乐。齐景公问政于孔子。

鲁昭公二十六年孔子年三十六岁。当以是年反鲁。

鲁昭公二十七年孔子年三十七岁。吴季札适齐反，其长子卒，葬嬴、博间，［光案："葬嬴、博间"之有一顿号，东大版原作"葬嬴博间"之无一顿号。］孔子自鲁往观其葬礼。

鲁定公五年孔子年四十七岁。鲁阳货执季桓子。阳货欲见孔子，当在此后。

鲁定公八年孔子年五十岁。［光案："孔子年五十岁"之有一"年"字，东大版原作"孔子五十岁"之无一"年"字。依本年表例，当遵联经版。］鲁三家攻阳货，阳货奔阳关。是年，公山弗扰召孔子。

鲁定公九年孔子年五十一岁。鲁阳货奔齐。孔子始出仕，为鲁中都宰。〔光案："中都"是鲁邑名，故"鲁中都宰"，当作"鲁中都宰"，中都二字宜加私名号。〕

鲁定公十年孔子年五十二岁。由中都宰为司空，〔光案："中都"二字宜加私名号，改作"中都"。〕又为大司寇。相定公与齐会夹谷。

鲁定公十二年孔子年五十四岁。鲁听孔子主张堕三都。堕郈，堕费，又堕成，弗克。孔子堕三都之主张遂陷停顿。

鲁定公十三年孔子年五十五岁。去鲁适衞。衞人端木赐从游。

鲁定公十四年孔子年五十六岁。去衞过匡。晋佛肸来召，孔子欲往，不果，重反衞。

鲁定公十五年孔子年五十七岁。始见衞灵公，出仕衞，见衞灵公夫人南子。

鲁哀公元年孔子年五十八岁。衞灵公问陈，当在今年或明年，孔子遂辞衞仕。其去衞，当在明年。

鲁哀公二年孔子年五十九岁。衞灵公卒，孔子当在其卒之前或后去衞。

鲁哀公三年孔子年六十岁。孔子由衞适曹又适宋，宋司马桓魋欲杀之，孔子微服去，适陈。遂仕于陈。

鲁哀公六年孔子年六十三岁。吴伐陈，孔子去陈。绝粮于陈、蔡之间，遂适蔡，见楚叶公。又自叶反陈，自陈反衞。

鲁哀公七年孔子年六十四岁。再仕于衞，时为衞出公之四年。

鲁哀公十一年孔子年六十八岁。鲁季康子召孔子，孔子反鲁。自其去鲁适衞，先后凡十四年而重反鲁。此下乃开始其晚年期的教育生活，有若、曾参、言偃、卜商、颛孙师诸人皆先后从学。

鲁哀公十二年孔子年六十九岁。子孔鲤卒。

鲁哀公十四年孔子年七十一岁。颜回卒。齐陈恒弑其君，孔子请讨之，鲁君臣不从。是年，鲁西狩获麟，孔子《春秋》绝笔。《春秋》始笔在何年，则不可考。

鲁哀公十五年孔子年七十二岁。仲由死于衞。

鲁哀公十六年（公历纪元前四七九年）孔子年七十三岁，卒。

（录钱穆《论语新解》）

*光：杨纪光，台湾东海大学教授，作《论语新解》联经版校补说明。

主要参考书目

何晏．论语集解［M］．中华书局．1980．
朱熹．四书章句集注［M］．中华书局．2011．
刘宝楠．论语正义［M］．中华书局．1990．
杨树达．论语疏证［M］．上海古籍．1986．
钱穆．论语新解［M］．生活·读书·新知．2012．
程树德．论语集释［M］．中华书局．1990．
杨伯峻．论语译注［M］．中华书局．2009．
钱逊．论语浅解［M］．北京古籍．1988．
傅佩荣．论语新解［M］．译林．2012．
唐满先．论语今译［M］．江西人民．1982．
李泽厚．论语今读［M］．生活·读书·新．2004．
杨朝明．论语诠解［M］．山东友谊．2013．
陈生玺．张居正讲评论语［M］．上海辞书．2013．
林语堂．孔子的智慧［M］．陕西师范大学．2004．
钱逊．钱逊讲〈论语〉［M］．中国盲文．2014．
宋淑萍．中国人的圣书论语［M］．河北人．1988．
陈传平．曲阜孔庙孔林孔府［M］．三秦．2004．

后　记

2015年初，为打发无聊时日，翻弄《论语》编过一本《论语诵读二百句》，之后便放下了。没想到2016年9月的一次偶遇，让我再次拾笔。在国学大讲堂遇到两位尊师，一位是我上师范时敬仰的佟教授，先生看到我的小册子很是高兴，将书带回家，亲笔写出修改意见，以谦谦君子之风平和地与我交换意见，诲人不倦的样子一如当年。另一位是精讲《论语》的高伯羽教授，他深厚的国学功底，令人折服，我庆幸自己有缘于这样的国学专家，希望能得到他的指教。他看后很赞赏，说这本书如果按《论语》内容分类编写就有章法了，也便于党政干部写作时引用查找，鼓励我再编一本。两位先生如此嘉惠后学，我虽智力所难及，但不敢轻言放弃，最终鼓起勇气闭门三月完成初稿，悉心修改至今。此为本书之来历。

编写此书，并非自创新义，前人早有憾言。林语堂《孔子的智慧》中有这样一段文字，不妨录于此："中国学者从未有人把《论语》再做一番校正功夫，或予以改编，以便使读者对《论语》的含义获致更精确的了解，这一点确属出人意料。"我妄自改编重组伦次以为尝试，恳切希望听到方家指正。

注释和译文为求准确，以杨伯峻《论语译注》为基础，同时参考钱穆《论语新解》等权威版本，择善而从；注释不全、译文拗口的依据有关工具书作了补充、修改。文风力求严谨，忠实地尊重历代名注，绝不为博眼球而搜罗无根据的异说臆解，也绝不自以为是掺入己见，读者大可放心阅读，是为读者负责。市面上解释《论语》的书鱼龙混杂，不缘正路难得其道，正如《论语》所言："不践迹，亦不入于室。"（《先进·20》）

编辑此书有两难。一是分类，要想囊括《论语》全部内容，不论怎么分类，都免不了交叉重叠；二是归类，章句的多义性，使它到底归到哪一类更合适，都值得深入推敲。甚至有的章句我们今人根本不知所云，只能牵强生解，也就更难确定归属了。

我深深体会到，《论语》犹如一座无尽的思想文化宝藏，博大而精深，面对它，我们愧感低矮而生崇敬；学习借鉴传统经典，提升全民人格修养，又是多么任重而道远。

特别感谢骆承烈教授。2017年5月末，我们赴曲阜孔府朝觐，有幸拜访了仰慕已久的曲阜师范大学资深教授、著名孔学专家、国际儒联顾问骆老，骆老以82岁之高龄热忱为本书题名，当面教诲，扶掖和勉励后辈的深情厚谊令我没齿难忘，激励我永不懈怠。

张家口市文化学者顾建中先生为此书的出版操劳奔走，谨表感谢。

张家口市社科联积极支持国学事业的发展，给予了出版资助，特表谢意。

曹书文

2017年5月31日